B1

ALTER ego

MÉTHODE DE FRANÇAIS **3**

Catherine DOLLEZ

Sylvie PONS

HACHETTE

Français langue étrangère

www.hachettefle.fr

CRÉDITS PHOTOGRAPHIQUES

Gamma/Hachette Photo presse : p. 19 Francis Demange, Pool, Frédéric Souloy ; p. 44 Andersen ULF ; p. 64 (droite) Louis Monier ; p. 69 Stills ; p. 82 (a) Etienne Malglaive, (b) Antonello Nusca, (c) Alain Denantes, Alexandre Marchi, (d) Stephan Boitano, (e) Thomas Samson ; p. 85 Patrick Aventurier ; p. 93 (a) Daniel Vittet, (b) Dominique Barrier, (d) Hélène Bamberger, (g) Frédéric Reglain ; p. 96 Thierry Zoccolan ; p. 108 Serge Benhamou ; p. 111 (bas) Alain Denantes ; p. 124 ; p. 131 KPA ;

Getty Images : p. 10 Lenora Gim ; p. 11 Kate Powers ; p. 12 Sir John Everett Millais ; p. 14 Nancy Brown ; p. 15 LWA ; p. 16 (gauche) Tony Metaxas, (haut, droite) LWA ; (bas, droite) Stockbyte : p. 23 (bas) Steve Cole, (haut) LWA ; p. 24 White Packert ; p. 25 Gusto Images ; p. 30 Kenneth Batelman ; p. 32 Altrendo images ; p. 34 Ayumi Moriuchi ; p. 36 Doug Menuez ; p. 37 Joos Mind ; p. 42 Paul Thomas ; p. 43 Yellow Dog Productions ; p. 46 (haut) Nick Daly ; (gauche) Doug Menuez ; (droite) Fernando Bengoechea ; p. 52 Frank Herholdt ; p. 58 Jean-Bernard Carillet ; p. 59 Laureen Middley ; p. 64 (gauche) Richard Ross ; (centre) Peter Dazeley ; p. 74 Don Klumpp ; p. 75 Pascal Le Segretain ; p. 80 Ingram Publishing ; p. 82 David McNew ; p. 90 Johner ; p. 91 Holly Harris ; p. 93 (f) Evening Standard ; p. 106 CSA Plastock ; p. 107 Still Images ; p. 111 (haut) Stephen Mallon ; p. 113 John Humble ; p. 122 Ryoichi Utsumi ; p. 123 Greg Pease ; p. 132 Charles Louis Lucien Muller ; p. 142 (bas) Darwin Wiggett ; (haut) Yves Marcoux ; p. 144 Raphael Van Butsele ; p. 148 (a) Craig Pershouse ; (b) Mark Renders ; (c) Kevin Miller ; p. 157 Michael Rosenfeld ; p. 163 (bas) Abraham Solomon ; (haut) Glen Allison ; p. 165 Kathy Collins ; p. 167 Ken Reid ; p. 170 (gauche) LWA, (droite) Pascal Le Segretain

Hoaqui/Hachette photo presse : p. 48 Kevin Oahara

Keystone/Hachette photo presse : p. 92 (droite) Faillet ; p. 102 (gauche) Jean-Claude Varga ;

Rapho/Hachette photo presse : p. 28 Robert Doisneau

Photothèque Hachette : p. 93 (c), (e)

Photo RMN : p. 92 (gauche) © Droits réservés ; p. 102 (droite) Gérard Blot

p. 94 (couverture *Parano Express*) Jean-François Fourmond

Photos de couverture : GettyImages / Coll. PhotoAlto - Michele Constantini / Coll. Photodisc Rouge

Pour leur autorisation de reproduction à titre gracieux, **tous nos remerciements à** : Amarante pour prise de vue et images Getty LdD © sur l'ensemble de l'ouvrage, Société Philippe Vaillant Organisation (p. 38), Éditions JC Lattes (p.17), Le journal du Dimanche (p. 69), Théâtre Sudden (p. 94), Mairie de Nantes (p. 110), Éditions Stock (p. 146).

D.R. : p. 50 © Macadam Journal

INTERVENANTS

Couverture : **Amarante**
Création maquette intérieure : **Amarante**
Mise en page : **Amarante** / Barbara Caudrelier
Secrétariat d'édition : **Sarah Billecocq**
Illustrations : **Bod'z, Mélanie Heller**
Recherche iconographique : **Amarante**
Cartographie : **Hachette Éducation**

Pour découvrir nos nouveautés, consulter notre catalogue en ligne, contacter nos diffuseurs ou nous écrire, rendez-vous sur Internet :
www.hachettefle.fr

ISBN : 978-2-01-155512-0
EAN : 9782011555120
© Hachette Livre 2006, 43, quai de Grenelle, F 75 905 Paris Cedex 15.

Avant-propos

Alter Ego est une méthode sur quatre niveaux destinée à des apprenants adultes ou grands adolescents.

Alter Ego 3 s'adresse à des apprenants ayant acquis un niveau A2. Il vise l'acquisition des compétences décrites dans le niveau B1 du *Cadre européen commun de référence* (CECR), dans un parcours de 120 heures d'activités d'enseignement/apprentissage et permet de se présenter au nouveau **DELF B1**.

LES PRINCIPES D'ALTER EGO 3

Dans **Alter Ego 3**, l'apprentissage s'articule autour de deux grands axes : *La vie au quotidien* et *Points de vue*. Cette articulation reflète à la fois la dimension fonctionnelle de l'apprentissage de la langue, on parle *pour…*, mais aussi sa fonction relationnelle et intellectuelle, car on parle aussi *de…* et *avec…* Ainsi, l'apprenant va communiquer et interagir dans des situations courantes de la vie (écrire une lettre de réclamation, demander par lettre des nouvelles de quelqu'un, etc.) mais aussi exprimer des idées, comprendre les points de vue de l'autre, etc.
Cette double approche correspond d'ailleurs aux savoir-faire des épreuves du **DELF**.

Alter Ego 3 favorise également constamment l'**implication** des apprenants dans leur apprentissage. L'apprenant est actif, il développe ses aptitudes d'observation et de réflexion, autant de stratégies qui l'amènent progressivement vers l'autonomie. L'apprentissage de la langue se fait ainsi dans une **perspective actionnelle** qui trouve son aboutissement dans la pédagogie du **projet** mise en oeuvre en fin de dossier.

Cette implication d'ordre méthodologique s'accompagne d'une motivation culturelle et affective : chaque dossier aborde des problématiques à **dimension universelle.** Car ce n'est qu'en se sentant concernés que les apprenants vont pouvoir exprimer leurs représentations, leurs connaissances, leur ressenti et leur vécu. Les articles de presse, les extraits radiophoniques, mais aussi les textes appartenant au patrimoine littéraire (extraits de roman, poèmes, extraits de pièce de théâtre…) sont autant d'occasions pour l'apprenant de rencontrer l'autre et de réagir.

C'est également dans cet esprit d'ouverture et de pluralité que nous proposons un *Rendez-vous alterculturel.* Cette rubrique donne la parole à des personnes de nationalités différentes. De ces regards croisés va pouvoir naître un véritable échange interculturel.

Pour mieux comprendre les documents (écrits et oraux) et décoder les implicites socioculturels, les apprenants pourront se référer à un **abécédaire culturel,** situé en fin d'ouvrage.

STRUCTURE DU MANUEL

Alter Ego 3 se compose de **9 dossiers** abordant chacun une thématique différente.

Chaque dossier est composé :
- d'une double page de présentation qui annonce les apprentissages, les découvertes culturelles et le projet ;
- de 6 doubles pages contenant les activités d'enseignement/apprentissage ;
- d'un bilan permettant aux apprenants d'évaluer leurs acquis (évaluation formative), de s'entraîner aux épreuves du nouveau DELF B1, du CEFP2, du TEF et du TCF et de se préparer au DL. Des tests (évaluation sommative) sont également disponibles dans le guide pédagogique.

En fin de manuel :
- un **abécédaire culturel** donnant par ordre alphabétique des informations utiles d'ordre culturel ;
- un **précis grammatical** qui présente systématiquement les points grammaticaux traités dans chaque dossier ;
- les **transcriptions** des enregistrements.

Chaque dossier est composé de **6 doubles pages.** Chaque double page présente un parcours qui va **de la compréhension à l'expression.**

• *Entrée en matière*
Cette double page a pour objectif de faire découvrir la thématique du dossier à travers :
- une fiction : conte, extrait de roman, chanson, poème, etc. pour susciter l'expression ;
- un questionnaire : *Ego Questionnaire, Ego Quiz, Ego Test, Alter Ego ou Ego Pour/Ego Contre.*
  Cette activité implique l'apprenant en le faisant parler de ses habitudes, de ses comportements, de ses goûts, etc.

• *La vie au quotidien*
Dans cette double page, on acquiert les savoir-faire permettant d'interagir dans des situations de la vie courante. Ces situations sont en relation avec le thème du dossier et suivent les domaines préconisés par le CECR (personnel, public, professionnel et éducatif). Les documents présentés sont écrits et oraux : interactions entre locuteurs natifs, annonces, messages, instructions, témoignages, lettres, sites Internet, etc.
La rubrique *Stratégies pour…* met en évidence la structure du discours (écrit ou oral) et donne les moyens linguistiques nécessaires à la production.

• *Points de vue sur…*
Cette double page présente des regards croisés sur le thème et permet d'échanger des opinions, de débattre et d'argumenter. Les documents déclencheurs sont authentiques : articles de presse, extraits d'émissions radiophoniques, témoignages…
La rubrique *Rendez-vous alterculturel* fait découvrir des points de vue d'horizons très variés (Japon, Grande-Bretagne, Allemagne, etc.). Ces rendez-vous suscitent des échanges interculturels dans la classe et préparent les apprenants à la compréhension de non francophones s'exprimant en français.

• *Outils pour…*
Cette double page apparaît à deux reprises dans chaque dossier pour compléter les pages *La vie au quotidien et Points de vue sur…* Elle explicite et systématise les outils linguistiques (grammaire, actes de paroles, lexique) requis pour réaliser les savoir-faire annoncés.
La rubrique *Point langue* guide l'apprenant dans sa découverte du fonctionnement de la langue. Il peut ensuite s'entraîner grâce aux activités de la rubrique *S'exercer.*

• *Paroles en scène et À vos créations !*
Les activités de cette double page vont favoriser le jeu, l'expression et la créativité.
Dans *Paroles en scène,* l'apprenant est en mouvement, il se déplace dans la classe, met en scène et s'amuse. Il améliore de façon ludique et originale ses techniques de pratique de l'oral.
Avec la page *À vos créations,* les apprenants réalisent un projet. Des conseils et des matrices vont les guider dans sa réalisation. Grâce à ce projet, les apprenants vont à la fois collaborer entre eux (échanger des informations, des idées, négocier, etc.) et réinvestir les savoirs et savoir-faire acquis dans le dossier.

Deux rubriques, *Les mots pour…* et *Point info,* apparaissent quand c'est nécessaire au cours des dossiers.
- *Les mots pour…* apportent des éléments lexicaux et communicatifs et facilitent ainsi l'expression des apprenants.
- *Point info* donne des informations permettant de mieux comprendre certains aspects de la vie en France.

Professeurs de terrain et formateurs, nous avons eu à coeur de partager notre enthousiasme pour l'enseignement du français.
Avec ce troisième niveau de la collection *Alter ego,* nous souhaitons à tous plaisir et réussite !

Les auteures

Tableau des contenus

Contenus socio-culturels Thématiques	OBJECTIFS SOCIO-LANGAGIERS			
	Objectifs communicatifs et savoir-faire	Objectifs linguistiques		
		Grammaticaux	Lexicaux	Prosodiques
Dossier 1 — *je séduis*				
L'IMAGE DANS LES RELATIONS AMICALES, PROFESSIONNELLES ET AMOUREUSES	• Parler de son rapport à l'image • Demander des informations et des conseils par mél • Caractériser des personnes et des comportements • Faire des éloges, des suggestions et des reproches • Donner des conseils, des ordres • Exprimer des sentiments	• Les pronoms relatifs simples • La mise en relief • L'infinitif ou le subjonctif	• Les traits de personnalité • Les vêtements • Les expressions de sentiment • La chirurgie esthétique • Les qualités professionnelles	• Intonation : le conseil, l'éloge, l'ordre, le reproche et la suggestion • Interpréter un extrait de *Trio en bémol* d'Éric Rohmer • Jouer des scènes de ménage
PROJET : *Réaliser la page de conseils d'une brochure du savoir-être*				

Contenus socio-culturels Thématiques	OBJECTIFS SOCIO-LANGAGIERS			
	Objectifs communicatifs et savoir-faire	Objectifs linguistiques		
		Grammaticaux	Lexicaux	Prosodiques
Dossier 2	*J'achète*			
LES TYPES DE CONSOMMATEURS ET LES HABITUDES DE CONSOMMATION	• Parler de sa consommation • Caractériser un objet ou un service • Écrire un mél de réclamation • Négocier et discuter un prix • Rapporter les paroles de quelqu'un • Mettre en garde	• Les comparaisons et les degrés de comparaison • Les pronoms relatifs composés • Le discours rapporté et la concordance des temps	• Le lexique de l'achat et de la consommation • L'utilisation d'Internet	• Rythme et intonation : le camelot • Interpréter un sketch d'Anne Roumanoff • Jouer une scène de marchandage
PROJET : *Réaliser la page d'un site Internet d'astuces pour consommer mieux et payer moins cher*				
Dossier 3	*J'apprends*			
LES PARCOURS ET LES MODES D'APPRENTISSAGE L'INSCRIPTION À L'UNIVERSITÉ	• Parler de son apprentissage et des outils pour apprendre • Relater son parcours lors d'un entretien • Relater son expérience • S'inscrire à l'université • Évoquer le passé • Concéder et opposer	• L'imparfait • Le passé composé • Le plus-que-parfait • L'accord du participe passé • Les différents moyens pour exprimer la concession • Les différents moyens pour exprimer l'opposition	• Les expressions pour parler des moyens et des lieux d'apprentissage • Le lexique administratif de l'université	• Jeux phonétiques • Interpréter un Extrait de *Cyrano de Bergerac* d'Edmond Rostand • Jouer une séquence d'enseignement
PROJET : *Écrire une lettre universelle à la jeunesse*				

6
six
Tableau des contenus

Tableau des contenus

Contenus socio-culturels Thématiques	OBJECTIFS SOCIO-LANGAGIERS			
	Objectifs communicatifs et savoir-faire	Objectifs linguistiques		
		Grammaticaux	Lexicaux	Prosodiques
Dossier 4 — *Je m'informe*				
LES MOYENS D'INFORMATION LES LECTEURS DE LA PRESSE LE TRAITEMENT DE L'INFORMATION	• Parler de la presse écrite • Donner des informations par courrier • Comprendre des titres de presse • Relater un événement dans un article narratif • Comprendre un article informatif	• La phrase nominale • La forme passive • Exprimer la cause et la conséquence • Les différents moyens pour évoquer un événement non confirmé	• Le lexique de la presse écrite et de l'information • Le lexique du fait divers	• Narration et intonation • Raconter le même fait divers en variant les points de vue • Interpréter un extrait de la pièce *Rhinoceros* d'Eugène Ionesco • Raconter un événement extraordinaire

PROJET : *Réaliser un flash d'infos du jour et composer la Une d'un journal*

Dossier 5 — *J'agis*				
LES ACTIONS DE SOLIDARITÉ ET LES MOYENS D'AGIR	• Défendre, s'opposer et s'engager • Demander des précisions par mél • Encourager • Promouvoir la solidarité • Exprimer ses buts • Exprimer la durée	• Le participe présent et le gérondif • Les différents moyens pour exprimer le but • Les expressions de temps pour indiquer la durée	• Les expressions pour demander des précisions • Le lexique de l'engagement et de la protestation • La solidarité et l'entraide • Les expressions pour encourager	• Les tons du slogan • Interpréter un extrait de *Les mains sales* de J.-P. Sartre • Jeu de rôle : faire adhérer à une cause

PROJET : *Rédiger le programme d'une journée d'action dans un but solidarité*

Contenus socio-culturels Thématiques	OBJECTIFS SOCIO-LANGAGIERS			
	Objectifs communicatifs et savoir-faire	Objectifs linguistiques		
		Grammaticaux	Lexicaux	Prosodiques

Dossier 6 — *Je me cultive*

LA DÉCOUVERTE D'ARTISTES FRANÇAIS ET DE LEURS ŒUVRES LES CRITIQUES DE SPECTACLE	• Parler de peinture • Donner ses impressions • Faire une interview • Proposer un programme culturel dans une lettre amicale • Poser des questions • Participer à un débat : prendre la parole, garder la parole, couper la parole	• Les relatives avec le subjonctif • Les différents mode questionnement et la question avec l'inversion • Les adverbes en *-ment*	• Les mots pour décrire un tableau • Donner ses impressions sur un spectacle • Les expressions pour proposer un programme à des amis dans une lettre • Les expressions pour participer à un débat	• Intonation : interrogation ou étonnement ? • Interpréter un extrait de scénario du film *Un homme et une femme* de Claude Lelouch • Jouer le rôle d'un amateur d'art

PROJET : *Réaliser un supplément magazine sur un artiste*

Dossier 7 — *Je sauvegarde*

L'ACTION CITOYENNE ET L'ÉCOLOGIE	• Parler de l'écologie • Écrire un compte-rendu de stage • Parler de l'avenir • Faire des hypothèses • Exprimer des interdictions	• Le futur et le conditionnel • Les différents moyens pour exprimer l'hypothèse • Les pronoms *y* et *en*	• Le lexique de l'espace urbain et de l'environnement naturel • Les expressions pour parler de l'écologie	• Intonation : les injonctions • Interpréter un extrait de *Les Poupées russes* d'Éric Klapisch • Jouer une scène de conseil municipal

PROJET : *Réaliser un jeu de société pour sensibiliser les enfants à la sauvegarde de l'environnement*

Contenus socio-culturels Thématiques	OBJECTIFS SOCIO-LANGAGIERS			
	Objectifs communicatifs et savoir-faire	Objectifs linguistiques		
		Grammaticaux	Lexicaux	Prosodiques
Dossier 8 — *je plaide*				
LA JUSTICE UN PROCÈS HISTORIQUE LA LITTÉRATURE POLICIÈRE	• Parler de la justice • Écrire une lettre formelle de contestation • Exprimer des certitudes et des doutes • Situer des événements dans un récit • Faire une démonstration	• Les expressions de la certitude et du doute • Les outils de substitution : pronoms et double pronominalisation	• Le lexique du roman policier • Les mots pour articuler une argumentation • Le lexique de la justice	• Sentiments et intonation (l'interrogatoire) • Interpréter un extrait de *Garde à vue*, film de Claude Miller • Jouer une scène au tribunal
PROJET : *Écrire une scène de scénario de film policier*				
Dossier 9 — *je voyage*				
VOYAGES EN FRANCOPHONIE (QUÉBEC, SÉNÉGAL, MAROC, MADAGASCAR, BELGIQUE, CAMBODGE, TUNISIE...) LES ÉCRIVAINS DU VOYAGE	• Parler de ses voyages • Faire des recommandations • Faire une narration au passé • Résoudre un problème au téléphone • Négocier un voyage	• Les pronoms indéfinis • La phrase négative • Le passé simple	• Le lexique du voyage et des itinéraires touristiques • La description de différentes destinations touristiques (paysages, habitants, coutumes)	• L'intonation dans les malentendus • Interpréter un extrait de *Le guichet* de Jean Tardieu • Jouer la préparation d'un voyage dans le futur
PROJET : *Rédiger un dépliant touristique pour faire découvrir un pays francophone*				

Je séduis

DOSSIER 1

Je séduis

DELF

B 1

" L'habit ne fait pas le moine. "

" Il ne faut pas se fier aux apparences. "

Cendrillon

Un gentilhomme veuf se remarie. *Cendrillon*, sa fille, est maltraitée par sa belle-mère autoritaire et les deux filles de celle-ci. Elle doit s'occuper des tâches les plus pénibles de la maison. Un jour, le Prince invite toutes les jeunes femmes du royaume à un bal. Les sœurs se préparent. Mais *Cendrillon* pleure. Elle ne peut pas y aller.

Un jour, le fils du roi donna un bal où il invita toutes les personnes importantes. Les deux sœurs étaient invitées aussi car elles prétendaient appartenir à la haute société du pays. Elles étaient enchantées et elles s'occupèrent immédiatement à choisir les habits et les coiffures qui les mettraient en valeur. Un travail de plus pour Cendrillon car c'était elle qui blanchissait et repassait[1] le linge de ses deux sœurs : on ne parlait que des vêtements qu'on allait porter.

- *Moi*, disait l'aînée, *je mettrai mon ensemble de velours rouge avec un grand col de vraie dentelle[2] !*

- *Moi*, dit la seconde, *je n'aurai que ma jupe ordinaire mais par contre, je mettrai mon manteau à fleurs d'or et mon collier de diamants, qui n'est pas mal du tout !*

On cherchait une coiffeuse pour préparer et arranger les cheveux de ces demoiselles et on fit acheter tous les produits de beauté qu'il leur fallait. Elles appelèrent Cendrillon pour lui demander son avis car elle avait bon goût. Cendrillon les conseilla le mieux du monde et elle proposa même de les coiffer, ce qu'elles acceptèrent. Pendant qu'elle les coiffait, elles lui disaient :

- *Cendrillon, est-ce que tu aimerais aller au bal ?*

- *Ah ! mesdemoiselles, vous vous moquez de moi, ce n'est pas ma place.*

- *Tu as raison, on rirait bien si on voyait une servante aller au bal.* Une autre que Cendrillon les aurait coiffées de travers ; mais elle était bonne et elle les coiffa parfaitement bien. Elles restèrent presque deux jours sans manger tellement elles étaient heureuses. Elles cassèrent plusieurs ceintures à force de les serrer pour avoir la taille plus fine et elles étaient toujours devant leur miroir. Enfin l'heureux jour arriva...

Colin Verkaye, *Les Plus Beaux Contes de Charles Perrault racontés à ma fille*

---

1 **blanchir et repasser :** le linge blanc demandait beaucoup de soins pour garder son éclat. Les petits plis et les broderies étaient très longs et difficiles à repasser.

2 **vraie dentelle :** la dentelle, fabriquée à la main par des dentellières très expérimentées, était un grand luxe. Elle ornait les vêtements des rois et des nobles.

L'apparition des dentelles faites à la machine a beaucoup diminué la valeur de cette broderie au XIXe siècle.

" L'être a un dedans qui a besoin d'un dehors. "
Emmanuel Mounier

1
Écoutez et choisissez la réponse correcte.

Vous avez entendu :
- □ une biographie
- □ un conte
- □ un récit historique

2
Réécoutez et répondez.
1. Qui sont les personnages ?
2. Quel est leur lien de parenté ?
3. Que sont-elles en train de faire ?

GRRR

3
Lisez le texte.

a) Indiquez le nom de l'auteur du conte original.

b) Cochez, parmi les éléments suivants, ceux qui font partie des préparatifs des deux sœurs pour le bal.
- □ coiffure □ chaussures □ vêtements
- □ sous-vêtements □ maquillage □ bijoux
- □ silhouette

c) **Vrai ou faux ? Répondez.**
1. Cendrillon est jalouse de ses deux sœurs.
2. Les deux sœurs sont prétentieuses et égoïstes.
3. Cendrillon donne de bons conseils.
4. Les deux sœurs pensent que Cendrillon est une rivale.

4
Complétez le résumé en imaginant la fin du conte (environ 50 mots).

5
Connaissez-vous ce conte ?
Une histoire semblable existe-t-elle dans votre culture ?

POINT INFO
Les Cendrillons du monde
Il existerait au moins 345 versions de *Cendrillon*. La plus ancienne serait une histoire chinoise écrite au IXe siècle avant Jésus-Christ. *Cendrillon* a été largement reprise à l'opéra, au théâtre et au cinéma.

ego QUESTIONNAIRE
VOUS ET L'IMAGE

- Comment est-ce que vous aimez être habillé(e) quand vous sortez le soir ?
- Dans votre pays, dans quelles situations de la vie sociale est-il important de soigner son image, son look ?
- Dans ces situations, qu'est-ce qui est important pour vous dans le choix de vos vêtements : être à l'aise, séduire, passer inaperçu(e)… ?
- Quel vêtement détesteriez-vous porter dans la vie quotidienne ?
- Quand vous rencontrez une personne pour la première fois, est-ce que votre première impression est définitive ou est-ce que vous pouvez changer d'avis ?
- Qu'est-ce qui vous fait craquer chez une personne, qu'est-ce qui vous attire le plus ?
- Qu'est-ce qui vous déplaît le plus chez une personne ?
- Racontez une expérience au cours de laquelle votre image a joué un rôle important.
- En définitive, qu'est-ce que l'image/le look pour vous : un style de vie, une attitude, l'expression de soi ou un signe d'appartenance à un groupe ?

Les mots *pour…* **Parler de l'image**

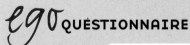

Je sors	
Je suis	en tailleur, en jean taille basse, en chaussures à talons…
Je me mets	

Il faut	s'habiller	
	être bien habillé(e)	pour les fêtes de famille…
	se mettre sur son trente et un	

J'adore les vêtements {confortables, de qualité, originaux, stylés…
dans lesquels je me sens bien, séduisant(e), moi-même…

J'aime porter une tenue discrète, passe-partout, classe, décontractée, à la mode.

Je déteste porter une tenue excentrique, négligée, ringarde…

Je me fie toujours à	
Je me méfie de	ma première impression.

Je suis sensible à	
Je suis séduit(e) par	son charme, son allure…

J'ai horreur de	
Je ne supporte pas	l'odeur de tabac.

Ce que je ne supporte pas chez quelqu'un, c'est	
Ça m'insupporte	qu'il ait les mains moites.

Je soigne mon image.
Je fais attention à ma ligne.
Je m'oblige à me maquiller.
Je m'efforce de plaire.

Je me moque	de ce qu'on pense de moi.
Je me fiche	de l'effet que je fais.

Coache toujours, tu

Le conseil en image est à la mode. Il est présent à la télévision, dans les magazines, les entreprises, les familles. Le look permet d'affirmer sa personnalité, c'est la carte de visite des temps modernes. Le nombre de sites créés sur le conseil en image en témoigne.

http://www.relookingstyle.fr   relooking

Apple (46) ▾   Amazon France   eBay France   Yahoo!   Informations (405) ▾

LE SITE DE VOTRE IMAGE
Parce que votre image parle de vous

Relooking - Conseil en Image - Relookage

Pourquoi cette démarche ?
Une multitude de bonnes raisons :
1. Vous souhaitez améliorer votre bien-être, prendre soin de vous, vous faire plaisir ;
2. Vous souhaitez changer votre « style », votre « look » ;
3. Vous souhaitez faire ressortir vos atouts physiques et cacher vos petites imperfections ;
4. Vous pensez n'avoir rien à vous mettre alors que votre armoire déborde de vêtements ;
5. Vous venez de vivre un changement important dans votre vie ;
6. Vous souhaitez changer d'orientation professionnelle et adapter votre image à vos nouvelles fonctions ;
7. Vous venez de terminer vos études et vous devez faire vos premiers pas sur le marché du travail.

En effet, si pour communiquer avec une personne vous vous rapprochez d'elle, sachez que durant les trois premiers mètres parcourus et les quinze premières secondes écoulées vous serez déjà jugé.

Pour votre relooking, une journée complète est dédiée à votre image, de la couleur au style de vos vêtements en passant par le choix de vos lunettes et de votre coiffure (couleur et forme).

Accès membres (9807 inscrits)

Email
Mot de passe   Ok
mot de passe oublié ?

1

Lisez le document et identifiez-le.

2

Relisez-le et associez les mots suivants à une ou plusieurs « bonnes raisons » citées sur la page du site.
Exemple : le partenaire/l'âme sœur : 3
> l'équilibre personnel : ...
> les interlocuteurs au travail : ...
> un moment difficile : ...
> la garde-robe : ...

3

Écoutez les clients qui se présentent pour faire le stage de l'agence Relooking conseil. Associez les clients et leurs « bonnes raisons ».
Exemple : a/6

POINT INFO
La France, numéro 1 mondial des cosmétiques.
Chaque Français dépense 30 centimes d'euro par jour pour les parfums et cosmétiques, ce qui place la France au premier rang mondial. Les femmes dépensent 15,9 millions d'euros par jour en produits d'hygiène et de beauté, contre 1,8 million pour les hommes (mais beaucoup d'entre eux empruntent les produits de leurs femmes...).
Une visite au salon de coiffure et d'esthétique coûte en moyenne 37,40 euros pour une femme et 15 pour un homme.
Environ 200 000 Français ont recours chaque année à la chirurgie esthétique.

24h en France, Hors série 4, Le Point, septembre-octobre 2005

m'intéresses !

De : Lucie Rossignol
À : relooking.com
Objet : Demande de conseils
▶ Pièces jointes *Aucune*

Police ▾   Taille de ▾   G I S T ≡ ≡ ≡ ≡ ≣ ⠿ ⠿ ⇤ ⇥ ⇤ ⇥ ⓐA ◊ ·

Bonjour
Grâce à votre site, j'ai pu lire des témoignages confirmant
l'efficacité de votre journée de stage. Je m'adresse à vous
car j'ai besoin de vos conseils.
Je suis hôtesse d'accueil dans des salons internationaux. Je dois
souvent porter des tenues imposées dans lesquelles je me sens mal
à l'aise. Par exemple, j'ai dû intervenir au salon international
du nettoyage industriel. J'étais en tailleur rose à boutons dorés,
perchée sur des talons de 8 cm et je devais faire la démonstration
d'appareils de nettoyage. Vous voyez… je suis souvent amenée à porter
des tenues qui ne correspondent pas à ma personnalité. Et pourtant,
j'adore mon boulot.
Est-ce que le contenu de votre stage peut m'aider à m'adapter aux
contraintes vestimentaires de mon métier ? En même temps, j'aimerais
me sentir moi-même et garder mon authenticité. Pouvez-vous m'apporter
des conseils ?
Merci de votre réponse.
Lucie Rossignol

4

Lisez le mél et répondez.
1. Quelle est la profession de Lucie ?
2. Quel est le problème évoqué ?
3. Avez-vous déjà vécu personnellement
   ce genre de situation ?

5

Relisez et mettez dans l'ordre.
- Elle donne un exemple.
- Elle exprime son problème.
- Elle se présente.

6

Relevez les formules pour :
> s'adresser à l'agence
> demander des conseils
> conclure

7 ✐

Lisez et rédigez.
Vous venez de finir vos études de commerce.
Vous allez occuper votre premier poste
comme responsable de ventes de produits
de beauté dans un magasin de luxe. Vous
avez besoin de conseils.
Vous écrivez un mél à l'agence
« relooking.com ».

CARACTÉRISER DES PERSONNES ET DES COMPORTEMENTS

Outils pour...

RECRUTimages

Notre offre | Nos services | Nos actualités

Avez-vous la tête de l'emploi ?
Pour chaque fonction, des qualités professionnelles sont exigées et une tenue est conseillée.
Votre conseil en images vous aide à tester votre capacité à vous adapter à votre fonction.

Fonction	>	Financier
Qualités professionnelles >		La rigueur, le sérieux et l'honnêteté
Tenue conseillée >		Costume sombre, uni ou à rayures, chemise blanche, cravate à motifs classiques, chaussures noires

Plan du site . Lexique . FAQ . Contact

Complétez les fiches avec les qualités requises et la tenue conseillée pour exercer ces trois autres fonctions.

Qualités >

Tenue >

> Commercial

Qualités >

Tenue >

> Créatif

Qualités >

Tenue >

> Ressources humaines

1

Observez la page du site de Recrutimages et faites l'exercice proposé sur le site.

Les mots pour...

Les traits de personnalité, les qualités professionnelles

La disponibilité, la rigueur, l'honnêteté, le sérieux, l'ouverture d'esprit, l'intuition, le réalisme, la curiosité, le dynamisme, la conviction, la confiance, la séduction.

Avoir du tact, du charisme, de l'imagination, de la diplomatie, du bon sens, de l'initiative.

Avoir le sens des responsabilités, de l'organisation, des affaires, de l'humour, du contact.

Avoir le goût du risque, de l'aventure.

Lundi 10

Une cliente qui vient souvent à la boutique m'a dit qu'une maison de couture cherchait des mannequins. Elle m'a donné l'adresse où je devais me présenter.
Au téléphone, un homme que j'ai trouvé plutôt aimable et dont la voix était jeune m'a fixé un rendez-vous pour demain vers 17 heures.
Comment m'habiller pour faire bonne impression ? Sobre... J'ai sorti mon ensemble gris perle que je porterai avec mon chemisier rouge, celui que Stéphanie m'a donné. Une touche de couleur dont j'ai bien besoin parce que je suis trop pâle en ce moment. Talons plats ? Non ! Ce n'est pas un poste d'infirmière ! Mes petits escarpins bleu marine et un brin de maquillage...

2

Lisez cet extrait du journal intime de Sophie et répondez.

1. Que va faire Sophie le mardi 11 ?
2. Quelle tenue prépare-t-elle ?
3. Que pensez-vous de son choix ?

3

Point **Langue** > LES PRONOMS RELATIFS SIMPLES

a) Relevez les phrases avec des pronoms relatifs.
Exemple : Une cliente qui vient souvent à la boutique m'a dit...

b) Associez.

Qui • • Complément de lieu ou de temps
Que • • Sujet
Où • • Complément introduit par "de"
Dont • • Complément d'objet direct

c) Terminez les phrases.
• L'homme qui... • La personne que... • La ville où...
• Le jour où... • La femme dont...

d) Observez les phrases suivantes et répondez.
- *Mon chemisier rouge, **celui** que Stephanie m'a donné.*
- *J'ai essayé plusieurs robes ; évidemment **celle** que je préfère est la plus chère.*
- *Je dis tu à tous **ceux** que j'aime. (Jacques Prévert)*

Que remplacent *celui, celle, ceux* dans ces phrases ?

S'EXERCER n°1

FAIRE DES ÉLOGES ET DES REPROCHES

De : ● drh@entreprise.fr
À : toutlestaff@entreprise.fr

Objet : Service commercial

▶ Pièces jointes *Aucune*

Police ▼ | Taille de ▼ | **G** *I* <u>S</u> T

Notre collègue Corinne Chevalier a été promue Adjointe de Direction au Service Commercial. Corinne a débuté sa carrière professionnelle comme simple employée et elle a su entretenir des contacts de qualité avec nos clients, c'est ce qui lui donne aujourd'hui des atouts pour son nouveau poste. Ce que nous admirons tous, c'est son grand sens des relations humaines et son aisance naturelle.
Félicitations à Corinne et bonne chance !
Notre entreprise sait reconnaître le mérite de ses collaborateurs.

Les mots *pour...*

Faire des éloges	Faire des reproches
Ce que je trouve Ce qui me paraît } bien, formidable, c'est...	J'ai un reproche, une remarque à vous faire.
Ce que j'apprécie chez vous, c'est...	Vous auriez pu m'informer !
Vous êtes le(la) meilleur(e).	Ce qui me paraît Ce que je trouve } inacceptable, c'est...
Félicitations ! Vous méritez une promotion.	Ce que je désapprouve Ce que je vous reproche } c'est votre manque d'ouverture d'esprit...
	Je vous trouve irresponsable.
	Vous êtes incapable de respecter les délais.

S'EXERCER n°4 Ⓖ

4

a) Lisez le mél et répondez.
1. Qui l'a envoyé ?
2. Quel est son objectif ?
b) Relisez-le et notez les principales qualités de Corinne.

5 Point **Langue**
> **LA MISE EN RELIEF**

a) Relevez dans le mél les phrases avec un pronom relatif.

b) Associez.
Son efficacité,
c'est ce qui • • *nous apprécions.*
c'est ce dont • • *nous avons besoin.*
c'est ce que • • *nous sommes sensibles.*
c'est ce à quoi • • *nous plaît.*

c) Transformez ces phrases comme dans l'exemple.
Exemple : Ce qui nous plaît, c'est son efficacité.

S'EXERCER n°ˢ2 et 3 Ⓖ

6 ◎

Écoutez les commentaires des collègues de Corinne et notez les différentes façons de :
› faire des éloges
Exemple : C'est drôlement bien.
› faire des reproches
Exemple : Elle aurait pu nous le dire.

S'EXERCER

> Caractériser

1. Complétez la présentation du personnage avec des pronoms relatifs simples.

Jacques observait la jeune fille ... essayait d'ouvrir la grille à quelques mètres de lui. De taille moyenne, mince et blonde, elle n'aurait pas été sans grâce si son visage, ... ne portait aucun maquillage, n'avait été aussi fermé. Les lèvres, ... elle gardait étroitement serrées, dessinaient un pli amer. Une ride verticale entre ses sourcils ... le dessin était parfait s'était creusée. C'était aussi ce visage trop sérieux ... ne permettait pas de lui donner un âge précis. Il lui manquait ce fluide rayonnant ... la jeunesse épanouie dégage toujours.

Louis C. Thomas,
Sans espoir de retour
Éd. du Masque, 1995

> La mise en relief

2. Transformez ces phrases comme dans l'exemple.
Exemple : Je trouve que votre manque d'organisation est impardonnable.
→ *Ce que je trouve impardonnable, c'est votre manque d'organisation.*
→ *C'est votre manque d'organisation que je trouve impardonnable !*
a. La peur fait réagir votre chef.
b. Je vous reproche votre manque de transparence !
c. Je ne supporte pas votre passivité !

3. Reformulez les phrases en utilisant la mise en relief.
a. Corinne a déjà vendu un projet, cela montre son talent.
b. Elle travaille depuis longtemps avec les mêmes clients, je trouve ça très positif.
c. Son équipe est compétente, elle en est fière.

> Faire des éloges ou des reproches

4. Complétez les dialogues avec les expressions de *Les mots pour...*, puis jouez les scènes.
a. – Jean-Paul, j'ai ... :
je vous avais demandé de préparer le dossier des ventes sur Internet.
– C'est vrai mais il y a eu un bug informatique.
b. – Alors, Odile, bravo ! Vos derniers résultats vont faire des jaloux ! Plus 20 % ! ... !
– Merci beaucoup, mais justement, je voulais vous demander un temps partiel.
– Mais c'est trop tard ! Vous ... avant.
c. – Vous avez vu la promotion de Cécile ?
– Oui, je trouve ça bien, elle la ... .
– D'accord, elle a plein de qualités, mais ... , c'est de ne pas nous l'avoir dit.
– Parce que sa meilleure qualité, c'est la discrétion !

Changer, pas si facile...

La liberté de changer est désormais à notre portée, elle est même un grand mythe de notre époque.

Il faudrait être sourd pour ne pas entendre l'injonction au changement qui résonne partout autour de nous. Jamais les professionnels du changement n'ont été aussi nombreux. Jamais l'appel à la transformation de soi n'a été aussi pressant. […] Séminaires de développement personnel, titres de livres, conseils de thérapeutes déclinent de toutes les façons possibles le verbe « changer »… le marché est inondé de techniques que leurs promoteurs n'hésitent pas à présenter comme très puissantes : « Voici la méthodologie la plus efficace du changement. », « Ce stage vous permettra de devenir une personne différente. ». […]

Face à cette offre, quel est l'état de la demande ? Le sondage réalisé par l'Institut CSA en juin dernier apporte une première réponse : pour la plupart des gens (73 %), ce sont les aspects matériels de l'existence qu'ils voudraient changer ; ils ne sont que 13 % à vouloir changer leur caractère et 11 %, majoritairement des femmes, leur apparence physique. Quand on leur demande ce qui a le plus transformé leur existence, c'est pour 55 % l'arrivée d'un enfant et pour 29 % une rencontre amoureuse. […] Cela semble traduire une conception du changement différente de celle qui est préconisée par les professionnels ; ces derniers prônent volontiers une approche « technique », ils font miroiter la transformation de soi à l'aide d'outils, de méthodes scientifiquement éprouvées. Sous-entendu : vous n'avez pas besoin d'autrui. […] Et voilà que les gens confient, avec simplicité, que tout a changé pour eux lorsqu'un enfant ou un(e) partenaire a fait irruption dans leur vie !

Je trouve réconfortante cette idée d'un changement produit par l'altérité plutôt que par la technicité.

Michel Lacroix
(philosophe, maître de conférence à l'université d'Evry),
Psychologie, n°233, septembre 2004

1 👁

Lisez le titre et le chapeau et indiquez le thème de l'article.

2 👁

a) Lisez l'article et dites dans quel ordre apparaissent les éléments suivants.
- La demande du public.
- L'opinion du philosophe.
- L'offre des spécialistes.

b) Vrai ou faux ? Répondez.
1. La publicité et les médias nous incitent à changer.
2. Les gens sont d'accord pour changer leur apparence plutôt que leurs conditions de vie.
3. C'est l'arrivée d'un « autre » qui change la vie.
4. L'offre des spécialistes correspond à ce que veulent les gens.
5. Le philosophe croit que les gens peuvent se transformer grâce à la technique.

3 😊 🌐

Échangez.
Est-ce que la publicité sur la « transformation de soi » vous influence ?
Avez-vous le sentiment qu'elle influence les gens de votre pays ? Donnez des exemples.

nts de vue sur...

Des candidats trop beaux pour être vrais !

Les politiques font discrètement appel à la chirurgie esthétique.

À quatorze mois de la présidentielle, les prétendants peaufinent leur image, corrigent leur look. Et n'hésitent pas à avoir recours au bistouri pour gommer quelques imperfections. Des interventions qui ont généralement lieu pendant les vacances d'été, à l'abri des regards et à distance raisonnable des élections pour que les changements se remarquent le moins possible. Dominique de Villepin s'est ainsi discrètement débarrassé d'une vilaine verrue au front au cœur de l'été 2004.

L'été dernier Ségolène Royal a fait modifier sa dentition en l'espace de quelques semaines.

Dominique Strauss-Kahn est, lui aussi, passé par la case chirurgie. Il avait une paupière tombante, un petit défaut considéré comme un charme supplémentaire pour les uns, lui donnant un air bizarre ou peu franc pour d'autres.

« Cela compte énormément pour les gens en terme de rejet-adhésion et en terme de crédibilité présidentielle » note un sondeur. *« Comme la plupart ne savent pas bien situer les hommes politiques en terme de projet ou d'action, l'impression physique joue une grande importance. »*

Vanessa Schneider,
Libération, 11 février 2006

4 🔄

Lisez l'article, observez les photos et dites ce qui a changé chez ces trois candidats.

5 👁

Relisez l'article et relevez toutes les expressions qui font référence :
> au changement
> aux circonstances discrètes de ces changements

6 🎧

a) Écoutez l'opinion de ces lecteurs et dites s'ils sont « pour », « contre » ou ont une opinion partagée.

b) Réécoutez et notez leurs arguments.

7 🌐

Échangez.
Le même phénomène existe-t-il dans votre pays ? Les candidats politiques soignent-ils leur image ? Qu'en pensez-vous ?

Les mots *pour...*

Parler des transformations par la chirurgie esthétique

Se faire refaire le nez, les lèvres...

Se faire enlever / Se débarrasser de (d') } une verrue, un grain de beauté...

Se faire lifter.

Se faire poser des implants, des cheveux.

Se faire modifier les dents, la dentition...

Outils pour...

Les difficultés de cohabitation en entreprise

Supporter un ou une collègue difficile, ça use. Voici quelques conseils pour vous protéger !

PREMIER CAS : celui qui voit tout en noir et qui dit sans cesse « je n'y arriverai pas ». Évitez de le contrarier, faites preuve de compréhension sans écouter pour autant ses lamentations. Il faudrait lui montrer aussi que tout n'est pas si déprimant.

DEUXIÈME CAS (très courant) : celui qui vous voit en rival et qui vous critique devant la hiérarchie. Il ne valorise pas du tout votre travail. Dans ce cas, il faut surtout vous protéger ! Notez vos réalisations, ayez une explication avec votre collègue, vous pourriez même faire appel à un représentant du personnel comme intermédiaire.

TROISIÈME CAS : celui qui monopolise la parole et cherche à mettre tout le monde dans sa poche... Alors là, à votre place, je me méfierais. Il faudrait qu'il comprenne qu'en agissant ainsi il s'isole ; aidez-le à en prendre conscience.

L'Entreprise, n°222, avril 2004

1

Lisez le texte et associez chaque cas à un mot clé : jaloux, hystérique, pessimiste.

2

Relevez les expressions utilisées pour donner des conseils.

Les mots pour...

Donner des conseils

Évite(z) de le rendre jaloux.
Essaye(z) de le rassurer.

Il faut que Il faudrait que	}	vous ayez une explication avec lui.
Il faut Il faudrait	}	vous protéger.
À votre place, Si j'étais vous,	}	je ferais attention, je me méfierais.
Vous pourriez Vous devriez	}	lui parler.

S'EXERCER nᵒˢ1 et 2 (G)

EXPRIMER DES SENTIMENTS

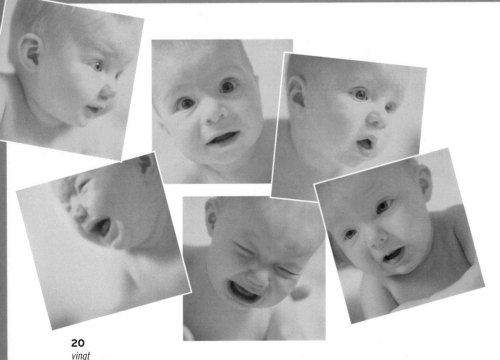

3

Observez les photos et dites quels sont les sentiments exprimés.

4

Écoutez et dites qui exprime les sentiments suivants.
> joie : *Hélène*
> peur
> envie
> regret
> déception
> surprise
> dégoût

5

Réécoutez et soulignez les expressions de sentiments que vous entendez.

Je suis ravi(e)
Je suis heureux
Je suis fou de joie
Je trouve formidable

JOIE

Je souhaite
J'aimerais
J'ai envie
Je meurs d'envie

ENVIE,
SOUHAIT

Je trouve cela incroyable
Je suis étonné(e)
Je suis surpris(e)
Je n'en reviens pas
Ça me surprend

SURPRISE

Je déteste
J'ai horreur
Je ne supporte pas
Ça me dégoûte

DÉGOÛT

Je suis désolé(e)
Je suis déçu
Je regrette
Ça me déçoit

REGRET,
DÉCEPTION

Je crains
Ça m'effraie
Ça me fait peur

PEUR

7

Rédigez.
Vous aussi, vous avez fait une rencontre heureuse ou malheureuse par l'intermédiaire de Meetic.
Vous rédigez un mél à un(e) ami(e) et vous exprimez vos sentiments sur cette rencontre.
Vous pouvez exprimer votre satisfaction, votre surprise, vos craintes, votre mécontentement...

6 Point **Langue**

> **INFINITIF OU SUBJONCTIF ?**

a) Observez et associez.
- *J'ai horreur **de** parler aux gens sans les voir.*
- *Je trouve incroyable **qu'**il corresponde si bien à ce que j'attendais.*

On emploie :
 que + subjonctif, quand...
 de + infinitif, quand...

b) À partir des expressions de l'activité 5, faites des phrases avec l'infinitif présent et des phrases avec le subjonctif présent.
*Exemples : Je n'en reviens pas que tu cherches quelqu'un sur Internet.
Je ne supporte pas de parler aux gens sans les voir.*

c) Infinitif passé et subjonctif passé. Observez et répondez.
- *Je suis tellement heureuse d'avoir rencontré l'homme de ma vie.*
- *J'ai été très surpris que nous ayons réussi.*

Comment se forme l'infinitif passé ?
Comment se forme le subjonctif passé ?
Pourquoi l'infinitif et le subjonctif sont-ils au passé ici ?

Attention ! À l'infinitif négatif :
*Je regrette de **ne pas** avoir appelé votre agence plus tôt.*
➔ ***ne pas*** + verbe à l'infinitif

S'EXERCER n°s 3 et 4 Ⓖ

> **Donner des conseils**

1. Mettez le verbe entre parenthèses à la forme qui convient.
Changer de vie oui, mais pas n'importe comment !
Pour changer de vie, il faut que vous ... (être motivé). N'ayez pas peur ... (mûrir) votre projet. Vous ... (pouvoir) consulter des associations. Il faudrait que vous ... (faire preuve) d'imagination sans perdre votre bon sens. Si j'étais vous, j' ... (estimer) le degré de risque de mon projet avant de me lancer.

2. Voici trois descriptions de supérieur hiérarchique. Donnez trois conseils par cas pour que les choses se passent bien avec lui/elle.
a. Elle est autoritaire, elle n'accepte pas les initiatives et veut décider de tout.
b. Il est narcissique, il a une haute opinion de lui-même et il a l'impression de toujours mériter plus que ce qu'il a.
c. C'est un grand timide, il reste fermé comme une huître et a du mal à communiquer.

> **Exprimer ses sentiments**

3. Faites une seule phrase et utilisez l'infinitif ou le subjonctif présent.
Exemple : Je ne le vois pas. Je suis déçu.
➔ *Je suis déçu de ne pas le voir.*
a. Ma nouvelle coiffure lui plaît. J'en suis ravie.
b. J'irai la chercher en voiture. J'en ai envie.
c. Elle met du parfum. J'ai horreur de ça !
d. Il veut sortir avec moi. Je suis surprise !
e. Je la verrai ce soir. Je suis content.

4. Faites une seule phrase et utilisez l'infinitif ou le subjonctif passé.
Exemple : Il est parti. Cela me déçoit.
➔ *Cela me déçoit qu'il soit parti.*
a. Je suis furieuse ! Je n'ai pas noté son adresse.
b. Il m'a invitée à passer un week-end à Rome. Je trouve ça sympa !
c. Il n'est pas venu à la gym. Je le regrette.
d. Je ne l'ai pas reconnu tout de suite. Ça m'a gênée.

Paroles en scène

Sur tous les tons

1 . **a)** Écoutez ces phrases entendues dans un bureau et dites s'il s'agit d'un ordre, d'une suggestion, d'un conseil, d'un reproche ou d'un éloge.

b) Répétez-les en soignant le ton.

- Il faudrait que vous commenciez le plus tôt possible.

- *Vous devriez faire de la gymnastique.*

- *Alors, faites quelque chose pour améliorer votre look !*

- Il faut que tout soit prêt pour vendredi au plus tard.

- Ce serait la meilleure façon d'améliorer la cohabitation entre fumeurs et non-fumeurs.

- Vous auriez quand même pu m'en parler avant !

- Si j'étais vous, j'adopterais une attitude moins froide avec votre directrice.

- Mettez vos compétences en valeur !

- Je regrette de vous dire que vous manquez de professionnalisme !

- Il faudrait que vous confirmiez vos propos par écrit.

- Vous pourriez avoir la gentillesse de m'apporter un café ?

- Vos propositions sont claires et documentées, je vous félicite !

Mise en scène

2 . Jouez cette scène de jalousie extraite de la pièce *Trio en bémol* d'Éric Rohmer.

3 . **Scènes de ménage !**
Mettez-vous par deux. Choisissez un sujet de dispute ou au contraire d'éloges (tâches ménagères, fidélité, argent, look, etc.) et jouez la scène.

Tableau 1:

Adèle : Il est intelligent.

Paul : Oui, mais il n'en tire pas suffisamment parti. Même dans les affaires. Il est trop snob.

Adèle : Il n'est pas snob : il vit dans un milieu.

Paul : C'est ce que j'appelle snob : dépendre d'un milieu, de l'opinion d'un milieu.

Adèle : Tu le connais mal.

Paul : J'espère pour toi que tu le connais bien.

Adèle : Très bien. Je vois ses qualités mais aussi ses défauts.

Paul : Lesquels par exemple ?

Adèle : Ce ne sont pas ceux que tu dis : il est orgueilleux.

Paul : C'est normal.

Adèle : Égoïste.

Paul : Oh ! Qui ne l'est pas ?

Adèle : Maniaque.

Paul : Plus que moi ?

Adèle : Pas pour les mêmes choses.

Paul : Et puis ?

Adèle : Et puis... euh...

Paul : Il est coureur.

Adèle : Il ne s'en cache pas.

Paul : Ça, c'est son numéro.

Adèle : Ah non ! Il dit que c'est là son drame.

Paul : C'est ce que j'appelle son numéro.

Adèle : Mais il est sincère.

Paul : Possible. Il est peut être même sincèrement amoureux de toi.

Adèle : Je ne crois pas.

Éric Rohmer, *Trio en bémol*, Éditions Actes Sud, 1998

Jeu du pantin

Notez sur une feuille les trois adjectifs qui vous définissent le mieux et qui sont le plus souvent utilisés pour parler de vous.

Puis exprimez par le mime et des gestes le contraire de ce que vous êtes, c'est-à-dire le contraire des trois adjectifs notés. Vos camarades se concertent et doivent trouver les trois adjectifs que vous avez notés sur votre feuille. S'ils ne les trouvent pas, ajoutez des paroles à vos gestes.

À vos créations !

Vous allez réaliser la page de conseils d'une brochure du « savoir-être » pour les clients d'une agence de conseils en image. Vous avez le choix entre une rencontre amoureuse et un entretien d'embauche.

PRÉPARATION

- Trouvez un nom à l'agence.
- Choisissez le thème que vous voulez traiter (conseils pour une rencontre amoureuse ou un entretien d'embauche).
- Listez tous les conseils que vous voulez donner à votre client(e) (physique, vêtements, apparence, allure, comportements...).
- Rédigez la présentation, l'« accroche » de votre page.
- Complétez la maquette de votre page de conseils.

Nom de l'agence
Accroche

....

Situation : ....

Nos conseils
Votre tenue : ....
....
Ce que vous faites en premier : ..
....

Vous valoriser
Votre physique : ....
....
Vos qualités : ....
....
Vos goûts : ....
....
....
Cinq conseils pour réussir :
1 . ...
2 . ...
3 . ...
4 . ...
5 . ...
L'image que vous voulez laisser : ......
....
....

Autoévaluation

Relisez votre page et cochez.

Avez-vous :

- ☐ fait une accroche qui valorise votre compétence et l'efficacité de la société ?
- ☐ précisé la situation de votre client ?
- ☐ donné les conseils vestimentaires appropriés à la situation ?
- ☐ facilité son premier contact en donnant quelques exemples et quelques formules types ?
- ☐ donné des éléments pour qu'il se mette en valeur (physique, qualités, goûts) ?
- ☐ sélectionné vos cinq meilleurs conseils ?
- ☐ proposé une ou deux suggestions pour conclure la rencontre ou l'entretien dans les meilleures conditions ?

Compréhension *écrite* (10 points)

À Cannes, CHOPARD remporte la palme de l'image

Pénélope Cruz, Sharon Stone, Audrey Tautou, Emmanuelle Béart…
il a paré une soixantaine d'actrices pendant le festival.

Cannes. Dîner de gala présidé par l'actrice Sharon Stone. La star est fin prête quand du coca est renversé sur sa robe… Tout est à refaire. À commencer par les bijoux qu'il faut réassortir vite fait à sa nouvelle tenue. Les vingt personnes de l'équipe Chopard sont en permanence sur le qui-vive pendant le festival. Partenaire de l'événement depuis neuf ans, le bijoutier suisse est désormais rodé aux surprises de la quinzaine du Festival de Cannes. « Nous nous y préparons longtemps à l'avance, explique une collaboratrice, amie personnelle de nombreuses actrices du 7e art. Dès que la Palme d'or est décernée par le jury, nous commençons à réfléchir à l'organisation de la prochaine édition. »

Les caprices des actrices ou des acteurs (ces messieurs ont également le droit de sélectionner montres et boutons de manchettes de leurs chemises), les impondérables de l'organisation (avions retardés…), l'abondance des soirées privées sont gérés par Chopard ainsi qu'une logistique complexe : « Chaque actrice qui emprunte une de nos parures (colliers de diamants, de perles…) doit être accompagnée d'un garde du corps qui ne la quittera plus tant qu'elle la portera ». Au total, la marque emploie une trentaine de gardes du corps et supervise évidemment les transports spéciaux pour acheminer la précieuse cargaison jusqu'au Palais des festivals. Toute cette panoplie a un coût très élevé, mais il serait impensable d'utiliser des copies : « Cela se verrait à l'œil nu, ce ne serait pas correct et discréditerait notre image ».

Paris-Match, du 7 au 14/06/06

Lisez l'article puis entourez ou notez votre/vos réponse(s).

1 Quel est le thème principal ?
(1 pt)
A. Le palmarès du festival de Cannes.
B. Les soirées des acteurs à Cannes.
C. Le travail d'une équipe à Cannes.

2 Pourquoi Chopard est-il au festival de Cannes ? (1 pt)
A. Il habille les acteurs et actrices.
B. Il prête des bijoux aux stars.
C. Il organise les festivités.

3 Quelles sont les trois responsabilités qui incombent à Chopard ? (3 pts)
A. Assurer la sécurité des parures.
B. Remettre le prix du festival.
C. Convoyer la marchandise.
D. Organiser des dîners privés.
E. Harmoniser parures et vêtements.

4 L'équipe Chopard (1 pt)
A. est associée au Festival de Cannes depuis sa création.
B. organise l'événement d'une année sur l'autre.
C. utilise parfois des imitations par sécurité.

5 Relevez deux phrases du texte qui montrent l'importance des responsabilités de Chopard. (2 pts)

6 Retrouvez (2 pts)
- la durée du festival.
- le nom du prix décerné.

 Expression *écrite* (10 points)

Vous êtes un(e) futur(e) acteur (actrice) et vous avez été invité(e) à une soirée de gala où vous devez rencontrer des personnalités utiles pour votre avenir.
Écrivez un mél d'une centaine de mots à une agence de conseils en image dans lequel vous présentez votre cas. Décrivez votre physique et vos caractéristiques majeures, la tenue que vous avez prévue pour ce soir-là et demandez si ces préparatifs conviennent, ce que l'on peut vous conseiller et quel comportement adopter lors de votre prestation.

Compréhension *orale* (10 points)

Vous allez entendre quatre documents sonores. Avant d'écouter chaque document, vous aurez quelques secondes pour lire les questions correspondantes. Vous entendrez chaque document deux fois. Vous aurez ensuite quelques secondes pour **entourer la ou les bonnes réponses ou pour noter votre réponse.**

Document 1

1 On parle (2 pts)
A. de l'intérêt des hommes pour la mode.
B. de la diversité des vêtements masculins.
C. de l'importance du choix des lunettes pour les hommes.
D. de la création d'espaces de vente dédiés aux hommes.
E. des créateurs de mode masculine.

Document 2

2 Isabelle considère (1 pt)
A. que la natation est un plus dans sa profession.
B. que compétition sportive et métier sont complémentaires.
C. qu'elle n'a plus le temps de faire du sport.

Document 3

3 Les relations entre les deux personnes sont (1 pt)
A. amicales.
B. formelles.

4 Éric (1 pt)
A. vient d'arriver dans l'entreprise.
B. est un chef de service.

5 Pour Martine, Éric est (2 pts)
A. petit.
B. serviable.
C. laid.
D. plutôt beau garçon.

Document 4

6 Cette annonce est diffusée (1 pt)
A. dans un espace commercial.
B. dans un bureau.
C. dans une agence de relooking.

7 Elle propose (1 pt)
A. d'acheter des produits de beauté.
B. de mettre des personnes seules en relation.
C. de répondre à une enquête.

8 À quelle date l'événement aura-t-il lieu ? (1 pt)

Expression *orale* (10 points)

Vous êtes directeur d'une entreprise. Vous convoquez votre responsable commercial. **Choisissez une des situations suivantes et jouez la scène** avec votre professeur ou votre voisin(e) qui jouera le rôle du commercial. Faites-lui des éloges ou des reproches et donnez-lui quelques conseils.

Situation 1 Vous l'avez trouvé en train de jouer à un jeu vidéo sur l'ordinateur pendant ses heures de service.

Situation 2 Il a gagné le trophée de la meilleure vente.

Situation 3 Il n'a pas le look de l'emploi.

Situation 4 Sa prestation a convaincu les clients.

J'achète

DOSSIER 2

J'achète... p. 28-29
> JACQUES PRÉVERT
> ALTER EGO : VOUS ET LA CONSOMMATION

La vie au quotidien................................ p. 30-31
> 60 MILLIONS DE CONSOMMATEURS

Points de vue sur.................................. p. 34-35
> LE SITE EBAY FÊTE SES 10 ANS EN JUIN

2

B 1

La Grasse Matinée

Il est terrible
le petit bruit de l'œuf dur cassé sur un comptoir d'étain[1]
il est terrible ce bruit
quand il remue dans la mémoire de l'homme qui a faim
elle est terrible aussi la tête de l'homme
la tête de l'homme qui a faim
quand il se regarde à six heures du matin
dans la glace du grand magasin
une tête couleur de poussière
ce n'est pas sa tête pourtant qu'il regarde
dans la vitrine de chez Potin[2]
il s'en fout[3] de sa tête l'homme
il n'y pense pas
il songe
il imagine une autre tête
une tête de veau[4] par exemple
avec une sauce de vinaigre
ou une tête de n'importe quoi qui se mange
et il remue doucement la mâchoire[5]
doucement

et il grince des dents doucement
car le monde se paye sa tête[6]
et il ne peut rien contre ce monde
et il compte sur ses doigts un deux trois
un deux trois
cela fait trois jours qu'il n'a pas mangé
et il a beau se répéter depuis trois jours
Ça ne peut pas durer
ça dure
trois jours
trois nuits
sans manger
et derrière ces vitres
ces pâtés ces bouteilles ces conserves
poissons morts protégés par les boîtes
boîtes protégées par les vitres
vitres protégées par les flics
flics protégés par la crainte
que de barricades pour six malheureuses sardines...
Un peu plus loin le bistrot
café-crème et croissants chauds
l'homme titube[7]
et dans l'intérieur de sa tête
un brouillard de mots
un brouillard de mots
sardines à manger
œuf dur café-crème
café arrosé rhum
café-crème
café-crème
café-crime arrosé sang !...
Un homme très estimé dans son quartier
a été égorgé en plein jour
l'assassin le vagabond lui a volé
deux francs
soit un café arrosé[8]
zéro franc soixante-dix
deux tartines beurrées
et vingt-cinq centimes pour le pourboire du garçon.
Il est terrible
le petit bruit de l'œuf dur cassé sur un comptoir d'étain
il est terrible ce bruit
quand il remue dans la mémoire de l'homme qui a faim.

Jacques Prévert, *Paroles*, Éditions Gallimard

Jacques Prévert

Poète et auteur français, Jacques Prévert (1900-1977) a composé le recueil de ses plus beaux textes, *Paroles*, en 1945. Non-conformiste et hostile à toutes les formes d'oppression, il est capable d'ironie et de violence mais aussi de grâce et de tendresse dans son œuvre poétique, connue d'un très large public. Ses thèmes de prédilection sont la liberté, la justice et le bonheur. Il a aussi composé des dialogues et écrit les scenarii de films tels que *Les Enfants du paradis* pour Marcel Carné. C'est également un chansonnier admirable. Il a créé de magnifiques poèmes en prose mis en musique par son ami Joseph Kosma, dont *Les Feuilles mortes*.

---

1 **étain** : métal blanc gris avec lequel le bar des bistrots était fabriqué autrefois
2 **Potin** : Félix Potin est le nom d'une chaîne de magasins d'alimentation
3 **il s'en fout** : il s'en moque

4 **tête de veau** : plat français cuisiné à base de veau et de vinaigrette
5 **mâchoire** : partie de la bouche dans laquelle les dents sont implantées
6 **se payer sa tête** : se moquer de quelqu'un

7 **tituber** : aller de droite et de gauche en marchant, risquer de tomber
8 **café arrosé** : café avec de l'alcool

> *"L'argent ne fait pas le bonheur."*

> *"On veut le beurre et l'argent du beurre."*

> *"L'être est plus important que l'avoir."*

1

Répartissez-vous en quatre groupes. Fermez les yeux, écoutez le poème puis répondez.

groupe 1 :
Quelles images avez-vous vues ?
groupe 2 :
Quels bruits avez-vous entendus ?
groupe 3 :
Quelles odeurs avez-vous senties ?
groupe 4 :
Quelles émotions avez-vous ressenties ?

2

Réécoutez et répondez.
Qui est le personnage principal ? Imaginez à quoi il ressemble et décrivez-le.

3

Lisez le poème.
a) Mettez les trois séquences, correspondant aux titres suivants, dans l'ordre. Puis, relevez le premier et le dernier mot pour chacune d'elle.

- Le bistrot.
- Le fait divers.
- La vitrine.

b) Répondez.
1. Quel est le fait divers ?
2. Qu'est-ce qui est frappant dans ce fait divers ?

4

a) Relevez deux phrases qui montrent le contraste entre l'abondance et la pauvreté : une phrase concernant l'homme et une phrase concernant l'abondance de produits.

b) Relevez les mots du poème qui évoquent :
> le malaise de l'homme pauvre
> la frustration
> le meurtre

c) Comment interprétez-vous le titre du poème *La Grasse Matinée ?*

Vous et la consommation

> **Trouvez dans votre groupe quelqu'un qui...**

- a plus d'un poste de télévision chez lui.
- a cédé à une « petite folie » cette semaine.
- a fait une affaire récemment.
- attend les soldes pour acheter ses vêtements.
- a donné de l'argent à quelqu'un dans la rue cette semaine.
- a plusieurs cartes de crédit.
- a déjà acheté un produit du commerce équitable.
- compare les prix pour acheter moins cher.
- vend ou achète régulièrement des produits sur les sites Internet.
- déteste faire les magasins.
- est souvent à découvert à la banque.

> **Racontez vos expériences.**

Les mots *pour...* **Parler de la consommation**

J'adore dépenser, « claquer » de l'argent.
Je fais souvent des folies.
Je suis dépensier(ière), panier percé.

Je fais attention.
Je n'aime pas jeter l'argent par les fenêtres.
Je me restreins.
Je « gratte » sur la nourriture, sur les loisirs...
Je me serre la ceinture.

J'ai acheté mes produits de beauté en promotion.
J'ai acheté ce pantalon en solde.
J'ai trouvé une voiture d'occasion.
J'aime faire des affaires.

J'achète les yeux fermés, sans regarder les prix.
Je fais des études comparatives.
Je compare les prix.
Je cherche le meilleur prix.

J'ai du mal à joindre les deux bouts.
Les fins de mois sont difficiles.
Je suis souvent à découvert, dans le rouge.

60 millions de consommateurs

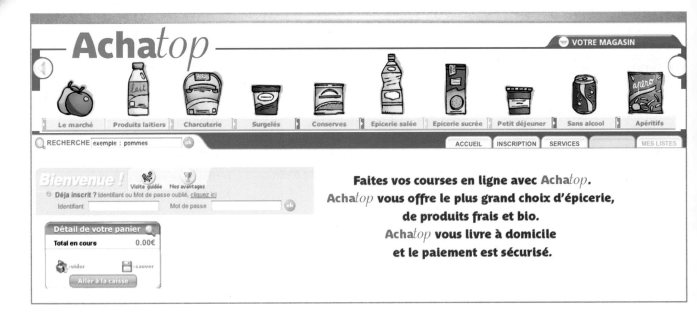

1

a) Observez le document et identifiez-le.

b) Répondez.

1. Quels sont les avantages d'Achatop ?
2. Utilisez-vous ce type de site ?

Les mots *pour...*

Utiliser Internet

Aller sur un site Internet, sur le web, sur un moteur de recherche.
Mettre un site dans ses favoris.

Un internaute, un cyberconsommateur.
Une adresse électronique, une messagerie, un mot de passe.

Entrer
Saisir } son mot de passe, son code...

Cliquer sur..., valider, saisir, copier, coller, enregistrer, imprimer, télécharger.

Lire le journal en ligne.

2

a) Écoutez le dialogue et dites qui appelle Delphine. Pourquoi ?

b) Réécoutez et mettez les opérations dans l'ordre en les numérotant de 1 à 9.

- Choisir un créneau horaire.
- Cliquer sur « Inscription ».
- Aller dans un rayon.
- Aller sur le site Achatop.
- Cliquer sur « Acheter ».
- Entrer ses coordonnées.
- Cliquer sur un produit et sur « Ajouter dans mon panier ».
- Mettre dans ses favoris.
- Choisir un nom d'utilisateur et un mot de passe.

3

Jeu de rôle.

Un(e) ami(e) veut télécharger un CD. Il/elle vous demande conseil. Vous lui donnez les explications nécessaires.

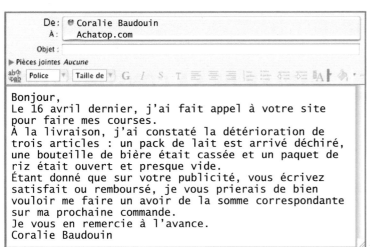

De : Coralie Baudouin
À : Achatop.com
Objet :
▶ Pièces jointes *Aucune*

Bonjour,
Le 16 avril dernier, j'ai fait appel à votre site
pour faire mes courses.
À la livraison, j'ai constaté la détérioration de
trois articles : un pack de lait est arrivé déchiré,
une bouteille de bière était cassée et un paquet de
riz était ouvert et presque vide.
Étant donné que sur votre publicité, vous écrivez
satisfait ou remboursé, je vous prierais de bien
vouloir me faire un avoir de la somme correspondante
sur ma prochaine commande.
Je vous en remercie à l'avance.
Coralie Baudouin

4

**a) Lisez le mél et complétez l'« objet »
que Coralie a oublié de noter.**

b) Relevez les passages où Coralie :
> s'adresse au site
> présente le problème
> demande réparation

5

**Vous avez acheté un de ces deux objets
dernier cri qui s'est révélé défectueux.**
Vous écrivez un mél de réclamation dans
lequel :
- vous rappelez les circonstances de l'achat,
- vous présentez le problème en relatant
  les conséquences désastreuses
  du défaut de l'appareil,
- vous demandez réparation.

6

**a) Écoutez l'enregistrement et dites
combien de types d'acheteurs vous avez
identifiés.**

b) Réécoutez et complétez le tableau.

Type de consommateurs	font attention aux prix	ne font pas attention aux prix
1. Les chasseurs de prix	✗	
2. Les solos		
3. Les ...		
4. Les écolos		
5. Les ...		

7

**a) Réécoutez. Dites de quel type
de consommateurs il s'agit.**
1. Ils cherchent un bon rapport qualité-prix.
2. Ils achètent souvent chez les petits
   commerçants.
3. Ils recherchent une plus grande égalité
   dans le monde.
4. Ils achètent toujours au prix le plus bas.
5. Ils achètent n'importe quoi à n'importe
   quel prix.

b) Relevez les expressions qui signifient :
> faire attention aux prix : *privilégier
  les bas prix...*
> ne pas faire attention aux prix : *être
  indifférent aux prix...*

8

Échangez.
Et vous, quel type de consommateur
êtes-vous ?

Stratégies *pour...*
écrire un mél de réclamation

En tête :
- *Bonjour,*
- *Madame, Monsieur,*

Rappeler la date et la référence du service impliqué :
- *Le 18 mars,* { *j'ai fait appel à* / *j'ai utilisé* } *vos services pour...*
- *Je me suis adressé(e) à...*
- *J'ai fait mes courses avec...*

Présenter le problème :
- *J'ai constaté* { *qu'il manquait un article.*
- *J'ai le regret de vous informer* } *que le produit X était périmé, abîmé...*
- *Ma commande a subi un dommage, une détérioration.*
- *Vous avez oublié de...*

Demander réparation :
- *Je souhaite être remboursé(e), dédommagé(e) pour ce préjudice.*
- *Je vous prie de bien vouloir me dédommager pour ce préjudice.*
- *Je voudrais un avoir sur ma prochaine commande.*
- *J'attends de vous un geste commercial.*

D2

Outils *pour...*

1 ◁

Écoutez et répondez.
1. Quel le sujet de l'enquête ?
2. Pour quel journal cette enquête est-elle réalisée ?

2 ◁

Réécoutez et complétez le tableau.

Personne :	1	2	3
Quel achat ?			
Où ?			
Pourquoi ?			

4 ⊖

Racontez le dernier achat que vous avez fait.
- Où l'avez-vous acheté ?
- Pourquoi ?
- Quel a été votre critère de choix ? Le prix ? La couleur ? Etc.

3

Point **Langue** ❯ FAIRE DES COMPARAISONS

a) Relevez, dans le dialogue, les phrases avec des comparatifs et complétez.
Pour comparer une qualité ou une quantité, il y a trois degrés :

	+	–	=	
	plus	...	...	+ adjectif ou adverbe
	....	**moins de**	...	+ nom
Verbe +	**plus**	**moins**	...	

Attention !   bon(ne)s → **meilleur(e)s**
bien → ...

b) Observez et complétez.
- On se rend **nettement mieux** compte des prix.
- J'aime **de moins en moins** faire les soldes.
- Il y a **de plus en plus** de monde.

Pour nuancer la comparaison, on emploie :
un peu plus/moins
beaucoup plus/moins
mieux / moins bien

Pour marquer une progression, on utilise :
de plus en plus ou ...

S'EXERCER n^{os}1 et 2 ↻

CARACTÉRISER

Les objets ou services suivants ont été classés par les Français comme **les plus importants dans leur vie quotidienne** :

1 - le téléphone mobile
2 - l'ordinateur personnel à la maison
3 - la carte bleue
4 - les supports numériques (CD, DVD, MP3)
5 - la messagerie électronique pour échanger des méls

5 👁

Associez chacune des publicités suivantes à un des cinq objets ou services du classement ci-contre.

OPTEZ POUR LA FLEXIBILITÉ !
Renseignez-vous vite sur cette carte avec laquelle, vous pouvez régler vos achats en magasin, effectuer des retraits d'espèces et même choisir de rembourser à crédit.

b

IL EST CONÇU COMME UN BIJOU : SOLIDE, COMPACT ET MULTIMÉDIA.
C'est un appareil performant grâce auquel on peut parler, chatter, surfer, blogger, photographier et filmer.

a

Abonnez-vous à **AIM**
le service auquel les internautes font appel pour communiquer d'une manière aussi ludique qu'efficace avec leurs interlocuteurs. et ce, quel que soit le type de connexion internet dont ils disposen

c

Point **Langue** › LES PRONOMS RELATIFS COMPOSÉS

a) Relevez dans les publicités les phrases qui contiennent des pronoms relatifs et complétez le tableau.

avec par pour sans	lequel .... lesquels lesquelles
à grâce à	... à laquelle auxquels auxquelles
de près de à coté de à cause de	duquel de laquelle desquels desquelles

b) Observez.
- *C'est le magasin près **duquel** il y a un arrêt de bus.*
- *C'est le magasin **dont** je t'ai souvent parlé.*

Lorsque le pronom est employé après un groupe prépositionnel (*sur le bord de, à côté de*, etc.), on utilise seulement **duquel, de laquelle**, …

c) Observez.
- *Le vendeur **à qui** je me suis adressé était aimable.*
- *Le vendeur **auquel** je me suis adressé était aimable.*
- *Le client près **de qui** j'étais a acheté un portable.*
- *Le client près **duquel** j'étais a acheté un portable.*

Quand le nom remplacé est une personne, on peut utiliser aussi le relatif **qui**.

S'EXERCER n°s 3, 4 et 5 ⓖ

› Comparer

1. Complétez le dialogue sur le commerce équitable avec des expressions de comparaison : *meilleur(e), plus, moins, autant, de plus en plus.*
- Avez-vous déjà acheté des produits issus du commerce équitable ? Pourquoi ?
- Oui, j'ai déjà acheté du café pour le goûter. Je l'ai trouvé bien … et finalement il ne coûte pas … cher que les cafés de grande marque. J'accepte de payer un peu … car les petits producteurs ont … besoin qu'on les aide. Leur avenir me concerne … que la qualité des produits.
- Que représente le commerce équitable pour vous ?
- Un pas vers une économie mondiale … juste. C'est un partage, un échange, une … répartition. Grâce à ce commerce, les petits producteurs sont un peu … exploités.

2. À partir de ces données, faites quatre comparaisons avec des nuances entre les deux sites d'achat.
Exemple : Le site Cybercourses propose beaucoup plus de produits que le site AchatNet.

	AchatNet	**Cybercourses**
Nombre de références	7 000 produits	50 000 produits
Gamme de produits	alimentaire	alimentaire et non alimentaire
Commande minimum	40 euros	20 euros
Frais de livraison	9 euros	11,95 euros
Délai de livraison	24 heures après la commande	dès le lendemain à partir de 9h

› Les pronoms relatifs composés

3. Associez pour reconstituer les propos d'un acheteur en ligne.

C'est un nouveau mode d'achat •

J'utilise quotidiennement quelques sites •

Les livraisons •

Les produits •

La seule chose •

• sans lesquels je ne pourrais plus vivre.

• avec lequel je perds moins de temps.

• à laquelle il faudrait remédier, c'est le manque de choix.

• dans lesquelles il y a des erreurs sont rares.

• auxquels je suis habitué sont toujours d'égale fraîcheur.

4. Reliez les deux phrases par un pronom relatif comme dans l'exemple.
Exemple : Ce sont surtout des femmes ; un mél de publicité avait été envoyé à ces femmes.
→ *Ce sont surtout des femmes à qui un mél de publicité avait été envoyé.*
→ *Ce sont surtout des femmes auxquelles un mél de publicité avait été envoyé.*
a. C'est une clientèle fidèle. Internet est souvent le seul mode d'achat pour cette clientèle.
b. Ce sont des clients ; le paiement en ligne ne fait pas peur à ces clients.
c. Ce sont des consommateurs ; nous avons de nombreux contacts avec ces consommateurs.

5. Choisissez un objet et un service de la vie quotidienne récemment créés et rédigez une courte publicité comme celles de la page 32. Utilisez des pronoms relatifs simples et composés. Puis, faites deviner de quoi il s'agit.
C'est un objet/service qui…, grâce auquel…, avec lequel…

ELIZABETH, 65 ans, retraitée, Antibes

« On est bien aliénés par la publicité, quand même. On est sans cesse poussés dans les rayons par la publicité "Achetez tel ou tel produit !", surtout quand on a des petits-enfants qui vous font voir les produits qu'ils ont remarqués à la télévision, c'est inévitable ! »

CHRISTOPHE, 35 ans, musicien, Rennes

« Mais qui est-ce qui vous pousse à acheter quand vous êtes dans une grande surface ? On n'est pas derrière vous à dire "Mettez ça dans votre caddie !". Alors, il faut affirmer sa liberté et savoir consommer intelligemment ! »

PIERRE, 42 ans, psychanalyste, Paris

« On est de temps à autres soumis à des achats impulsifs. Rappelez-vous cette paire de souliers achetée alors que vous n'aviez pas le moral ou alors ce gadget complètement inutile… Dans tous les cas, l'achat sert à rehausser l'estime personnelle. En ce sens, nous sommes peut-être tous plus ou moins des consommateurs compulsifs. »

PERRINE, 28 ans, responsable marketing, Lyon

« Ça me paraît difficile de ne pas consommer dans notre société. On n'y échappe pas. Et puis si on consomme, derrière, il faut produire et si on produit c'est bon pour la croissance et ça fait vivre un pays. Il faut consommer. »

1

a) Lisez ces points de vue sur la consommation puis notez le nom de la personne correspondant à chacune de ces affirmations.

1. On n'échappe pas à des pulsions d'achat incontrôlables.
2. La consommation est un élément moteur dans l'économie d'un pays.
3. C'est difficile de résister à la pression des médias.
4. Il faut consommer selon ses besoins.

b) Dites en quoi la situation personnelle de chacun influence le point de vue exprimé.

2

Échangez.
De quelle opinion vous sentez-vous le ou la plus proche ?
Pensez-vous que les consommateurs sont libres de leur choix ?

POINT INFO

La folie des enchères

Des « objets » inattendus sont vendus des fortunes sur le site eBay. Il y a quelques mois par exemple, l'ancienne voiture du pape Benoît XVI a été vendue près de 200 000 $.
Mais il y a pire : un morceau de toast grillé, sur lequel on est censé distinguer le visage de la Vierge Marie a été adjugé à 28 000 $!!
On voit parfois aussi des transactions un peu choquantes comme, par exemple, celle d'une femme qui a vendu, il y a quelques mois, son front comme espace publicitaire.
Récemment, la mairie de Madrid a décidé de vendre sur eBay tous les « objets perdus » entre 1924 et 1975.

nts de vue sur...

Le site eBay fête ses 10 ans en juin

C'est une immense brocante virtuelle où 135 millions de fidèles vendent, achètent et se rencontrent lors d'ateliers ou de conférences. Une véritable communauté, qui ne cesse de s'agrandir. [...] En dix ans seulement, ce fameux site Internet marchand est devenu un véritable phénomène de société, en passe de révolutionner nos comportements d'achat. [...] Contrairement au mode d'achat traditionnel, les internautes peuvent faire monter les prix et ne peuvent pas toucher et vérifier la bonne qualité de ce qu'on leur propose. Tout est donc affaire de présentation... Mais aussi d'intuition et de confiance.

Le fait de communiquer directement, sans passer par un quelconque intermédiaire, est aussi l'une des particularités notables de ces nouveaux « cyberconsommateurs ». Voilà comment des centaines d'individus différents, qui parfois n'auraient aucune raison de se croiser dans la « vraie vie », sont amenés à dialoguer, échanger, voire parfois à se rencontrer. Sabine, 26 ans, coordinatrice d'ONG, qui a pour habitude d'aller sur eBay, a ainsi fait la connaissance de Patrick, lycéen de 16 ans, en lui rachetant son vélo Solex. [...] Mais, ne nous méprenons pas, la plupart de ces acheteurs et vendeurs restent avant tout animés par la volonté de « faire les meilleures affaires possibles ».

Amandine Hirou,
L'Express, 23 mai 2005

 3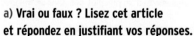

a) Vrai ou faux ? Lisez cet article et répondez en justifiant vos réponses.

1. eBay est un site d'achat et de vente aux enchères.
2. On est sûr de la qualité des produits proposés.
3. eBay est aussi devenu un lieu de rencontres.
4. Les cyberconsommateurs vendent et achètent sur eBay seulement par jeu.

b) Relevez les mots ou expressions qui montrent que cette manière d'acheter est un changement important dans les comportements.

4

Échangez.

Ce mode d'achat est-il très utilisé dans votre pays ? Êtes-vous pour ou contre ? L'utilisez-vous ?

5

Écoutez ce micro-trottoir et répondez.

1. Quelle est la question posée ?
2. Repérez le type d'achat, la fréquence d'utilisation et les réserves émises.

Rendez-vous **ALTER**culturel

Après un séjour en Suède, Léa témoigne sur le rapport que les étudiants suédois entretiennent avec l'argent. Écoutez-la et répondez.

1. Qu'est-ce qui permet aux jeunes suédois de développer leur autonomie financière pendant leurs études ?
2. Quels sont les avantages de ce système selon Léa ?
3. Par quel autre moyen apprennent-ils, selon Léa, à être autonomes ?

NÉGOCIER ET DISCUTER UN PRIX

Outils *pour...*

1 🎧

Écoutez l'enregistrement et identifiez la situation.

2 🎧

Réécoutez et remplissez la fiche de l'objet vendu.
- Nom de l'objet : *tête* ...
- Hauteur : ...
- Date : *début du* ...
- Matière : ...
- État : ...
- Prix négocié : ...
- Frais de livraison : ...

3 🎧

Notez tous les mots et expressions nécessaires à la négociation d'un prix.
Exemple : baisser le prix.

4 👁 👁

Choisissez un objet présenté dans la rubrique *Produits d'occasion* du site encherir.com. Puis lisez la rubrique *10 conseils pour bien négocier*. Jouez la scène de négociation avec votre voisin(e).

eNCHeRiR.com

accueil | payer | s'inscrire | plan du site   Nouvelle recherche [Rechercher]
Acheter | Vendre | Communauté | Aide   Recherche approfondie

Bonjour! Ouvrez une session ou inscrivez-vous.

Les conseils d'encherir.com

[_____] Toutes les catégories ▼ (Rechercher) Recherche Approfondie

Catégories
Art et Antiquités
Automobile, Moto et Pièces
Bateaux, Voile, Nautisme
NOUVEAU!
Beauté, Bien-être, Parfums
Bébé, Puériculture
Bijoux, Montres
CD, Vinyles et Musique
Céramiques et Verres
Collections
DVD et Cinéma
Informatique et PDA
Instruments de musique
Jeux, Jouets et Figurines
Jeux Vidéo, Consoles
Livres, BD et Revues
Loisirs créatifs

10 conseils pour bien négocier

1. Estimez avec précision la valeur commerciale de l'objet.
2. Demandez de nombreuses précisions sur l'objet (époque, date, historique, matière, couleur...) et faites-vous le décrire.
3. Demandez le prix. La marge de négociation est généralement d'un tiers. Si l'objet est surestimé, faites-en part gentiment au vendeur.
4. N'hésitez pas à utiliser l'humour.
5. Proposez un montant inférieur au prix que vous espérez payer, mais restez raisonnable (faire une offre dérisoire pourrait même être jugé insultant pour le vendeur).
6. Commencez alors la discussion. Le vendeur baisse un peu, vous augmentez un peu.
7. Montrez que vous êtes prêt(e) à renoncer à la vente si le prix est trop fort.
8. Si le vendeur refuse votre dernier prix, n'acceptez pas.
9. Argumentez éventuellement en parlant d'un défaut probable de l'objet ou citez un objet similaire déjà vendu à un prix plus bas dans un magasin mais sans insister.
10. Si le vendeur refuse encore, rappelez un peu plus tard.

eNCHeRiR.com

accueil | payer | s'inscrire | plan du site   Nouvelle recherche [Rechercher]
Acheter | Vendre | Communauté | Aide   Recherche approfondie

Bonjour! Ouvrez une session ou inscrivez-vous.

Bienvenue sur encherir.com

[_____] Toutes les catégories ▼ (Rechercher) Recherche Approfondie

Categories
Art et Antiquités
Automobile, Moto et Pièces
Bateaux, Voile, Nautisme
NOUVEAU!
Beauté, Bien-être, Parfums
Bébé, Puériculture
Bijoux, Montres
CD, Vinyles et Musique
Céramiques et Verres
Collections
DVD et Cinéma
Informatique et PDA
Instruments de musique
Jeux, Jouets et Figurines
Jeux Vidéo, Consoles
Livres, BD et Revues
Loisirs créatifs
Maison, Jardin, Bricolage
Monnaies
Photo et Vidéo
PME Artisans Agriculteurs
Sports et Vacances
Téléphonie
Timbres
TV, Son, Home-Cinema
Vêtements et Accessoires
Vins et Gastronomie
Toutes les catégories

Inscrivez-vous

Produits d'occasion

Sacs à main   Mobiles   GPS
Jeux PS2   Vêtements   PC Portables
Bijoux   Baskets   Meubles

Débuter sur encherir.com

Tous les conseils sur encherir expliqué

Comment acheter ? 🔊
Comment vendre ?

Témoignages

encherir a changé la vie de certains de ses membres ! Découvrez leurs témoignages !

Lien

Les 10 conseils d'encherir.com pour négocier

Les mots *pour...*

Négocier

Négocier le prix, discuter le prix, marchander.

C'est trop cher, je n'ai pas les moyens.
Je ne peux pas mettre autant.
Vous pouvez me faire un prix, une réduction, un rabais, une ristourne ?

Je peux vous faire un prix, baisser le prix, diminuer le prix.
Je vous fais les deux à dix euros.
Je vous fais 10 % de réduction.
C'est une affaire, c'est mon dernier prix.

S'EXERCER n°1 ↻

RAPPORTER LES PAROLES DE QUELQU'UN

5

a) Écoutez et répondez.
1. Identifiez la situation : Qui parle ? De quoi parlent-ils?
2. Marc est-il confiant ? enthousiaste ? méfiant ? rassurant ?

b) Réécoutez et relevez les expressions utilisées pour exprimer la méfiance.
Exemple : s'en méfier.

Les mots *pour...*

Mettre en garde

Fais attention, tu vas te faire arnaquer, escroquer.
Ne te fais pas avoir !
Méfie-toi des paiements sur Internet !
Soyez vigilant sur Internet !
Ne faites pas trop confiance au vendeur.

6 Point **Langue** > LE DISCOURS RAPPORTÉ ET LA CONCORDANCE DES TEMPS

a) Réécoutez et complétez la liste des verbes introducteurs.
Exemple : J'ai entendu dire que...

b) Complétez le tableau de la concordance des temps.

Propos d'origine	Propos rapportés avec un verbe introducteur au passé
C'est de l'or. → **présent**	On lui avait juré que c'... de l'or. → ...
Je me suis fait arnaquer. → **passé composé**	Elle m'a raconté qu'elle ... . → ...
Je paierai. → **futur**	Fabienne m'a expliqué que je ... . → ...
Ça m'étonnerait que ce soit de l'or. → **conditionnel présent**	Elle a dit que ça l'étonnerait que ce soit de l'or. → **conditionnel présent**
J'aurais dû me méfier. → **conditionnel passé**	Elle a reconnu qu'elle aurait dû se méfier. → **conditionnel passé**
Porte plainte ! → **impératif**	Je lui ai dit de ... . → ...

c) Observez et retrouvez les questions.
- *Elle lui a demandé si les boucles d'oreilles étaient bien de l'or.*
- *Le bijoutier a demandé où elle les avait achetées, combien elle avait payé et ce qu'elle pensait faire contre le vendeur.*

S'EXERCER n°s 2, 3 et 4

> Négocier

1. Complétez le dialogue à l'aide des mots ou expressions de *les mots pour...* négocier.
- Bonjour, ces verres-là, vous les faites à combien ?
- À 10 euros pièce.
- À 10 euros, si je prends les six, vous ... ?
- Non, vous ne pouvez pas ... . Ce sont des verres bistrots anciens, exactement ceux que le poète Verlaine utilisait pour boire de l'absinthe.
- D'accord, mais 60 euros les six ? Je ne peux pas ! Je n'ai pas ... ! C'est beaucoup ... !
- Bon, je vous ... à 55 euros le lot, mais je ne ... pas plus ! Autrement je perds de l'argent ! Et puis, il faut vous décider maintenant parce qu'après, je remballe !

> Rapporter des propos

2. Rapportez les questions d'Émilie à sa copine Fabienne.
a. Est-ce je serai remboursée si l'achat ne me plaît pas ?
b. Combien d'achats est-ce que tu as déjà faits sur Internet ?
c. Est-ce que tu as déjà eu un litige ?
d. Pourrais-tu m'aider à faire mon premier achat ?
e. Est-ce que le paiement sur Internet est sécurisé ?
f. Qu'est-ce qu'il y a à vendre en ce moment sur eBay ?

a. *Émilie a demandé à Fabienne...*

3. Rapporter les explications de Fabienne.
« Tu dois lire attentivement l'annonce. Si elle est incohérente, n'achète surtout pas. Ce qu'il est important de souligner, c'est que l'achat est définitif et que tu ne pourras donc pas être remboursée. Une

autre explication : il y a des systèmes de paiement qui évitent d'avoir des problèmes. Si tu veux, je t'enverrai les adresses par mél. Finalement, les escroqueries sont rares, je t'assure ! »

Fabienne a dit à Émilie que...

4. a) Remplacer le verbe *dire* par un autre verbe : *promettre, expliquer, conseiller, affirmer, prévenir.*
a. On m'a dit de ne pas acheter sur eBay.
b. On m'a dit que le prix avait été contrôlé.
c. On ne m'a pas dit pourquoi on ne me rembourserait pas.
d. Il m'a dit qu'il allait m'aider.
e. Il m'a dit que les escroqueries étaient fréquentes.

b) Transformez ces mêmes phrases comme dans l'exemple.
Exemple : Phrase a : → On m'a dit : « N'achète pas sur eBay ! »

Paroles en scène

Sur tous les tons

1 . Écoutez et imitez le ton d'un camelot.

Allez-y, Mesdames, regardez, fouillez, c'est pas la peine d'essayer, c'est taille unique ! Vous inquiétez pas, vous avez toutes des corps de stars.
Allez-y, dans le chemisier. Aaah, la jolie jeune fille qui veut se faire belle pour son amoureux... Combien elle en prend la p'tite demoiselle ? Dix ? Non, pas dix ? Un seul ? C'est pas possible ! Pour deux, je vous fais un prix, allez 20 euros les deux, c'est rien ! Allez, deux ? Alors deux chemisiers pour 20 euros. C'est donné ! Emballé ! Dépêchez-vous, faites des affaires ! Profitez-en ! Y'en aura pas pour tout le monde !
Allez, allez, mes petites dames...

Jeu du chewing-gum

On vient de faire une découverte importante en réussissant à mettre de l'aspirine dans du chewing-gum. Ce nouveau médicament présente d'énormes avantages. Pour le faire connaître, il va être commercialisé sur tous les marchés de France.

1 . Mettez-vous en petits groupes.
2 . Trouvez un nom à ce nouveau produit.
3 . Préparez vos arguments de vente. Vous avez dix minutes.
4 . Vantez ses qualités sur le marché et que le meilleur vendeur gagne !

Ça y est, je suis rentrée dans le XXIᵉ siècle, je suis connectée à Internet. Je surfe, je navigue, enfin pour l'instant je rame. Ça a commencé quand j'ai acheté l'ordinateur.
 – *Monsieur, je voudrais un Mac parce que PC, ça veut dire plante constamment.*
 – *Mac ou PC, c'est pareil, dans trois mois, votre matériel sera obsolète. J'arrive.*
 – *Faut peut-être mieux que j'attende trois mois ?*
 – *C'est pareil madame, avec l'informatique, tout va vite, tout va très très vite.*
C'est vrai que ça va vite, en cinq minutes, j'ai dépensé 1 398 euros. En plus mon ordinateur, j'essaie de faire tout ce qu'il me dit mais lui il fait rien de ce que je veux. Déjà quand il me parle, je comprends rien :
« VOUS AVEZ MAL ÉTEINT L'ORDINATEUR, NOUS ALLONS LE RECONFIGURER. »
Qui ça nous ? Ils sont plusieurs là-dedans ?
« L'APPLICATION AYANT SERVI À CRÉER CE DOCUMENT EST INTROUVABLE. »
Si lui il la trouve pas, comment je la trouve moi ?
« UNE ERREUR SYSTÈME EST SURVENUE INOPINÉMENT. »
Genre t'as une erreur système qui se promène :
« Je suis une erreur système, qu'est ce que je vais faire ? Tiens, je vais survenir inopinément. »
« VEUILLEZ LIBÉRER DE LA MÉMOIRE. »
Je demande pas mieux moi. Mémoire, par ordre de sa majesté, je vous libère. Où elle est la touche mémoire ? Y'a pas de touche mémoire. Tu sais ce que ça veut dire PC ? P'tit con. Il est très poli, mon ordinateur, j'ai beau l'insulter, il continue de me vouvoyer. Poli mais mauvais caractère, des fois il se braque, y'a plus aucune touche qui marche :
« BAD COMMAND, INVALID RESPONSE. »
Quand il parle anglais, c'est qu'il est très énervé.
Là je le débranche et il m'engueule :
« VOUS AVEZ MAL ÉTEINT L'ORDINATEUR, NOUS ALLONS LE RECONFIGURER. »

Internet, sketch interprété par Anne Roumanoff.
Extrait du spectacle *Follement Roumanoff*. Co-écrit par Anne et Colette Roumanoff

Mise en scène

2 . Lisez le sketch d'Anne Roumanoff et jouez-le.

3 . **Scène de marchandage.**
Comme au marché aux puces, des objets étranges sont exposés dans la classe. Les vendeurs fixent les prix et vantent leurs objets, les acheteurs marchandent.

À vos créations !

02

Vous allez réaliser une page d'un site d'astuces destiné à aider les étudiant(e)s à consommer mieux et à payer moins cher.

PRÉPARATION

- Trouvez un nom à votre site.
- Par groupe, choisissez la rubrique que vous allez rédiger (transport, logement, santé, sorties, etc.).

- Rédigez vos astuces.
- Rédigez des témoignages.
  Exemple : J'ai entendu dire qu'il y aurait 50 % de réduction sur les places de théâtre si vous prenez un abonnement avant le 15 octobre.

PRÉSENTATION

Présentez votre travail à la classe. N'oubliez pas de préparer vos arguments pour vanter les qualités de votre rubrique.

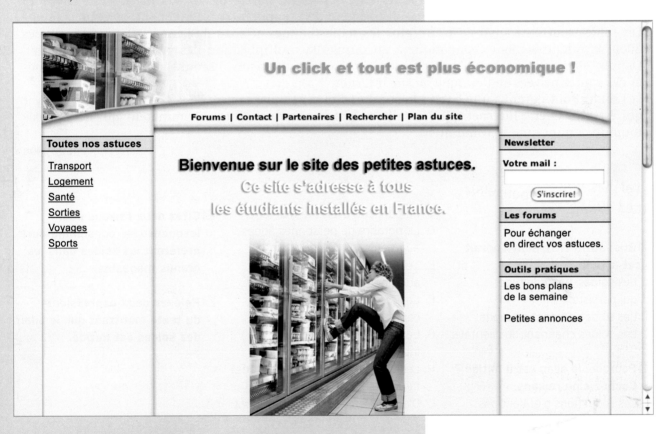

Autoévaluation

Relisez votre page et cochez.

Avez-vous :
- ☐ trouvé un nom facile à retenir pour votre site ?
- ☐ rédigé plusieurs astuces dans votre rubrique en faisant des comparaisons ?
- ☐ écrit quelques témoignages en utilisant le discours rapporté ?
- ☐ utilisé des expressions pour mettre en garde ?
- ☐ donné quelques adresses Internet utiles à tous ?
- ☐ animé votre page avec quelques dessins, logos ou photos ?

Compréhension *écrite* (10 points)

Le bilan de l'été 2006 reste plutôt mitigé

CE SOIR, c'est fini. Les soldes se terminent dans près de 70 départements. En juin, les commerçants avaient donné le coup d'envoi en fanfare avec, d'emblée, des réductions de 40 à 50 %. La ruée des premiers jours n'aura pas suffi. Les soldes de l'été 2006 manquent d'éclat.

Les résultats sont inférieurs à ceux de l'an dernier pour 45 % des commerçants. Certains, bien sûr, s'en tirent mieux que d'autres. C'est le cas des grands magasins. Pour eux, le bilan est meilleur que l'an dernier. En effet, pendant les soldes, les consommateurs recherchent d'abord des produits de marque. Ils les trouvent dans les grands magasins, avec le confort d'achat et surtout l'efficacité qu'ils ne retrouvent pas ailleurs.

Malgré tout, la grand-messe des soldes s'essouffle. [...] En dix ans, la part des consommateurs déclarant attendre les soldes pour faire leurs achats est passée de 72 % à 62 %. Cette moindre affluence s'explique en partie par le vieillissement de la population. L'âge venant, on évite la foule ! Les soldes souffrent aussi de n'être plus les seules bonnes affaires de l'année. Depuis les années 2000, le ralentissement économique a encouragé la multiplication des périodes de promotion. Depuis, elles sont restées. À cela s'ajoute le succès des magasins discount, des magasins d'usines et des ventes privées en boutique ou sur Internet.

Les soldes sont devenus une habitude qui doit trouver sa place entre l'essence qui flambe, le loyer qui est plus cher, l'Internet qui s'installe et le porte-monnaie du consommateur qui ne suit pas toujours autant qu'il le voudrait.

Le Figaro, 5 août 2006

Lisez l'article puis entourez ou notez votre/vos réponse(s).

1 Quel autre titre conviendrait à cet article ? (1 pt)
A. Les soldes, une habitude qui persiste.
B. Les soldes passent de mode.
C. Les soldes changent de clientèle.

2 Pourquoi le bilan est-il mitigé ? Cochez cinq raisons. (5 pts)
A. Les réductions n'étaient pas suffisantes.
B. La concurrence était plus forte.
C. La publicité avait été mal faite.
D. Le nombre de personnes âgées augmente.
E. Le coût de la vie a beaucoup augmenté.
F. Les soldes ont perdu leur caractère de fête.
G. Les jeunes s'y sont moins intéressés.
H. Les commerçants n'ont pas tous fait des soldes.
I. D'autres époques de bas prix ont eu lieu dans l'année.

3 Citez deux raisons pour lesquelles les consommateurs préfèrent les soldes dans les grands magasins. (2 pts)

4 Relevez deux expressions du texte montrant que le bilan des soldes est mitigé. (2 pts)

 ## Expression *écrite* (10 points)

Vous avez acheté un vêtement par Internet sur un site de vente. Vous n'étiez pas satisfait(e) du produit et vous l'avez renvoyé pour obtenir son remboursement comme l'indiquait la publicité « satisfait ou remboursé ». Un mois est passé et vous n'avez obtenu aucune réponse.

Adressez un mél de réclamation à ce site dans lequel vous expliquez ce qui s'est passé, vous exprimez votre mécontentement et vous demandez réparation.

Compréhension *orale* (10 points)

Vous allez entendre quatre documents sonores. Avant d'écouter chaque document, vous aurez quelques secondes pour lire les questions correspondantes. Puis, vous entendrez chaque document deux fois. Vous aurez ensuite quelques secondes pour **entourer la ou les bonnes réponses ou pour noter votre réponse.**

Document 1

1 De quoi parle le jeune homme ?
(1 pt)

A. De ses difficultés financières.
B. De ses astuces pour économiser.
C. De ses récents achats.

Document 2

2 Quel appareil peut-on acheter ?
(1 pt)

3 Quelle offre est proposée pour cet appareil ? (1 pt)

Document 3

4 Quels sont les deux problèmes dont Victor a été victime ?
(2 pts)

A. L'objet n'est pas arrivé.
B. L'objet n'a pas été payé.
C. L'objet est arrivé avec retard.
D. L'objet a été volé.
E. L'objet est arrivé abîmé.

5 En dédommagement, Victor a demandé (1 pt)

A. à être remboursé.
B. à échanger l'objet.
C. à bénéficier d'un avoir.

Document 4

6 Quels sont les deux phénomènes en progression dont on parle ? (2 pts)

7 Citez les deux produits les plus vendus sur Internet.
(2 pts)

Expression *orale* (10 points)

Choisissez une de ces deux situations.
Expliquez à votre professeur ou votre voisin(e) :

Situation 1 Comment jouer sur Internet à un jeu auquel vous avez l'habitude de jouer.

Situation 2 Comment mettre une annonce pour vendre un objet sur Internet.

J'apprends

DOSSIER 3

3

DELF

B 1

« *C'est en forgeant qu'on devient forgeron.* »

« *L'expérience instruit plus sûrement que le conseil.* »

André Gide

J.M.G. Le Clézio

Jean-Marie Gustave Le Clézio naît à Nice en 1940 ; il est originaire d'une famille bretonne émigrée à l'île Maurice au XVIIᵉ siècle. Il ne cesse d'écrire et de voyager depuis sa jeunesse. Son premier roman, *Le Procès-verbal*, obtient le prix Renaudot en 1963. En 1980, il reçoit le prix Paul Morand décerné par l'Académie française pour *Désert*. Après la guerre, il vit une partie de son enfance au Nigeria où son père, médecin colonial anglais, avait fait venir sa famille. Ce sont ces années dont il parle dans *L'Africain* (2004). « J'ai longtemps rêvé que ma mère était noire... Puis j'ai découvert, lorsque mon père à l'âge de la retraite est revenu vivre avec nous en France, que c'était lui l'Africain... »

1 **lézards :** petits reptiles des terres
2 **écrevisses :** crustacés d'eau douce
3 **fleurs vénéneuses :** qui contiennent un poison

Aujourd'hui, avec le recul du temps, je comprends que mon père nous transmettait la part la plus difficile de l'éducation – celle que ne donne jamais aucune école. L'Afrique ne l'avait pas transformé. Elle avait révélé en lui la rigueur. Plus tard, lorsque mon père est revenu vivre sa retraite dans le sud de la France, il a apporté avec lui cet héritage africain. [...]

Ce pays d'Afrique où il avait connu le bonheur de partager l'aventure de sa vie avec une femme, à Banso, à Bamenda, ce même pays lui avait volé sa vie de famille et l'amour des siens. Il m'est possible aujourd'hui de regretter d'avoir manqué ce rendez-vous. J'essaie d'imaginer ce que cela pouvait être, pour un enfant de huit ans, [...] d'aller à l'autre bout du monde rencontrer un inconnu qu'on lui présente comme son père. Et que ce soit là, à Ogoja, dans une nature où tout est à l'excès, le soleil, les orages, la pluie, la végétation, les insectes, un pays à la fois de liberté et de contrainte. Où les hommes et les femmes étaient totalement différents [...]. Où la maladie et la vieillesse étaient visibles, où la joie et les jeux de l'enfance étaient encore plus évidents. Où le temps de l'enfance s'arrête très tôt, presque sans transition, où les garçons travaillent avec leur père, les petites filles se marient et portent leurs enfants à treize ans.

Il aurait fallu grandir en écoutant un père raconter sa vie, chanter des chansons, accompagner ses garçons à la chasse aux lézards¹ ou à la pêche aux écrevisses² dans la rivière Aiya, il aurait fallu mettre sa main dans la sienne pour qu'il montre les papillons rares, les fleurs vénéneuses³, les secrets de la nature qu'il devait bien connaître, l'écouter parler de son enfance à Maurice, marcher à côté de lui quand il allait rendre visite à ses amis, à ses collègues d'hôpital, le regarder réparer la voiture ou changer un volet brisé, l'aider à planter les arbustes et les fleurs qu'il aimait...

Jean-Marie Gustave Le Clézio,
L'Africain, Mercure de France, 2004

1

Lisez le texte et répondez.

1. Qui sont les deux personnages ?
2. Quel type de relation entretiennent-ils ?
   - ☐ proche
   - ☐ éloignée
   - ☐ intime
   - ☐ complice
   - ☐ tendre
   - ☐ conflictuelle
   - ☐ réservée

2

Relisez le texte et, parmi les éléments suivants, cochez ceux qui sont évoqués dans le texte à propos de l'Afrique et du père.

1. L'Afrique :
   - ☐ le climat
   - ☐ la nature
   - ☐ les coutumes des habitants
   - ☐ les ressources agricoles
   - ☐ les animaux
   - ☐ l'habitat

2. Le père :
   - ☐ âge
   - ☐ profession
   - ☐ goûts
   - ☐ caractère
   - ☐ passé

3

a) D'après vous, quels sentiments l'auteur éprouve-t-il pour son père et quels sont ses regrets ?

b) Ajoutez au texte trois regrets de J.M.G. Le Clézio sur son enfance et sa relation avec son père.

Il aurait fallu...

4 🌐

Échangez.

Dans votre culture, quelles connaissances sont transmises plutôt par les pères et quelles sont celles transmises plutôt par les mères ?

5 ⊖

Échangez.

Quelqu'un vous a transmis quelque chose que vous n'avez jamais oublié (un savoir-faire, une règle de vie, un goût ou une passion pour quelque chose...). Racontez puis échangez avec les autres.

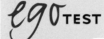

QUEL EST VOTRE TYPE DE MÉMOIRE ?

Pour chaque question du test, répondez personnellement puis échangez vos réponses en les illustrant par vos souvenirs et vos expériences.

1. Quand vous racontez un souvenir d'enfance, vous évoquez plutôt :
   a) les sons
   b) les images
   c) les odeurs

2. Quand vous parlez d'une personne de votre enfance, vous évoquez plutôt :
   a) un détail de son visage
   b) le ton de sa voix
   c) ses mots affectueux

3. Quand on vous racontait des histoires, vous préfériez :
   a) fermer les yeux et les écouter
   b) suivre l'histoire sur le livre
   c) changer la fin de l'histoire

4. Pour apprendre des poèmes à l'école :
   a) vous les répétiez deux fois et vous les saviez
   b) vous les écriviez pour les mémoriser
   c) vous n'arriviez pas à les mémoriser

5. Quand vous devez préparer un examen :
   a) vous commencez les révisions très tôt
   b) vous vous y prenez au dernier moment
   c) vous ne révisez pratiquement pas

6. Comment aimez-vous étudier :
   a) bien installé(e) à votre bureau dans le silence
   b) allongé(e) sur votre lit en écoutant de la musique
   c) à la bibliothèque avec des amis

7. Vous apprenez mieux :
   a) quand quelqu'un vous explique
   b) quand vous expérimentez par vous-même
   c) quand vous lisez des livres sur le sujet

| **Les mots** *pour...* | **Parler d'apprentissage** |

Je me souviendrai toujours de Je n'ai jamais oublié J'ai gardé en mémoire	} ce geste, cette remarque...
Je connaissais par cœur J'avais mémorisé	} toutes les histoires.
Je retenais mieux J'apprenais J'avais du mal à retenir...	} en écrivant, en répétant...

Je révise, je « bosse » régulièrement.
Je m'y prends à l'avance.
Je n'ai pas besoin de faire de révisions.
Je m'y mets toujours au dernier moment.

Pour « potasser », réviser, je me concentre mieux allongé(e), assis(e) à un bureau...
La musique m'aide à me concentrer.
Le bruit me déconcentre, me dérange.

Des parcours de

Stratégies *pour...*
présenter son parcours
lors d'un entretien

**Préciser le point de départ
de son choix :**
- *À 15 ans, en feuilletant un livre,
  en visitant une expo, j'ai
  découvert...*
- *J'ai toujours voulu...*
- *Quand j'étais petite, ma mère avait
  un restaurant...*
- *Un jour, j'ai fait la connaissance de...*

Relater brièvement ses études :
- *J'ai fait des études d'architecture.*
- *J'ai étudié la peinture.*
- *J'ai eu un cursus assez original.*
- *J'ai fait des études courtes.*
- *J'ai intégré une filière professionnelle.*
- *J'ai commencé une formation.*
- *J'ai fait un stage.*

Insister sur ses expériences :
- *C'est par le biais de la musique
  que j'ai réalisé un premier
  bâtiment.*
- *J'ai d'abord travaillé comme
  animatrice, ça m'a donné de
  bonnes bases.*
- *J'ai décidé de me former comme
  infirmière.*

**Mettre en valeur son plaisir,
son intérêt :**
- *Au départ, j'ai été ébloui par...*
- *Maintenant, j'arrive à réaliser...*
- *C'était une expérience unique !*

1
Écoutez les interviews de trois
personnes qui présentent leur parcours
et complétez le tableau.

	Profession	Origine du choix
1	...	...
2	...	*Petite, elle aimait aider sa mère au restaurant.*
3	...	...

2
Réécoutez et associez chaque
personne à son type de formation.
- des études universitaires
- une formation courte
- une école professionnelle

3
Réécoutez.
a) Notez les différentes étapes de leur
parcours.

b) Dites, pour chacun, ce qui constitue
l'originalité de leur parcours.

c) Relevez les termes qui soulignent
le plaisir ou l'intérêt de chacun
pour son travail.

4
Présentez oralement votre parcours.
L'origine de votre/vos choix, votre/vos
goût(s), vos études et vos premières
expériences professionnelles...

combattants...

5

Lisez le document et répondez.

1. Quelles sont les dates-clés pour
   > retirer son dossier de demande de pré-inscription ?
   > le déposer ?
2. Qui sont les interlocuteurs pour la pré-inscription
   > à l'étranger ?
   > en France ?
3. Quelles sont les pièces nécessaires concernant
   > les études ?
   > la vie privée ?

6

Vrai ou faux ? Écoutez la conversation entre Denise et Christine et répondez.

1. C'est une commission universitaire qui valide le cursus suivi à l'étranger.
2. On peut s'inscrire quel que soit son niveau de français.
3. On obtient son visa long séjour sur présentation de sa pré-inscription et d'un justificatif de ressources.
4. Le visa long séjour suffit pour vivre en France.
5. C'est la DEVE qui s'occupe des visas.

7

Vous participez à un forum d'étudiants. Relisez le document sur l'inscription des étudiants étrangers et réécoutez la conversation entre Christine et Denise, puis répondez à Éva, Ali et Ilan.

Éva : J'habite à Sofia... comment je retire un dossier pour m'inscrire en 1re année de fac ?

Ali : Je vis à Rouen depuis six mois. À qui je dois m'adresser pour la demande de pré-inscription ?

Ilan : J'ai suivi deux années de droit international à Belgrade, je peux m'inscrire automatiquement en 3e année ?

INSCRIPTION ÉTUDIANTS ÉTRANGERS

Vous êtes étudiant étranger et vous désirez vous inscrire à l'université en dehors d'un programme d'échange international.

Rappel des documents à fournir :

- ☐ Diplômes originaux
- ☐ Carnet de santé ou certificat de vaccinations
- ☐ Autorisation de sortie de devises
- ☐ Certificat de naissance traduit en français
- ☐ Passeport
- ☐ Attestation d'assurance maladie (si vous êtes affilié(e) dans votre pays d'origine)

Vous devez impérativement retirer un formulaire de demande de pré-inscription entre le 15 novembre et le 15 janvier :

> Auprès des Services Culturels de l'Ambassade française de votre pays de résidence, si vous êtes domicilié(e) à l'étranger.
> Auprès du Bureau des Enseignements et de la Vie Étudiante (DEVE) de l'université, si vous êtes domicilié(e) dans l'académie et titulaire d'une carte de séjour d'une durée de validité d'un an.

Le formulaire doit être déposé dans le service où il a été retiré avant le 16 janvier.

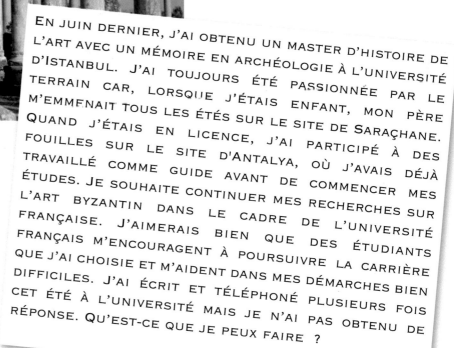

EN JUIN DERNIER, J'AI OBTENU UN MASTER D'HISTOIRE DE L'ART AVEC UN MÉMOIRE EN ARCHÉOLOGIE À L'UNIVERSITÉ D'ISTANBUL. J'AI TOUJOURS ÉTÉ PASSIONNÉE PAR LE TERRAIN CAR, LORSQUE J'ÉTAIS ENFANT, MON PÈRE M'EMMENAIT TOUS LES ÉTÉS SUR LE SITE DE SARAÇHANE. QUAND J'ÉTAIS EN LICENCE, J'AI PARTICIPÉ À DES FOUILLES SUR LE SITE D'ANTALYA, OÙ J'AVAIS DÉJÀ TRAVAILLÉ COMME GUIDE AVANT DE COMMENCER MES ÉTUDES. JE SOUHAITE CONTINUER MES RECHERCHES SUR L'ART BYZANTIN DANS LE CADRE DE L'UNIVERSITÉ FRANÇAISE. J'AIMERAIS BIEN QUE DES ÉTUDIANTS FRANÇAIS M'ENCOURAGENT À POURSUIVRE LA CARRIÈRE QUE J'AI CHOISIE ET M'AIDENT DANS MES DÉMARCHES BIEN DIFFICILES. J'AI ÉCRIT ET TÉLÉPHONÉ PLUSIEURS FOIS CET ÉTÉ À L'UNIVERSITÉ MAIS JE N'AI PAS OBTENU DE RÉPONSE. QU'EST-CE QUE JE PEUX FAIRE ?

DILEK S, ÉTUDIANTE

1 👁

Lisez le témoignage de Dilek, étudiante turque, et remettez son parcours dans l'ordre chronologique.

· Obtention d'un master.
· Fouilles sur le site d'Antalya.
· Visites fréquentes à Saraçhane.
· Licence.
· Travail comme guide.
· Demande d'entrée à l'université en France.

2

Point **Langue** › ÉVOQUER LE PASSÉ

a) Relevez les temps du passé utilisés par Dilek pour présenter son parcours.

Enfant			En licence		
	Avant de commencer mes études			En juin dernier	Cet été

Mon père m'emmenait	...	...	...	...
→ *Imparfait*

b) Lisez les phrases suivantes et indiquez le temps du verbe. Puis associez chaque phrase à la fonction correspondante.

*Exemple : L'année dernière, j'**ai obtenu** ma licence.* → *passé composé* → un fait ponctuel du passé

Quand j'**étais** adolescente... •
J'**ai fait** un stage dans un laboratoire pendant trois mois. •
J'**ai contacté** l'université plusieurs fois. •
Pendant mes études, j'**allais** beaucoup à la bibliothèque. •
J'**ai** d'abord **passé** un master de biologie, •
puis j'**ai arrêté** mes études pendant un an. •
Quand j'**ai commencé** à travailler pour Siemens, •
j'**avais** déjà **fait** plusieurs stages chez eux. •
Je **passais** mes examens quand les grèves ont commencé. •

• une succession de faits dans le passé
• un fait qui a une durée limitée dans le passé
• un fait répété dans le passé
• une habitude du passé
• un fait en train de se dérouler
• un fait terminé avant un autre fait au passé
• une situation passée

S'EXERCER n°s1 et 2 🅖

3 Point **Langue** › L'ACCORD DU PARTICIPÉ PASSÉ

a) Observez et répondez.

Elle a obtenu un master.
Elle a participé à des fouilles.
Elle a toujours été passionnée.
La carrière qu'elle a choisie.

Comment expliquez-vous l'accord du participé passé ?

b) Observez et complétez comme dans l'exemple.
Exemple : Ils se sont vus à l'automne dernier. ➜ *voir quelqu'un*

Ils se sont rencontrés. ➜ ...
Ils se sont parlé. ➜ ...
Elle s'est lavée. ➜ ...
Elle s'est lavé les cheveux. ➜ ...

Comment expliquez-vous les différents accords du participé passé ?

S'EXERCER nᵒˢ3 et 4 G

Attention !
Quand les participes passés se terminent par une consonne, comme *fait*, *pris*, et qu'ils sont au féminin (*faite*, *prise*), cette consonne se prononce à l'oral. *Exemples : Dis-moi, l'inscription à la fac, tu l'as faite ? Aidez-moi dans les démarches que j'ai entreprises.*

> ## Évoquer le passé

1. Dans les phrases suivantes, précisez la fonction des temps employés.

a. Pendant vingt ans, il a étudié le français.
b. En 1990, Denise faisait son stage en entreprise.
c. Mon fils a passé son bac, il est entré à la fac, il y est resté deux ans mais il n'a rien fait !
d. Quand j'étais à l'école, j'avais toujours des mauvaises notes en maths. Un jour, un prof formidable m'a expliqué les bases et j'ai tout compris !
e. Vous aviez obtenu votre diplôme quand vous êtes entré dans l'entreprise ?

2. Complétez, avec les temps nécessaires, le parcours de Frédéric.

Il ... (obtenir) une maîtrise d'allemand et une licence de russe, puis il ... (intégrer) le programme Erasmus. Voyager, Frédéric l'... (déjà faire) avant de s'inscrire à Erasmus. En effet, il ... (être) jeune homme au pair en Suède l'année du bac, ce qui n'est pas banal. L'année dernière, il ... (entrer) à l'université Humboldt à Berlin où il ... (étudier) pendant huit mois. « Je ... (ne pas avoir) de problèmes d'adaptation parce que je ... (connaître) un peu Berlin et de toutes façons, à cette époque-là, je ... (savoir) que l'échange était la meilleure façon d'apprendre. Observer les autres modes de vie, c'est le moyen de se découvrir soi-même », déclare Frédéric.

> ## L'accord du participe passé

3. Accordez, si nécessaire, les participes dans ce témoignage qui relate l'expérience d'un entraîneur.

Footballeur par accident

« Lorsque j'étais gamin, mon frère et moi on adorait le rugby. J'ai joué... au foot parce que ma mère avait vécu... une mauvaise expérience avec mon père rugbyman, ça lui faisait peur. Elle nous rappelait toujours la blessure qu'il avait eu... au genou. Elle nous a encouragé... à choisir un autre sport. Alors, c'est le foot qui nous a choisi... . Moi, à quinze ans, j'évoluais déjà chez les cadets de l'équipe de France tout en suivant une scolarité normale qui m'a amené... à un bac littéraire, au cas où je ne perce pas dans le football. Maintenant j'entraîne une grande équipe que j'ai connu... comme joueur professionnel. Elle est super préparé... »

4. Accordez, si nécessaire, les participes passés des verbes pronominaux dans ce récit.

L'amour au passé

Ils s'étaient rencontré... sur les bancs de la fac, ils s'étaient échangé... des cours, puis des messages, puis des lettres d'amour. Ils se sont aimé... le temps d'une licence et, les études finies, ils se sont séparé..., chacun est parti de son côté. Pendant longtemps, ils se sont écrit... des lettres, et plus tard des méls, l'un à Shangaï, l'autre à Paris. Lorsqu'ils se sont retrouvé..., ils se sont à peine reconnu... Pourtant ils s'étaient envoyé... des photos. Mais voilà, les images s'étaient effacé... parce que ce qu'ils essayaient de retrouver, c'était leur passé.

1

a) Écoutez le journaliste et précisez le thème de l'émission et le nom des deux intervenants ainsi que leur niveau scolaire.

b) Écoutez Thomas et relevez :
> comment et quand le goût de lire lui est venu.
> quelle personne lui reprochait son choix.
> deux raisons pour lesquelles il aime la lecture.

c) Écoutez Anissa et retrouvez :
> quel type de livre elle apprécie
> pourquoi elle est fière de ceux qui lisent

2

Réécoutez et répondez.
1. Quelles sont les deux expressions du journaliste pour présenter les deux opinions différentes sur le goût de la lecture ?
2. Quelle est l'expression employée par Thomas pour dire qu'il aime lire ?
3. Quelles sont les deux expressions d'Anissa pour dire qu'elle n'aime pas la lecture ?

Le troc **des savoirs**

> « Je suis donc je sais », telle est la devise des réseaux d'échanges et de savoirs qui, depuis plus de vingt ans, essaiment en France et à l'étranger...

De la confection de la tarte aux pommes à l'informatique en passant par l'art de réparer une mobylette, nous savons tous quelque chose. Ce savoir est une richesse que l'on peut transmettre. Offrir et recevoir : un concept simple et naturel que les réseaux cherchent à conquérir en ces temps d'individualisme morose.

Les réseaux, c'est l'occasion d'apprendre, mais aussi celle de sortir de son isolement, de diversifier ses relations, de créer des échanges culturels, ethniques et sociaux différents. Rien d'étonnant, donc, de voir un médecin s'initier à la plomberie avec un ouvrier immigré. Pour que les échanges se passent dans les meilleures conditions, un contrat d'apprentissage négocié par l'intermédiaire d'un animateur-médiateur fait préciser à chacun sa demande et son offre, la façon dont il souhaite apprendre et la méthode employée. Les réseaux ne coûtent rien, c'est un échange démonétisé, mais ce n'est pas du bénévolat puisqu'il y a un retour.

Macadam journal

FLAUBERT, C'EST TROP GÉNIAL !

3

Échangez.
Mettez-vous par groupes de trois et échangez vos points de vue sur la lecture : ce qu'elle apporte, ce qu'elle apprend, ce que vous y trouvez ou au contraire, pourquoi vous n'aimez pas beaucoup lire.

ts de vue sur...

LE TROQUET DES SAVOIRS..

4 👁

Regardez ces documents et dites quelles
façons d'apprendre ils présentent
(modalités, lieux...).

Strasbourg INFOS

Les cafés *philo*

Sorties interactives

Cafés - Petits déjeuners - Déjeuners
Dîners / débats

Université populaire, créée en octobre 2002 par Michel ONFRAY à Caen

L'UNIVERSITÉ POPULAIRE DE CAEN

La première version de l'Université populaire date de la fin du XIXe siècle, à l'époque de l'affaire Dreyfus. Des professeurs, des intellectuels, des historiens, des écrivains, des philosophes y proposaient des cours gratuits à destination de ce qu'il était convenu alors d'appeler la classe ouvrière. La seconde version vise des objectifs semblables bien qu'actualisés : démocratiser la culture et dispenser gratuitement un savoir au plus grand nombre.

5 👄

Échangez.
Que vous pensez-vous de ces initiatives ?
Des concepts semblables existent-ils dans
votre pays ? Chez vous, comment peut-on
apprendre ailleurs que dans sa famille ou
dans le système scolaire ?

Rendez-vous
ALTER*culturel*

Pascale a enseigné le français au Japon.
Écoutez-la raconter son expérience et répondez.

1. À quelle grande différence culturelle s'est-elle confrontée ?

2. Quel mode d'apprentissage ont les Japonais pour les langues ?
   Et chez vous ?

Yoshio compare les universités françaises et japonaises.
Écoutez-le et répondez.
Pour lui, quelles sont les deux différences majeures ?

6 👁👄

a) Relisez l'article *Le troc des savoirs*
et répondez.
1. Sur quel principe de base se sont créés
   ces réseaux ?
2. À part la formation, qu'est-ce qu'ils
   apportent ?
3. Comment se sont-ils organisés ?
4. Quel savoir voudriez-vous acquérir dans
   un système de ce type et que donneriez-
   vous en échange ?

b) Relisez l'article sur l'Université
populaire et répondez.
1. Quel est l'historique de l'Université
   populaire ?
2. Quels en sont les objectifs actuellement ?

D3

CONCÉDER

Outils *pour...*

1 👁 ⌒

Lisez ces critiques de jeunes lycéens adressées au magazine *Phosphore* à propos de l'université et répondez.

1. Quels sont les problèmes soulevés par ces jeunes ?
2. Les étudiants rencontrent-ils les mêmes problèmes chez vous ?

FAC, mode d'emploi

Léo
Il faut des semaines pour comprendre comment ça marche !

Oui, le système est assez compliqué et les options dans une même discipline ne sont pas toujours clairement identifiables. Pourtant, on vous informe : ne zappez pas les journées de pré-rentrée, c'est là qu'on explique comment fonctionnent les différents « menus » que vous devrez composer.

Élisa
Les formations sont très éloignées du monde du travail.

La fac forme surtout des enseignants et des chercheurs, mais de plus en plus, elle propose des diplômes professionnalisés dans de nombreuses filières. Même si les études sont théoriques, ce sont des professionnels qui enseignent et ils proposent des stages en entreprise.

Franck
Les étudiants sont livrés à eux-mêmes pour faire leurs études.

Oui, les grands amphis sont à apprivoiser, les amis à trouver. Malgré ce sentiment de solitude, on finit par s'adapter. Et, bien qu'il n'y ait personne pour vous rappeler à l'ordre si vous séchez les cours, un grand nombre de fac ont mis en place le tutorat pour aider les étudiants en première année à suivre régulièrement leurs études.

Textes de Orlane Dupont, *Phosphore*, Bayard Jeunesse, 2004

2

Point **Langue** › CONCÉDER

a) Lisez les réponses du journal et, comme dans l'exemple, notez, en face de chaque problème la contradiction.

Exemple : Le système est compliqué.
➜ *On vous informe.*

- La fac forme des enseignants et des chercheurs. ➜ ...
- Les études sont théoriques. ➜ ...
- On éprouve un sentiment de solitude. ➜ ...
- Il n'y a personne pour vous rappeler à l'ordre. ➜ ...

b) Retrouvez dans le document les termes qui relient ces contradictions.

Exemple : Le système est compliqué.
➜ ***Pourtant**, on vous informe.*

c) Observez ces phrases et soulignez le terme qui introduit la contradiction.

- *Il était inscrit, il n'a cependant pas pu intégrer le groupe.*
- *Il était malade, il est quand même venu.*
- *Le professeur a beau expliquer, répéter et donner des exemples, je ne comprends rien.*
- *J'ai eu beau faire, on n'a pas accepté mon dossier.*

d) Complétez le tableau.

Locutions verbales	Mots de liaison	Conjonctions
Avoir beau + infinitif	...	...

S'EXERCER n°1 🔄

52
cinquante-deux
Dossier 3

NON
À LA SÉLECTION PAR L'ARGENT !

Nous refusons une nouvelle augmentation des droits d'entrée à l'université !

Encore une fois, on pénalise les plus pauvres ! Et on diminuera le nombre d'étudiants, tandis que dans certains métiers, ils suffisent à peine pour remplacer les retraités.

Ceux qui voudront continuer leurs études seront obligés de s'endetter… Ce n'est pas la solution ! Au contraire, il faut les aider davantage en augmentant les bourses d'études. Au lieu de plomber leur avenir, il faut les rendre plus libres et éviter d'hypothéquer leur futur par la rentabilité supposée de leurs études. Nous sommes contre l'augmentation ! En revanche, nous militons pour un plus grand soutien de l'État envers ses jeunes : à vingt ans on doit être libre de choisir sa vie sans dépendance financière vis à vis des parents ou des banques ! Les jeunes sont l'avenir de la nation, aidez-les, aidez-nous !

Venez nombreux soutenir notre action
JEUDI PROCHAIN 15H
devant les rectorats d'académie
LE COLLECTIF UNIS POUR TOUS

OPPOSER

5 Point Langue › S'OPPOSER

a) Relisez le tract et relevez les faits qui s'opposent.
Exemple : Et on diminuera le nombre d'étudiants, tandis que dans certains métiers, ils suffisent à peine pour remplacer les retraités.

b) Réécoutez les points de vue et relevez les faits qui s'opposent.

c) Complétez le tableau avec les termes qui expriment l'opposition.

Préposition	Mots de liaison	Conjonctions
contrairement à	*par contre*	*alors que* + indicatif
…	…	…

S'EXERCER nᵒˢ2 et 3 Ⓖ

---

3 👁
Lisez ce tract, dites à quoi il s'oppose, à qui il s'adresse et résumez ses objectifs.

4 🔊
Écoutez des points de vue exprimés sur ce thème. Dites qui est pour l'augmentation des droits d'inscription, qui est contre et pourquoi.

› Concéder

1. Utilisez les marqueurs de concession appropriés pour compléter ces phrases sur l'augmentation des droits d'inscription dans les universités.

a. La gratuité des universités n'est pas une garantie d'égalité, … elle soit réclamée comme une façon de favoriser les plus pauvres.

b. Les étudiants les plus défavorisés doivent travailler pendant leurs études … leur gratuité, parce qu'ils doivent payer leur logement et leur frais divers.

c. Un système de prêt bancaire faciliterait l'égalité, … ce soit une suggestion controversée.

d. Les banques pourraient prêter à taux faible, il serait bon … que l'État en réglemente les modalités.

e. On aura … dire et … faire, les fils d'ouvriers sont très peu présents à l'université aujourd'hui, … la faiblesse des droits d'inscription.

› S'opposer

2. Opposez explicitement les goûts et les comportements.

a. J'ai une mémoire visuelle. Ma sœur a une mémoire auditive.

b. Mon éducation m'a appris à accepter mes faiblesses, pas à les cacher.

c. En France, l'apprentissage n'est pas valorisé. C'est le contraire en Allemagne.

d. En général, les garçons étudient en écoutant de la musique, les filles ont plus besoin de silence.

e. Lui, il adore l'école, son frère ne pense qu'à s'amuser.

3. Complétez la lettre ci-dessous avec les marqueurs d'opposition suivants : *contrairement à ce que - alors que - par contre - contrairement à - au lieu de.*

Salut Kevin,

… toi, je n'irai pas à la manifestation jeudi. Je pense que, … manifester, ce serait mieux que je bosse mes partiels, je suis drôlement en retard. Et puis, franchement, ça sert à quoi ? On va se geler dans la rue … les principaux intéressés seront bien au chaud. C'est à eux de se bouger, non ? Une manif, c'est pas une solution. … je propose de venir tous les jours en cours avec des pancartes de protestation. À la longue, ça fera son effet. Franchement, et … tu peux penser, je suis en total désaccord avec cette réforme, mais vraiment, je ne peux pas y aller. Désolé, vieux !

Patrick

DOSSIER 3

Paroles en scène

Sur tous les tons

1 . Entraînez-vous à dire le plus vite possible et cinq fois de suite les phrases ci-dessous. Commencez lentement en travaillant l'articulation, puis essayez de plus en plus vite.

1. Je veux et j'exige d'exquises excuses.
2. Je craque en croquant des crevettes croustillantes.
3. Suis-je bien chez ce cher Serge ?
4. Quand j'ai su que la voisine du dessus aimait le voisin du dessous, ça m'a mis sens dessus dessous.

Mise en scène

2 . Jouez cette scène de *Cyrano de Bergerac.*

Mettez en évidence :
- l'hésitation, le malaise du Vicomte ;
- la colère froide de Cyrano ;
- les tons différents dans la fameuse « tirade du nez » de Cyrano : agressif, amical, descriptif, tendre, dramatique.

3 . Apprends-moi à...

Mettez-vous par deux. L'un de vous veut absolument perfectionner son français grâce à l'autre. Il/elle propose un échange contre l'enseignement d'une de ses capacités particulières (danser le tango, jouer d'un instrument de musique, réaliser une recette, réussir un tour de prestidigitation...). Mettez-vous d'accord sur les termes de l'échange et préparez la première leçon de l'un et de l'autre. Jouez-les devant la classe.

LE VICOMTE

Vous... vous avez un nez... heu... un nez... très grand.

CYRANO (*gravement*)

Très.

LE VICOMTE (*riant*)

Ha !

CYRANO (*imperturbable*)

C'est tout ?...

LE VICOMTE

Mais...

CYRANO

Ah ! non ! C'est un peu court, jeune homme !
On pouvait dire... Oh ! Dieu !... Bien des choses en somme...
En variant le ton, – par exemple, tenez :
Agressif : « Moi, monsieur, si j'avais un tel nez,
Il faudrait sur le champ que je me l'amputasse ! »
Amical : « Mais il doit tremper dans votre tasse ! [...] »
Descriptif : « C'est un roc !... c'est un pic !... c'est un cap !
Que dis-je, c'est un cap ?... C'est une péninsule ! » [...]
Tendre : « Faites-lui faire un petit parasol
De peur que sa couleur au soleil ne se fane ! »
Dramatique : « C'est la mer Rouge quand il saigne ! »

Edmond Rostand, *Cyrano de Bergerac*, Acte I, scène IV, 1897

Jeu de l'énigme

« À cause d'un peu de bois, un homme est mort. » Voilà l'énigme que vous devez résoudre en petits groupes de 5.
- Trois personnes émettent des hypothèses et posent des questions.
- Une personne connaît l'explication finale de l'énigme (confiée par le professeur) et répond par oui ou par non aux questions du premier groupe.
- Une personne est chargée de reformuler au fur et à mesure les éléments de l'énigme découverts par le groupe.

3 À vos créations !

Vous allez participer à un concours et réaliser une lettre universelle à la jeunesse.

Le concours est ouvert à tous les adultes soucieux de transmettre leur expérience et d'encourager les jeunes. La lettre sera écrite, puis oralisée comme un discours en vue d'être dite lors de l'ouverture de « l'année internationale de la jeunesse ».

Au début de sa vie, que faut-il espérer, en quoi croire ?
D'abord, ...
....
Ensuite, ...
Quand j'étais jeune / petit(e) ....
Dans le passé... / Dans le livre... / L'auteur X... / ....
Cette phrase / Ce conseil essentiel(le) que je ne
pourrai jamais oublier :
« ....
....................................»
J'ai souvent pris appui sur... / J'ai souvent pensé à
/ L'exemple de X montre ....
Dans la vie, il arrive ....
Au lieu de ....
....

PRÉPARATION de la rédaction

- Notez tous les espoirs, objectifs, attentes des jeunes avant d'entrer dans leur vie d'adulte.
- Hiérarchisez-les.
- Développez les deux plus importants.
- Appuyez-vous sur un souvenir, une expérience personnelle.
- Référez-vous à une citation d'une personne célèbre pour confirmer votre développement.
- Faites une phrase pour combattre le pessimisme qui peut s'emparer des jeunes devant les difficultés.
- Terminez en évoquant le futur.

PRÉPARATION de la lecture

- Lisez votre lettre plusieurs fois et essayez de la dire en regardant le texte le moins possible et en modulant selon les passages (tendre, dramatique, descriptif...).

Autoévaluation

Rédaction

Avez-vous :

- [ ] bien suivi le plan proposé ?
- [ ] employé les temps corrects pour rappeler le souvenir, l'expérience personnelle ainsi que pour relater le cas de l'auteur ou de l'exemple célèbre sur lequel vous vous appuyez ?
- [ ] accordé correctement les participes passés ?
- [ ] employé les articulateurs de concession appropriés ?
- [ ] opposé des arguments valides avec les articulateurs corrects ?
- [ ] donné de l'espoir, du courage aux jeunes à qui vous vous adressez ?

Lecture

Avez-vous :

- [ ] lu votre lettre sans hésitation, avec les pauses nécessaires ?
- [ ] rendu dans votre ton les émotions nécessaires selon les passages du discours (nostalgique, tendre, dramatique, animé, incitatif...) ?
- [ ] articulé très clairement les mots de votre discours sans le rendre artificiel ?
- [ ] convaincu votre public ?

Compréhension *écrite* (10 points)

Ils sont unanimes : « C'était génial, enrichissant et cela apporte une ouverture d'esprit incomparable... » Les étudiants de retour d'un séjour dans une université étrangère ne tarissent pas d'éloges sur leur expérience et nombreux sont ceux qui ne rêvent que de repartir.

Même si ce n'est pas l'objectif premier d'un séjour d'études, qui présuppose d'avoir de bonnes connaissances linguistiques, tous soulignent les progrès accomplis dans la langue du pays où ils ont étudié. Et ils mettent invariablement en avant l'intérêt de la découverte d'une culture différente, de l'adaptation à d'autres méthodes universitaires, de la cohabitation avec des étudiants de toutes les nationalités...

En Europe chaque année, les échanges Erasmus concernent près de 135 000 étudiants dont 21 000 Français. Dans ce programme, les périodes d'études effectuées ainsi que les diplômes obtenus sont validés. En moyenne, les étudiants français partis dans le cadre Erasmus séjournent sept mois à l'étranger : la plupart effectuent un semestre d'études, mais quelques chanceux profitent d'une année complète dans une université européenne. Si vous êtes étudiant Erasmus, vous ne payez pas les frais de scolarité de l'établissement d'accueil, vous ne réglez que les droits universitaires français avant votre départ (soit de 156 à 199 euros en 2005-2006).

Par un programme comparable, quelques milliers d'étudiants s'envolent aussi chaque année outre-Atlantique, vers les campus canadiens et américains sans avoir à débourser des frais d'inscription exorbitants (jusqu'à 30 000 dollars par an). Si vous rêvez de partir, renseignez-vous d'abord pour savoir si votre école ou votre université a signé une convention avec une homologue américaine. Présentez un dossier solide car chaque établissement n'envoie qu'une poignée d'étudiants par an et vous devez justifier d'un excellent niveau en anglais...

Laurence Merland, *L'Etudiant*, hors série janvier 2006

Lisez l'article puis entourez ou notez votre/vos réponse(s).

1 Quel titre résume le thème principal de l'article ? (1 pt)
A. Le programme Erasmus en Europe.
B. Les programmes d'échanges internationaux.
C. Les échanges linguistiques.

2 Quel est le principe de ces échanges ? (1 pt)
A. Les cours suivis sont reconnus par l'université d'origine.
B. Les étudiants doivent passer une année à l'étranger.
C. Les étudiants doivent finir leur cursus à l'étranger.

3 Quels sont les avantages de ces programmes selon l'article ? (3 pts)
A. Ne payer aucun droit d'inscription.
B. Ne pas payer les droits de l'université d'accueil.
C. Découvrir des comportements différents.
D. Bénéficier d'un semestre de cours gratuits.
E. S'habituer à d'autres façons de travailler.

4 Notez les trois conditions pour un départ outre-Atlantique. (3 pts)

5 Relevez deux phrases du texte qui montrent la satisfaction des étudiants. (2 pts)

 ## Expression *écrite* (10 points)

Vous désirez participer à un échange scolaire/universitaire avec un établissement français. Avant la constitution de votre dossier, **vous écrivez une lettre** (environ 150 mots) au responsable de l'Association Échanges Jeunes en présentant votre parcours et en rappelant l'origine de votre intérêt pour la France (culturel, linguistique, personnel...). Vous terminez votre lettre en donnant deux raisons pour lesquelles vous désirez faire cet échange.

⊙ Compréhension *orale* (10 points)

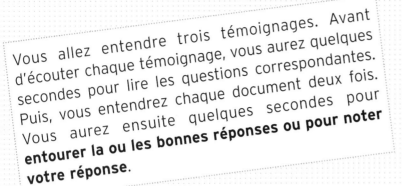

Vous allez entendre trois témoignages. Avant d'écouter chaque témoignage, vous aurez quelques secondes pour lire les questions correspondantes. Puis, vous entendrez chaque document deux fois. Vous aurez ensuite quelques secondes pour **entourer la ou les bonnes réponses ou pour noter votre réponse.**

Document 1

1 Karim (1 pt)
A. a travaillé après son baccalauréat.
B. a eu tout de suite un contrat définitif.
C. a été employé par une association d'handicapés.

2 Il considère que (1 pt)
A. sa formation est un handicap.
B. transmettre ses compétences est nécessaire.
C. son travail à la ville suffit à son épanouissement.

3 Quel type de bac a-t-il obtenu ? (1 pt)

4 Quelle est sa profession ? (1 pt)
A. Éducateur.
B. Ouvrier agricole.
C. Paysagiste.

Document 2

5 Magali (1 pt)
A. avait une idée claire de son avenir.
B. a essayé d'entrer dans une grande école.
C. a suivi sa formation à l'université.

6 Magali a été embauchée (1 pt)
A. avant d'obtenir son diplôme.
B. après avoir fini ses études.
C. après sa première mission.

7 Quel diplôme a-t-elle obtenu ? (1 pt)

Document 3

8 Jérôme (1 pt)
A. a eu des difficultés à obtenir ses diplômes.
B. est devenu mécanicien automobile.
C. a découvert sa passion en section professionnelle.

9 À quelle activité artistique Jérôme compare-t-il sa profession ? (1 pt)

10 Jérôme travaille pour un constructeur (1 pt)
A. automobile.
B. aéronautique.
C. naval.

⊙ Expression *orale* (10 points)

Débat contradictoire.
Choisissez un des thèmes suivants et jouez le débat à deux. L'un est plutôt pour, l'autre plutôt contre.

Thème 1 Il faudrait imposer deux langues étrangères obligatoires à l'école, évaluées dans tous les examens/diplômes.

Thème 2 Le baccalauréat, même spécialisé, ne doit pas être un passeport pour l'université. Il faut imposer un concours d'entrée à l'université pour sélectionner les meilleurs.

Thème 3 Tous les étudiants devraient effectuer un stage professionnel pendant un semestre après le baccalauréat pour connaître le monde du travail. Sans ce stage, il serait impossible de poursuivre des études universitaires.

Je m'informe

DOSSIER 4

Je m'informe .... p. 60-61

DELF

B1

D4

JE M'INFORME

Résumé

La soudaine apparition d'un rhinocéros dans une petite ville tranquille provoque la stupeur et occupe quelque temps la conversation des passants. Peu à peu, tous les habitants de cette petite ville se métamorphosent en rhinocéros. Un seul habitant, un marginal qui refuse le conformisme, décide de ne pas « capituler » et n'est pas atteint.

Eugène Ionesco
Rhinocéros

folio

Thème

La pièce, écrite en 1958 en souvenir de la montée du nazisme dans les années 30, vise à dénoncer la contagion des idéologies et la démission de la raison qui transforme les individus en robots (selon Ionesco lui-même). Eugène Ionesco, né en Roumanie en 1912 d'un père roumain et d'une mère française, a résisté désespérément aux progrès du fascisme dans son pays ; il s'est fixé définitivement en France en 1940.

BOTARD

Des histoires, des histoires à dormir debout[1].

DAISY

Je l'ai vu, j'ai vu le rhinocéros !

DUDARD

C'est écrit sur le journal, c'est clair, vous ne pouvez pas le nier.

BOTARD (de l'air du plus profond mépris)

Pfff!

DUDARD

C'est écrit, puisque c'est écrit ; tenez, à la rubrique des chats écrasés[2] ! Lisez donc la nouvelle, monsieur le Chef !

MONSIEUR PAPILLON

« Hier, dimanche, dans notre ville, sur la place de l'Église, à l'heure de l'apéritif, un chat a été foulé aux pieds par un pachyderme[3]. »

DAISY

Ce n'était pas exactement sur la place de l'Église !

MONSIEUR PAPILLON

C'est tout. On ne donne pas d'autres détails.

BOTARD

Pfff!

DUDARD

Cela suffit, c'est clair.

BOTARD

Je ne crois pas les journalistes. Les journalistes sont tous des menteurs, je sais à quoi m'en tenir, je ne crois que ce que je vois, de mes propres yeux. En tant qu'ancien instituteur, j'aime la chose précise, scientifiquement prouvée, je suis un esprit méthodique, exact.

DUDARD

Que vient faire ici l'esprit méthodique ?

DAISY (à Botard)

Je trouve, Monsieur Botard, que la nouvelle est trè[s] précise.

BOTARD

Vous appelez cela de la précision ? Voyons. De que[l] pachyderme s'agit-il ? Qu'est-ce que le rédacteur de l[a] rubrique des chats écrasés entend-il par un pachyderme [?] Il ne nous le dit pas. Et qu'entend-il par chat ?

DUDARD

Tout le monde sait ce qu'est un chat.

BOTARD

Est-ce d'un chat, ou est-ce d'une chatte qu'il s'agit ? Et de quelle couleur ? De quelle race ? Je ne suis pas raciste[,] je suis même antiraciste.

MONSIEUR PAPILLON

Voyons Monsieur Botard, il ne s'agit pas de cela. Que vien[t] faire ici le racisme ?

[...]

DAISY

Puisqu'on vous dit que personne n'est raciste. Vous déplace[z] la question, il s'agit tout simplement d'un chat écrasé par un pachyderme : un rhinocéros en l'occurrence[4].

BOTARD

Je ne suis pas du Midi[5], moi. Les Méridionaux ont trop d'imagination. C'était peut-être tout simplement une puce écrasée par une souris. On en fait une montagne[6].

MONSIEUR PAPILLON (à Dudard)

Essayons donc de mettre les choses au point.

Eugène Ionesco, *Rhinocéros*, Acte II, tableau I, Ed. Gallimard

"Trop d'info tue l'info."

"La liberté d'informer est la première des libertés."

"Tout citoyen peut écrire et imprimer librement."

Déclaration des droits de l'homme

1

Lisez cet extrait et indiquez :

1. Le nom de l'auteur, le titre de l'œuvre et le genre littéraire.
2. Le sujet de conversation entre les quatre personnages.

2 👁

Relisez l'extrait et répondez.

1. Quel personnage a totalement confiance en la presse ?
2. Quel personnage n'a pas du tout confiance en la presse ? Sur quoi demande-t-il des précisions ?
3. Qui, parmi les personnages, a vraiment vu quelque chose et quoi ?

3 ✎

Imaginez le témoignage de Daisy. Rédigez-le en vous aidant des questions : où ? quoi ? quand ? comment ?

Les mots *pour...* **Parler de la presse écrite**

Je (ne) fais (pas) confiance à la presse.
Les journalistes ? Je n'ai pas confiance en eux.
Je me méfie de certains journaux.

Je lis la presse tous les jours, régulièrement, occasionnellement, rarement.
Je suis abonné(e) à un quotidien et à un magazine.
J'achète mon journal en kiosque.

Je lis le journal de A à Z.
Je parcours ⎱
Je feuillette ⎰ le journal.
Je jette un coup d'œil sur la une, les titres, les photos, le sommaire...
Je suis sélectif(ve), je ne lis que les rubriques qui m'intéressent (sport, économie, politique, culture...).
Je suis éclectique, je m'intéresse à tout.

J'évite ⎱
Je dévore ⎰ la presse people, la presse à scandale.

---

1 **des histoires à dormir debout :** des histoires incroyables
2 **la rubrique des chats écrasés :** la rubrique des faits divers
3 **pachyderme :** animal qui a la peau épaisse, comme un éléphant
4 **en l'occurrence :** dans ce cas précis
5 **du Midi :** du Sud-Est de la France. Les gens du Midi ont la réputation d'exagérer, notamment dans la région de Marseille
6 **en faire une montagne :** exagérer un problème

---

ego QUESTIONNAIRE

VOUS ET LA PRESSE ÉCRITE

- Lisez-vous le journal tous les jours ? Êtes-vous fidèle à un journal ?

- Les Français achètent leurs journaux au kiosque ou dans une maison de la presse. Très peu sont abonnés ou les reçoivent à domicile. Et vous ?

- Quand lisez-vous la presse ? À quel moment de la journée, de la semaine... ?

- Quel est votre endroit préféré pour lire le journal ? Chez vous, au café, dans les transports en commun, au bureau...

- Lisez-vous votre journal de A à Z ou sélectionnez-vous les rubriques qui vous intéressent ?

- Faites-vous des commentaires à voix haute en lisant ?

- Découpez-vous parfois des articles que vous conservez ? Sur quels sujets ?

- Est-ce qu'il y a des types de journaux que vous ne lisez jamais ?

- Quels sujets d'actualité vous ont particulièrement intéressé(e) cette semaine ?

- Croyez-vous ce qu'on dit dans la presse ? Argumentez.

- Aimeriez-vous être journaliste ? Expliquez votre réponse.

- Préférez-vous d'autres moyens d'information que la presse écrite ? Lesquels ? Pourquoi ?

À chacun son canard

La lecture de la presse quotidienne payante a beaucoup diminué. La France se situe au 31ᵉ rang mondial, très loin derrière le Japon et le Royaume-Uni. Elle reste le paradis des magazines puisque 96 % de la population lit régulièrement 1 magazine sur les 169 existants.

1

a) **Observez ces couvertures et faites des hypothèses sur le contenu de chaque publication.**

b) **Pour chacune d'entre elles, faites un portrait rapide du lectorat : âge, sexe, profession, centres d'intérêt, etc.**

c) **Laquelle de ces publications choisiriez-vous de lire ? Pour quelles raisons ?**

2

Écoutez le résultat d'un sondage sur les familles de lecteurs et relevez, pour chaque famille, le pourcentage et l'âge des lecteurs.

3

Réécoutez et complétez le tableau suivant.

	Qui sont-ils ?	Idée de la presse (+/-)	Intérêts
Intellos	étudiants/cadres	+	
Bof			
Négatifs	lycéens		
Groupies			la vie des célébrités
Accrocs			s'instruire et s'enrichir

4

a) **Attribuez à chaque famille de lecteurs un ou plusieurs des magazines présentés ci-dessus.**

b) **Et vous, à quelle famille de lecteurs appartenez-vous ? Faites, à votre tour, votre portrait de lecteur de presse.**

Honfleur, le 10 mars

Ma très chère Eliana,

Oui, j'avais promis de t'écrire dès ton retour au Brésil, et cela fait longtemps ! Mais j'ai repris le boulot au lycée et j'ai été débordée...
Tu m'avais demandé de te tenir au courant : le mouvement des étudiants commencé avant ton départ continue ; c'est un « bras de fer » entre le gouvernement et les jeunes qui restent très mobilisés. La fac du Havre est bloquée et il y a eu des incidents à la Sorbonne à Paris avec la police. Mais, si tu as vu des images à la télé, ne va pas t'imaginer que la France est à feu et à sang ! Les journalistes en font des tonnes, ils exagèrent toujours.
Bon, les faits sont là : les étudiants ne désarment pas depuis un mois et on attend la suite... C'est un enjeu important pour les futures élections présidentielles...
À part ça, la vie suit son cours et les menaces de grippe aviaire agitées par les médias ne nous empêchent pas de consommer nos bons poulets de Normandie achetés au marché, sous la halle ancienne que tu aimes tant...
Il a fait très froid la semaine dernière (tu es bien chanceuse d'être rentrée à São Paulo !), on a dû remonter le chauffage. Sylvain est toujours sur les routes, je ne le vois pas beaucoup... Il t'embrasse quand même !
Et toi, où en es-tu de tes réflexions ? Penses-tu toujours arrêter de travailler pour t'occuper de Rafael ? Que se passe-t-il au Brésil ? Raconte-moi tout, je n'ai pas eu, depuis nos longues conversations, d'autres nouvelles dans la presse d'ici... Je compte sur toi.

Bisous à toi, amitiés à ton homme et des tendresses au petit Rafael de sa marraine lointaine,

Valérie

5 👁

a) Lisez la lettre et cochez la (ou les) bonne(s) réponse(s).
Pourquoi Valérie écrit-elle à Éliana ?
☐ pour demander des nouvelles
☐ pour préparer sa visite
☐ pour parler de l'actualité dans son pays
☐ pour demander un service

b) Repérez les informations d'ordre privé et les informations nationales.

c) Relevez :
> les commentaires de Valérie sur le traitement de l'information
> les questions pour demander des nouvelles de son amie et de son pays

6 ✎

Vous écrivez à un(e) ami(e) français(e) pour lui donner des informations sur ce qui se passe actuellement dans votre pays.
Déterminez les sujets d'actualité qui intéressent votre correspondant(e), cherchez les faits dans la presse de votre pays et écrivez votre lettre.

D4

Outils pour...

COMPRENDRE DES TITRES DE PRESSE

Samuel BECKETT
1906 - 1989

1

Écoutez les titres du flash d'information.
a) Notez le nombre d'informations différentes.

b) Associez certaines informations du flash avec une photo.

2

Réécoutez. Identifiez les informations internationales, européennes, nationales et classez-les par rubriques (politique, économie, culture, etc.).

3

Mettez-vous par groupes de trois et, à partir de l'actualité, faites quatre ou cinq titres pour le journal du jour.

4

Point **Langue** › LA PHRASE NOMINALE

a) Réécoutez et retrouvez dans les titres les noms qui correspondent aux verbes suivants.
adopter, augmenter, enterrer, espérer, tourner, transférer

b) Observez ces phrases et répondez.
- *Adoption par l'Assemblée nationale de la loi sur l'égalité des chances.*
- *La loi sur l'égalité des chances a été adoptée par l'Assemblée.*

Quel effet produit la phrase nominale?
Cochez les deux bonnes réponses :
□ L'information est plus concise.
□ L'auteur de l'action est mis en valeur.
□ L'action ou son résultat est mis en valeur.

c) Nominaliser les verbes suivants.
• fermer ➔ ...
• créer ➔ ...
• arroser ➔ ...
• rapprocher ➔ ...

Attention !
Les mots en *-tion* et *-ure* sont féminins.
Les noms en *-age* et *-ment* sont masculins.
Il n'y a pas de règle pour déterminer les noms sans suffixe.
Exemples : la fin, le coût, le gel.

S'EXERCER n°s1 et 2

Une vache volée à l'exposition Vach'Art à Paris a été retrouvée à Montmartre

TOP MODEL, une vache en fibre de verre de l'exposition parisienne Vach'Art, volée le 10 juin dans le VIIIᵉ arrondissement de Paris a été retrouvée lundi en fin de matinée dans un petit jardin à Montmartre (XVIIIᵉ).

Apparemment en bonne santé, le bovidé, recouvert d'une couverture à dessin en forme de peau de vache normande, était installé sur un petit massif de fleurs au milieu d'un jardin privé au fond d'une impasse à quelques pas des *2 Moulins*, le café d'*Amélie Poulain*, sous l'œil de policiers en civil.

Félix, un sculpteur qui a fêté ses 50 ans le 13 juin, avait reçu cette bête comme cadeau d'anniversaire. La vache n°191, TOP MODEL, avait été dérobée le 10 juin dans l'après-midi par deux hommes qui l'avaient chargée sur la galerie d'une voiture avant de s'enfuir.

Denis, un employé de 36 ans, a raconté qu'il avait décidé de dérober cette œuvre pour faire un peu de pub à son copain sculpteur Félix et faire monter les enchères. TOP MODEL fait partie des œuvres sélectionnées pour être vendues aux enchères le 30, terme de la manifestation, au bénéfice d'une association qui se bat contre la malnutrition et le sida en Afrique. Après avoir caché l'animal dans un atelier, Félix l'a installée en début de matinée sur ce massif de fleurs, revêtue d'une couverture en peau de vache pour la rendre à sa propre nature.

TOP MODEL, qui a été bien traitée, pèse une soixantaine de kilos. Elle sera envoyée lundi dans un pâturage géant sur le parvis de la Défense où elle se fera admirer jusqu'au lundi suivant.

AFP 19.06.2006 - 14:00

5 👁

Lisez ce fait divers.

a) Relevez les passages dans lesquels apparaissent les éléments suivants :

> l'événement principal
> le lieu de l'événement
> la description de la victime
> le responsable de l'événement
> les circonstances de l'événement
> les suites de l'événement
> les causes de l'événement

b) Notez tous les mots qui désignent l'héroïne et reconstituez son parcours.

6 Point **Langue**

> **LA FORME PASSIVE**

a) Relisez le fait divers, notez les phrases avec une forme passive et dites le temps du verbe.
Exemple : Une vache a été retrouvée
→ *passé composé.*

b) Répondez.
- Comment se forme le passif ?
- La forme passive est-elle plus employée pour parler de la victime ou du responsable ? Pour quelle raison ?

c) Observez et complétez.
- *Deux touristes **se sont fait** voler leur appareil photo.*
- *La vache **se fera** admirer jusqu'à lundi.*

se faire + ...

S'EXERCER nᵒˢ3 et 4 👂

> **La phrase nominale**

1. Transformez les phrases suivantes en titres nominalisés.

a. Le gouvernement coopère avec les associations d'aide aux handicapés.
b. L'usine Moulinex a fermé définitivement.
c. La mise en service de l'Airbus 380 sera retardée.
d. La fille du maire s'est mariée avec l'adjoint de son père.
e. Les crédits pour les associations sportives sont gelés.
f. Les premiers essais du satellite X ont échoué.

2. Nominalisez les verbes suivants puis, faites un titre de presse avec quatre d'entre eux.

finir, acheter, enlever, capturer, agrandir, passer, apparaître, commencer, démolir

> **Forme active et forme passive**

3. Mettez les verbes entre parenthèses à la forme qui convient (forme active, forme passive, *se faire* + infinitif) et au temps du passé qui convient.

Un homme qui n'avait pas de bras ... (arrêter) pour excès de vitesse. Il ... (conduire) sa voiture avec les pieds depuis des années, sans problème et surtout sans permis. Il ... (utiliser) une jambe pour le volant et l'autre pour les pédales. Cet homme ... (contrôler) le 23 mars non loin de son domicile. L'attention du policier ... (attirer) par le siège du conducteur anormalement incliné. L'automobiliste ... (expliquer) qu'il ... (piloter) de la sorte depuis des années. Il ... (retirer) son véhicule.

4. À partir des mots suivants, écrivez un fait divers avec des formes actives et passives.

voiture, fromage, mannequin, ambulance, écraser, condamner, portable, scandale

1

a) **Observez ces deux unes (première page d'un journal) et donnez le nom de chaque quotidien.**

b) **Observez les photos et les gros titres. Répondez.**

1. Quel est l'événement du jour ?

2. Quelle place cet événement prend-il dans chacun des deux quotidiens ?

3. Décrivez chaque photo. Quel sentiment vous inspire chacune d'elle ?

4. Le gros titre qui accompagne chaque photo confirme-t-il ce sentiment ?

5. Quelles sont les autres rubriques qui apparaissent sur les unes ?

6. Les grands quotidiens de votre pays sont-ils présentés de la même façon ? S'il y a des différences, précisez lesquelles (photos, taille des titres, mise en page, etc.).

2

Échangez.

Pensez-vous que les illustrations et les titres des journaux influencent le lecteur ? Donnez des exemples à partir des journaux que vous avez lus dans la semaine.

LA GRIPPE AVIAIRE

me terrorise :
21,66 %

m'indiffère :
63,47 %

me fait rire :
14,88 %

3

Regardez le tableau et terminez les phrases.

1. Pour la majorité des Français...
2. Plus de 20 % considèrent que...
3. Environ 15 % ...

4

Écoutez les réactions de quatre personnes qui parlent de la grippe aviaire. Sont-elles terrorisées, indifférentes ou amusées ? Notez pour chacune d'elles une expression qui justifie votre réponse.

5

Écoutez la présentation et répondez.

1. De quelle émission s'agit-il ?
2. Quelles sont les radios représentées ?
3. Où a lieu l'enregistrement ?
4. À votre avis, de quoi va-t-il être question ? Cochez.
   - ☐ de différents points de vue sur l'actualité dans le monde
   - ☐ d'informations venant de pays francophones
   - ☐ d'un commentaire sur l'actualité française

6

a) Écoutez les informations complètes pour confirmer vos hypothèses et notez les différents pays cités.

b) Réécoutez et associez chaque pays avec les informations suivantes. Puis, retrouvez leur ordre.

- Condamnation des compagnies de tabac.
- Mouvements sociaux très durs.
- Fermeté du gouvernement contre les syndicats.
- Vote sur la libre circulation des ressortissants européens.
- Grèves prévues et annoncées.

c) Vrai ou faux ? Réécoutez et répondez.

1. Une grande journée d'action est préparée par les syndicats français.
2. Les syndicats belges s'unissent aux français pour une grève le 4 octobre.
3. Le gouvernement du Québec est prêt à négocier avec les syndicats.
4. Les Suisses ont voté « oui » à 56 % pour la libre circulation des Européens dans leur pays.
5. Le Canada récupérera de l'argent pour la santé publique en faisant payer les compagnies de tabac.

7

Associez.

rien ne va plus ·	· ne rien faire
se croiser les bras ·	· un accord sans discussion
frapper fort ·	· mettre en colère les autres régions
ne pas bouger d'un poil ·	· la situation est grave
allumer toutes les autres provinces ·	· réagir avec force
un « oui » clair et net ·	· rester le même

Rendez-vous
ALTER*culturel*

Michael, un lecteur britannique qui vit depuis longtemps en France, compare la presse des deux pays. Écoutez-le et répondez.

1. Quelles sont les trois mots-clés de Michael pour comparer la presse française et celle de la Grande-Bretagne ?

2. Quelles ressemblances et différences trouve-t-il entre les deux presses ?

Outils *pour...*

On n'arrête pas **le progrès !**

Recevoir sur sa montre des informations en provenance de son portable sera bienlôt possible, grâce à deux nouveaux modèles. Ces montres pour hommes sont équipées d'un large écran rectangulaire si bien qu'elles permettent d'être prévenu de l'arrivée d'un courriel ou d'un appel, même si le portable est loin de son propriétaire.
Ces montres peuvent aussi afficher des noms ; on sait donc immédiatement qui a expédié le message.
Elles restent en contact permanent avec le portable et peuvent par conséquent permettre d'éviter de le perdre. Elles seront mises en vente au Japon dès le mois prochain en nombre limité, d'où leur succès assuré.

Hospitalisation d'une vingtaine de personnes... à cause d'un fromage

Comme tous les ans, dans une région d'Angleterre, plusieurs dizaines de personnes se sont lancées à la poursuite d'un énorme fromage, fabriqué à partir de lait de vache, lancé dans une pente. Cette course a provoqué la chute de quelques concurrents et la gravité des blessures de trois d'entre eux a entraîné leur hospitalisation. Le bilan est plus sévère du côté des spectateurs. Les fromages lancés cette année étaient énormes. Résultat : 13 spectateurs ont été heurtés de plein fouet par un des fromages et ont dû être hospitalisés. Le premier prix de cette compétition bizarre n'est pas une coupe mais bien un énorme fromage. Le vainqueur de cette année a déclaré : « Comme j'ai gagné, je vais emmener mon fromage au pub et nous allons faire la fête ».

1

Lisez le titre de chaque article et dites dans quel rubrique il apparaît.
- société
- fait divers
- culture
- nouveautés
- sports

2

Mettez-vous par deux et choisissez un des deux articles. Retenez les faits principaux et racontez le contenu de votre lecture à votre voisin(e).

4

a) Lisez ce titre d'un fait divers et écrivez l'article en mettant l'accent sur les causes et les conséquences.
Un homme de 33 ans a passé plus de 9 jours dans les montagnes russes d'un parc d'attractions

b) Écrivez un article à propos de la sortie sur le marché d'un objet révolutionnaire.

3

Point **Langue** > EXPRIMER LA CAUSE ET LA CONSÉQUENCE

Relisez les deux articles et les phrases suivantes. Relevez les termes introduisant la cause, les termes introduisant la conséquence et complétez les tableaux.
- *En raison des pluies, le match a été annulé.*
- *Nos montres vont devenir le relais de nos téléphones portables. Alors nous serons toujours joignables.*
- *La marée noire a été causée par le naufrage d'un pétrolier.*
- *L'explosion est due à un mauvais traitement des canalisations.*
- *Ces nouvelles montres ont une diffusion limitée, ce qui explique leur succès.*
- *L'autoroute a été coupée à la suite d'un accident.*
- *La fête des fromages s'est révélée dangereuse, c'est pourquoi elle a été interdite.*

CAUSE

Verbes	Conjonctions (+ proposition subordonnée)	Prépositions + noms
être causé par ...	...	...

CONSÉQUENCE

Verbes	Conjonctions (+ proposition subordonnée)	Mots de liaison
provoquer ...	...	...

ÉVOQUER UN ÉVÉNEMENT NON CONFIRMÉ

Le mystère plane sur le pont de Bir-Hakeim (XVᵉ arrondissement).

Sur toutes les lèvres, une seule question : « Brad Pitt et Angelina Jolie vont-ils revenir ? ».

Martin, trentenaire accro à la presse people, résidant dans l'immeuble que le couple star a choisi pour pied-à-terre parisien, s'inquiète depuis qu'ils sont partis pour Berlin... Le jeune homme se souviendra longtemps de ce dimanche de février où il les a croisés sous les arcades du marché de Grenelle : « Je n'en croyais pas mes yeux, ils étaient là, habillés comme Monsieur et Madame Tout le monde... ». Le couple glamour a eu, dit-on, un véritable coup de foudre pour la France, si bien qu'Angelina Jolie, enceinte de sept mois, aurait décidé d'accoucher à Neuilly, de source officieuse. La rumeur dit que les amoureux pourraient s'installer en France. Pour les commerçants du quartier, photographiés des centaines de fois pour les magazines du monde entier, c'est un saisissement ! La boulangère admet que tout le monde en a parlé pendant des semaines et, à l'Eiffel café, les paparazzis attendent... Mais il paraîtrait que les célébrités ont quitté Berlin pour l'Afrique...

Le Journal du dimanche, 12 mars 2006

5 👁

Lisez l'article.

a) Résumez l'information.

b) Relevez les mots ou expressions utilisés pour parler :
> de Brad et Angelina
   (Exemple : le couple glamour)
> des journalistes
> de la surprise des témoins

6 Point **Langue**

> **ÉVOQUER UN ÉVÉNEMENT NON CONFIRMÉ**

a) Relisez l'article et relevez les informations incertaines.

b) Notez les différents moyens d'évoquer ces informations.
- Le conditionnel : *aurait décidé*...
- Des mots ou expressions : *le mystère plane*...

S'EXERCER n°3 🅖

> **Exprimer la cause et la conséquence**

1. Reliez les deux éléments de la phrase avec un terme de cause ou de conséquence.

a. Les journaux se vendent moins bien ... leur prix est élevé.

b. Les Français achètent de moins en moins la presse ... beaucoup de kiosques ferment.

c. Les Français favorisent les magazines télé ... ils regardent beaucoup la télévision.

d. Le prix du papier a beaucoup augmenté ... les journaux coûtent plus cher.

e. Les gratuits se multiplient ... les gens achètent moins de journaux.

2. Trouvez un début ou une fin à ces phrases.

a. Ce n'est pas parce que je ne me fie pas aux journalistes que je ne lis pas la presse régulièrement, c'est plutôt parce que ...

b. Puisque tout le monde semble préférer la télévision ...

c. Le journal n'a pas pu paraître en raison de ...

d. Grâce à une émission de télévision ...

e. ... à la suite d'une agression.

f. ..., il a donc dû payer une amende.

g. ... si bien que les gendarmes ont pu l'arrêter facilement.

h. ... d'où la colère du premier ministre.

> **Évoquer un événement non confirmé**

3. Aucune de ces informations n'est confirmée. Transformez l'article.

L'AMOUR AU CANARD

Une histoire d'amour entre la rédactrice en chef d'un magazine people et un séduisant paparazzi : c'est le point de départ de *Dirt*. La série sera produite par le couple David Arquette et Courteney Cox. Cette dernière, intéressée par le sujet, prendra le rôle principal. C'est le créateur de *Fastlane* qui écrira et réalisera le scénario.

Paroles en scène

Sur tous les tons

1 . Écoutez ces débuts d'histoire. Dites de quelle histoire il s'agit. Qui les raconte ? Attribuez chaque début à un personnage : une grand-mère, le voleur, le copain du voleur, la vache, un policier, un témoin SDF.

2 . Choisissez un personnage et continuez son récit à partir du fait divers sur la vache Top Model p. 65. Soignez le ton, les gestes, les effets de surprise. Racontez-la ensuite à votre classe.

Mise en scène

3 . L'extrait ci-contre est la suite de la scène de *Rhinocéros*, p.60. Jouez-la.

4 . **Vous n'allez pas me croire !** Mettez-vous par petits groupes. L'un d'entre vous a été témoin d'un événement extraordinaire. Les uns le croient et demandent des précisions, les autres mettent sa parole en doute.

Jeu du flash d'informations insolites

La classe se divise en petits groupes. Le premier de chaque groupe inscrit d'abord le nom d'une personnalité connue en haut d'une feuille de papier, puis plie la feuille pour cacher ce qu'il a écrit et la passe à son voisin. Les suivants inscrivent un lieu, puis un événement, puis une autre personnalité ou un animal, puis une conséquence. Pour chaque inscription, on répète le même procédé : on plie la feuille pour cacher ce que l'on vient d'écrire.
À la fin, on déroule la feuille et on lit à voix haute, le flash d'information insolite.

MONSIEUR PAPILLON (*à Dudard*)
Essayons donc de mettre les choses au point. Vous auriez donc vu, de vos yeux vu, le rhinocéros se promener en flânant dans les rues de la ville ?

DAISY
Il ne flânait pas, il courait.

DUDARD
Personnellement, moi, je ne l'ai pas vu. Cependant, des gens dignes de foi…

BOTARD (*l'interrompant*)
Vous voyez bien que ce sont des racontars, vous vous fiez à des journalistes qui ne savent pas quoi inventer pour faire vendre leurs méprisables journaux, pour servir leurs patrons, dont ils sont les domestiques ! Vous croyez cela, Monsieur Dudard, vous, un juriste, un licencié en droit. Permettez-moi de rire. Ah ! Ah ! Ah !

DAISY
Mais moi, je l'ai vu, j'ai vu le rhinocéros. J'en mets ma main au feu.

BOTARD
Allons donc ! Je vous croyais une fille sérieuse.

DAISY
Monsieur Botard, je n'ai pas la berlue ! Et je n'étais pas seule, il y avait des gens autour de moi qui regardaient.

BOTARD
Pfff ! Ils regardaient sans doute autre chose !… Des flâneurs, des gens qui n'ont rien à faire, qui ne travaillent pas, des oisifs.

DUDARD
C'était hier, c'était dimanche.

BOTARD
Moi, je travaille aussi le dimanche. […] (*À Daisy*) D'abord, savez-vous ce que c'est qu'un rhinocéros ?

DAISY
C'est un… c'est un très gros animal, vilain !

BOTARD
Et vous vous vantez d'avoir une pensée précise ! Le rhinocéros, Mademoiselle…

MONSIEUR PAPILLON
Vous n'allez pas nous faire un cours sur le rhinocéros ici. Nous ne sommes pas à l'école.

BOTARD
C'est bien dommage.

Eugène Ionesco, *Rhinocéros*, Acte II, tableau 1, Ed. Gallimard

À vos créations !

Vous allez composer la une de votre journal du jour et préparer un flash d'information pour le présenter à la radio.

PRÉPARATION de la une

- Collectez des informations, photos, dessins qui illustrent les actualités du jour.
- Posez-vous les questions suivantes : quel type de journal ? Quel lectorat visez-vous ? Comment organisez-vous le travail ?
- Décidez du titre de votre journal.
- Prenez le temps de bien lire les infos du jour. Sélectionnez les informations intéressantes pour vos lecteurs. Hiérarchisez leur importance. Choisissez la façon dont vous allez les présenter.
- Rédigez vos titres, chapeaux et articles.
- Enfin, mettez en page (titre, chapeaux, dessins, photos...).

PRÉPARATION du flash
d'information

- Sélectionnez les nouvelles et hiérarchisez-les selon les différentes rubriques.
- Préparez des titres informatifs pour les présenter.
- Soignez votre ton selon chaque information.
- Faites plusieurs essais et faites-vous corriger.
- TOP : vous êtes prêt(e) ? Enregistrez...

Autoévaluation

Pour rédiger la une, avez-vous :

- ☐ sélectionné les informations qui ciblent le public que vous avez défini ?
- ☐ mis en évidence l'information principale par un grand titre frappant, une photo... ?
- ☐ bien hiérarchisé (taille des titres, placement des infos...) les différentes informations que vous voulez faire paraître ?
- ☐ écrit des titres concis en utilisant des nominalisations ?
- ☐ rédigé des articles ou des débuts d'articles en présentant les faits clairement (qui ? où ? quoi ? comment ?) ?
- ☐ utilisé les temps appropriés et le passif pour mettre en évidence les événements et les acteurs de ces événements ?
- ☐ bien montré l'enchaînement des causes et des conséquences pour relater les faits ?
- ☐ aéré et illustré votre page pour présenter un journal qu'on a envie de lire ?

Pour présenter le flash d'information, avez-vous :

- ☐ choisi un ordre hiérarchique pour présenter les informations selon des rubriques différentes ?
- ☐ formulé des titres suffisamment clairs pour que tout le monde comprenne de quoi il est question ?
- ☐ varié le ton selon les différentes rubriques ?
- ☐ mis l'accent sur les mots-clés ?
- ☐ énoncé votre flash avec un débit pas trop rapide, mais naturel ?
- ☐ bien segmenté les phrases pour faire une pause de respiration au bon endroit ?
- ☐ travaillé votre prononciation pour que chaque mot soit très compréhensible ?

Compréhension *écrite* (10 points)

Les jeunes et les gratuits

Les quotidiens sont chers et le budget des jeunes est sollicité par des dépenses croissantes et nouvelles dans la téléphonie, les jeux, etc. Or, en matière d'information, les jeunes sont habitués à en disposer gratuitement, à la télévision, à la radio, sur Internet. D'où le succès des journaux gratuits auprès de cette génération. Les chiffres sont impitoyables : 40 % du lectorat de *20 Minutes* et 49 % de celui de *Métro* est âgé de 15 à 34 ans.

Les gratuits conquièrent les jeunes grâce à leur format pratique et leur contenu. Ils traitent l'actualité sur un modèle peu répandu jusqu'alors : infos brèves, factuelles, sans parti pris ni recul. Le nombre de points de vente des journaux ne cesse de diminuer, car l'essentiel de la diffusion des gratuits d'information se réalise dans, ou près des lieux de transit. Ils ont inventé un modèle de diffusion : aller vers le lecteur au lieu d'attendre qu'il vienne à eux dans les kiosques ou qu'il prenne un abonnement.

Grâce aux gratuits, les jeunes retrouveraient même le goût de la lecture. En effet, la presse gratuite se remet au niveau des gens. De plus en plus, les gratuits répondent aux attentes des lecteurs par des sujets les concernant, des maquettes dynamiques et colorées et sont distribués dans des lieux de diffusion étudiés.

La presse gratuite est par contre toujours mal acceptée par les journaux payants parce qu'elle représente un concurrent de taille. Un quotidien créerait pourtant un gratuit du soir très prochainement.

Le Monde, 4/01/06

Lisez l'article puis entourez ou notez votre/vos réponse(s).

1 **Cochez quatre raisons du succès des gratuits chez les jeunes.** (4 pts)
A. La distribution est bien faite.
B. Ils sont vendus en kiosque.
C. La lecture est plus rapide et légère.
D. Ils ne subissent pas de concurrence.

E. Leur orientation politique est visible.
F. Ils ont innové sur la forme et le fond.
G. On peut s'y abonner pour pas cher.
H. Les jeunes n'ont pas de budget pour l'information.

2 **Relevez les deux noms de gratuits cités dans le texte.** (1 pt)

3 **Citez deux informations incertaines.** (2 pts)

4 **Quel est le mode de diffusion des gratuits ?** (1 pt)

5 **Relevez deux expressions du texte qui montrent que les gratuits veulent être proches de leur lectorat.** (2 pts)

 Expression *écrite* (10 points)

Observez la photo et **écrivez le fait divers** (environ 150 mots) en insistant sur les causes et les conséquences de l'événement et en utilisant la voie passive. Donnez un titre à votre article.

Compréhension *orale* (10 points)

Vous allez entendre trois informations radiodiffusées. Avant d'écouter chaque information, vous aurez quelques secondes pour lire les questions correspondantes. Puis, vous entendrez chaque document deux fois. Vous aurez ensuite quelques secondes pour **entourer la ou les bonnes réponses ou pour noter votre réponse**.

Document 1

1 **Dans quelle rubrique cette information peut-elle être classée ?** (1 pt)
A. Histoire.
B. Fait divers.
C. Société.

2 **Quel est le résumé le plus exact ?** (1 pt)
A. Deux tableaux ont été volés au musée Munch d'Oslo.
B. Deux chefs-d'œuvre récupérés après un vol sont exposés.
C. Deux toiles de maître ont été retrouvées en assez bon état.

3 **La police a parlé** (1 pt)
A. des circonstances de la découverte.
B. du montant de la rançon demandée.
C. de l'authenticité des tableaux.

4 **Pour quelle raison le musée Munch avait-il été fermé ?** (1 pt)

Document 2

5 **Dans quelle rubrique cette information peut-elle être classée ?** (1 pt)
A. Économie.
B. Fait divers.
C. Politique.

6 **L'Espagne est le pays n° 1 en Europe pour...** (1 pt)

7 **Qu'est-ce que ce phénomène favorise en Espagne ?** (1 pt)

Document 3

8 **Le premier vol de l'Airbus a eu lieu pour** (1 pt)
A. s'entraîner à l'enregistrement des passagers.
B. vérifier si les passagers seront à leur aise.
C. tester la vitesse maximale de l'appareil en plein vol.

9 **L'Airbus** (1 pt)
A. a atterri dans une autre ville du sud que Toulouse.
B. a eu des employés d'Airbus comme premiers passagers.
C. a fait son premier vol d'essai la nuit.

10 **Combien de temps a duré ce premier vol ?** (1 pt)

Expression *orale* (10 points)

Votre professeur/votre voisin(e) de classe vous téléphone pour vous demander des informations sur les événements principaux qui se sont déroulés dans votre pays cette année. **Donnez-lui les informations principales concernant le sport, l'éducation, la santé, la politique, la culture, les people... Choisissez trois ou quatre rubriques selon vos intérêts.

j'agis

DOSSIER 5

DELF

B 1

J'AGIS

"*Un défaut qui empêche les hommes d'agir, c'est de ne pas sentir de quoi ils sont capables.*"

« Les mères, les filles, les sœurs, représentantes de la nation, demandent d'être constituées en assemblée nationale. Considérant que l'ignorance, l'oubli ou le mépris des droits de la femme sont les seules causes des malheurs publics et de la corruption des gouvernements, elles ont résolu d'exposer dans une déclaration solennelle les droits naturels, inaliénables et sacrés de la femme, afin que cette déclaration, constamment présente à tous les membres du corps social, leur rappelle sans cesse leurs droits et leurs devoirs... »

Olympe de Gouges

[...]
Ici chacun sait ce qu'il veut, ce qu'il fait quand il passe.
Ami, si tu tombes un ami sort de l'ombre à ta place.
Demain du sang noir séchera au grand soleil sur les routes.
Chantez, compagnons, dans la nuit la Liberté nous écoute...

Ami, entends-tu ces cris sourds du pays qu'on enchaîne ?
Ami, entends-tu le vol noir des corbeaux sur nos plaines ?

Extrait du *Chant des partisans*,
Paroles de Maurice Druon et Joseph Kessel. Musique d'Anna Marly

1 👁
Lisez le discours d'Olympe de Gouges et dites quelle est sa revendication.

2 👂
Écoutez la chanson et retrouvez dans quel ordre apparaissent les thèmes qu'elle évoque.
· la liberté future
· la souffrance du pays opprimé
· la solidarité des combattants

3 👁
Lisez le texte de David Diop et répondez.
1. Quel lieu et quel moment de l'histoire sont évoqués ?
2. Relevez la partie du poème qui exprime :
   > le bonheur
   > la souffrance

4 👁
Relisez les trois textes.
a) Dites quel est le thème commun à ces trois documents.
1. La revendication du droit à la différence.
2. La dénonciation d'une oppression.
3. L'appel à la révolte.

b) Pour chacun des trois textes, choisissez dans la liste suivante, les deux mots qui vous semblent leur correspondre.

☐ clandestin   ☐ déclaration publique
☐ fraternité   ☐ résistance
☐ lutte   ☐ liberté
☐ droits   ☐ dignité
☐ révolte   ☐ égalité

Celui qui a tout perdu
Le soleil brillait dans ma case
Et mes femmes étaient belles et souples
Comme les palmiers sous la brise des soirs, [...]
La lune maternelle accompagnait nos danses
Le rythme frénétique et lourd du tam-tam
Tam-tam de la joie, tam-tam de l'insouciance au milieu des feux de la liberté
Puis un jour le silence
Les rayons du soleil semblèrent s'éteindre
Dans ma case vide de sens [...]
Votre voix s'est éteinte aussi
Les fers de l'esclavage ont déchiré mon cœur
Tam-tam de mes nuits, tam-tam de mes pères.

David Diop, *Coups de pilon*, Présence africaine

> *"Il faut toujours réfléchir avant d'agir."*
>
> *"Il n'y a que ceux qui sont dans les batailles qui les gagnent.*
>
> Saint-Just

5

a) Lisez les commentaires suivants et associez chaque commentaire à un texte.

1. Après la Révolution française et la Déclaration des Droits de l'Homme et du Citoyen, les femmes actives dans les clubs révolutionnaires réclament leurs droits sur la place publique.
2. La traite des Noirs sur les côtes d'Afrique, commencée au XVIe siècle, a permis de fournir aux colonies américaines des travailleurs esclaves qui se souviennent de leurs origines...
3. Pendant l'Occupation de la France, la résistance s'organise après l'appel du 18 juin du général de Gaulle à Londres.

b) Attribuez une date à chaque texte.
- 1791 - 1956 - 1943

c) Pour chaque texte, dites à qui il s'adresse et quel est son objectif.

ego POUR / *ego* CONTRE

VOUS ET L'ENGAGEMENT

Voici des sujets qui ont été débattus en Europe et continuent à l'être. Pour chacune de ces propositions, dites si vous êtes pour ou contre en donnant un argument qui vous paraît important pour défendre votre position.

- Le droit de vote des étrangers à toutes les élections après 5 ans de résidence dans un pays.
- L'interdiction totale de fumer dans les lieux publics.
- L'interdiction totale de circuler en centre-ville pour les voitures particulières.
- L'obligation d'avoir 50 % de femmes sur toutes les listes électorales.
- Le droit pour chaque pays de sélectionner ses immigrants.
- La discrimination positive.[1]
- L'impôt sur la fortune.[2]
- Repousser à 70 ans l'âge légal de la retraite pour les salariés.
- Une taxe sur les voyages aériens, pour aider les pays les plus pauvres.
- Consacrer une année de sa vie à un service civil obligatoire pour aider les personnes en difficulté.

Dites ensuite pour ou contre laquelle de ces propositions vous seriez prêt(e) à manifester dans la rue ou à vous engager personnellement.

[1] favoriser l'accès à l'éducation et à l'emploi des groupes défavorisés socialement ou des minorités

[2] taxe évaluée sur le patrimoine possédé, à partir d'une certaine fortune

Les mots *pour...*	**Défendre, s'opposer et s'engager**
Je suis favorable à (au) / Je suis pour / Je suis contre	le vote des étrangers, la circulation en ville...
Ça me paraît / Il me semble / Je trouve	(a)normal, bien, (in)juste, (il)légitime, nécessaire qu'on interdise de fumer.
Pour moi, / Selon moi, / À mon avis,	c'est (il est) absurde, inutile, choquant, révoltant, évident, indispensable d'imposer 50 % de femmes en politique...
Je suis prêt(e) à / Je suis capable de / J'irais jusqu'à	écrire, signer des pétitions. / prendre la parole dans un meeting. / adhérer à un parti, militer. / manifester dans la rue.
Pour moi, il est hors de question de / Je refuse catégoriquement de	consacrer, sacrifier un an de ma vie, faire grève, faire la grève de la faim.

La vie au quotidien

C'est pour la bonne

De nombreuses associations, à l'initiative individuelle ou de petits groupes, se créent en France chaque jour (60 000 à 70 000 créations par an) pour défendre, sauvegarder des droits, des personnes, des espèces animales... ou pour protester contre des injustices de toutes sortes.

1

Lisez la pétition suivante et répondez.

1. Qui sont les auteurs de cette pétition ?
2. Pourquoi l'ont-ils rédigée ?
3. À qui sera-t-elle transmise ?

2

Relisez et relevez :

> le nom du festival
> les personnes qu'il réunit
> l'objectif de ces rencontres

3

Cochez les réponses correctes.

1. Le festival est menacé :
□ faute de participants
□ à cause d'un changement de direction
□ par manque d'argent
□ par une décision politique

2. Vous devez signer pour :
□ participer au festival
□ donner du poids au texte
□ alerter la presse

4

Écrivez une définition du mot *pétition* pour un dictionnaire avec les mots suivants :

protester, réclamer, adresser, *écrit*, *texte*, une personne, un groupe, le plus grand nombre, pouvoirs publics, autorités, signatures

---

FESTIVAL EN DANGER, LA MOBILISATION SE POURSUIT !

Nous sommes des personnes convaincues de la portée culturelle, sociale et économique du Festival de poésie de Lodève. Son succès est réel et nous nous battons pour qu'il continue de vivre.

POUR LE MAINTIEN DES VOIX DE LA MÉDITERRANÉE, FESTIVAL DE POÉSIE DE LODÈVE

Le Festival de Lodève jouit d'un renom international : poètes de tous les pays de la Méditerranée ; poésie vivante dans les rues, les cours ; lieu de rencontre entre cultures ; creuset d'harmonie entre peuples qui parfois ne se parlent pas ; espace de paix et d'échanges. Il s'inscrit dans une politique exemplaire menée depuis 10 ans par la ville de Lodève : expositions de haut niveau du musée, action éducative, médiathèque, métiers d'art...

Or la Région Languedoc-Roussillon décide en 2005 de ne plus subventionner l'ensemble de la culture à Lodève :

> **2005 : subvention partielle attribuée et non versée**
> **2006 : subvention annoncée... !!**

Dans ce contexte, le festival 2006 est très gravement menacé. Nous ne pouvons accepter qu'un festival de cette qualité disparaisse. Nous ne pouvons accepter que la culture qui a réveillé Lodève soit en danger. Cette pétition est destinée à la région et à la presse.

Une réaction, un commentaire, une question sur cette pétition...

Exprimez-vous !

Envoyez un mél à **www.lapetition.com/sign1.cfm**

Pétition, n. f. : Un écrit ou un texte...

POINT INFO

Les associations en France

Une loi (dite de 1901) permet à toute personne de se constituer en association sous des règles très simples (un bureau de 4 personnes, des statuts enregistrés à la Préfecture, une assemblée générale annuelle), à condition de ne pas générer de bénéfices financiers.

On recense 700 000 associations. Elles emploient 1 300 000 salariés, dont 70 % de femmes et font appel à de nombreux bénévoles (entre 4 et 5 millions).

Près de 4 Français sur 10 consacrent du temps à la vie associative, 20 millions adhèrent à une association.

ause !

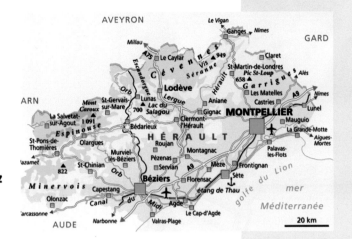

5

a) Regardez la carte ci-contre et localisez Lodève, puis situez le département dans sa région carte page 154.

b) Répondez.

1. À votre avis, pourquoi est-ce que Lodève a initié ce festival ?
2. Quels pays méditerranéens peuvent être invités à y participer ?
3. Lodève (34 000 habitants) est prête à se battre pour son festival. D'après vous, pour quelles raisons ?

6

Un internaute a lu la pétition et veut soutenir le festival. Lisez le mél et dites quelles précisions il demande aux rédacteurs avant de la signer.

De :	⊖ Raphaël Bonaventure
À :	lapetition.com
Objet :	Demande de précisions

▶ Pièces jointes *Aucune*

Police ▾ | Taille de ▾ | G I S T ≡ ≡ ≡ |≡ ≣ ⇤ ⇥ ▐A┃ ♦ ▾

J'ai lu la pétition et la présentation des objectifs du festival m'a convaincu ; je pense donc que vous devez continuer à vous battre pour que ce festival vive.
Je voudrais toutefois avoir quelques précisions avant de signer : je n'ai pas bien compris si les subventions prévues étaient supprimées ou tout simplement retardées et j'aurais aimé savoir si vous avez contacté les autorités régionales pour leur poser la question.
J'aimerais aussi être informé sur la position réelle de la région pour savoir si c'est une volonté délibérée de supprimer le festival.
Merci de vos réponses et bon courage !

Sauvons Fécamp du BÉTON !

Mouvement de protestation contre le projet immobilier en bord de mer, à Fécamp

*

La ville de Fécamp se voit menacée par le permis de construire qui a été délivré par la mairie pour la construction de 12 logements et 17 chambres d'hôtel pour la Résidence Bleu Marine. Cette zone est la dernière partie qui n'est pas bitumée en bord de mer. À quelques mètres de la plage, ce projet est une aberration...

Signez la pétition :

Nom - Prénom	Signature
sophie fournier	
Barbara Caudrelier	
Timothée Dalmas	

Stratégies *pour...*
demander des précisions

Informer que vous avez bien lu :
- *J'ai lu avec attention votre brochure.*
- *J'ai pris connaissance de votre pétition.*

Dire que vous êtes intéressé(e) :
- *Je m'intéresse à votre association, votre projet.*
- *Vos arguments m'ont convaincu.*
- *J'adhère à votre cause, votre projet, vos idées.*

Demander des précisions :
- *Je voudrais toutefois avoir quelques précisions.*
- *Certains points ne sont pas très clairs.*
- *J'aurais aimé savoir...*
- *Pourriez-vous me dire si...*
- *Serait-il possible de me préciser si...*

Réserver son adhésion :
- *Je ne peux pas m'engager sans prendre connaissance de toutes les données.*
- *Ma signature dépend de ces informations.*

7

Vous avez reçu la pétition suivante pour protéger le patrimoine naturel. Avant de la signer, vous écrivez à l'association qui a rédigé la pétition pour demander des informations complémentaires.

Outils pour...

AIDER, ENCOURAGER À L'ACTION

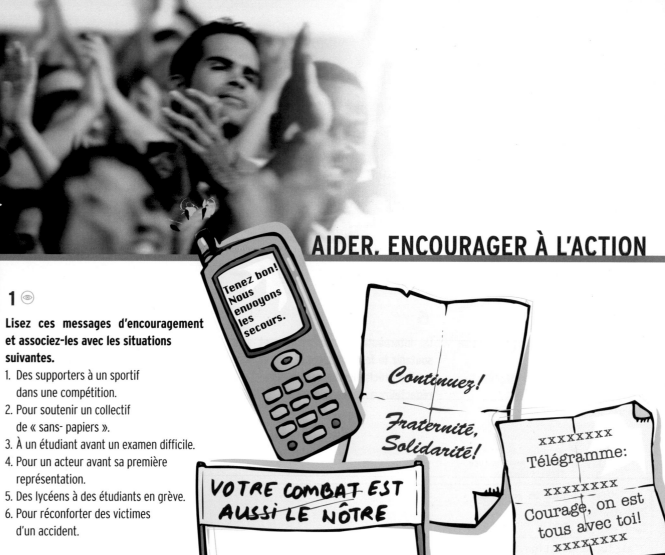

1 👁

Lisez ces messages d'encouragement et associez-les avec les situations suivantes.

1. Des supporters à un sportif dans une compétition.
2. Pour soutenir un collectif de « sans- papiers ».
3. À un étudiant avant un examen difficile.
4. Pour un acteur avant sa première représentation.
5. Des lycéens à des étudiants en grève.
6. Pour réconforter des victimes d'un accident.

2 🎧

Écoutez et associez chaque dialogue à une situation de l'activité 1.

3 🎧

Réécoutez et relevez les différentes façon d'exprimer l'encouragement.
Exemple : Ne t'inquiète pas !

4 👄

Mettez-vous par deux. Tour à tour, chacun évoque une situation difficile ou une inquiétude et l'autre l'encourage.

Les mots *pour...*

Encourager	**Parler de l'entraide**
Ne te laisse pas abattre, démoraliser.	Apporter ⎫ son aide, son soutien,
Il ne faut pas désespérer.	Offrir ⎬ son appui, son assistance
Ayez du courage ! Réagissez !	Proposer ⎭ à quelqu'un.
Courage, ne perdez pas confiance !	Donner un coup de main à quelqu'un.
Gardez le moral ! Ne baissez pas les bras !	Prêter main-forte à quelqu'un.
Tiens bon ! Tiens le coup, tu y arriveras !	Remonter, soutenir le moral de quelqu'un.
	Exprimer sa solidarité devant une épreuve difficile.

S'EXERCER n°1 🅖

PROMOUVOIR UNE ACTION DE SOLIDARITÉ

5 🎧
Écoutez cette publicité radio et répondez.
1. Par qui est-elle émise ?
2. Quel est son objectif ?
3. Connaissez-vous des associations d'entraide ? Présentez-les rapidement.

6 🎧
Réécoutez et notez les phrases correspondant aux formulations suivantes.
1. Lien, qui souffre d'une grave malformation : ...
2. Grâce à votre participation : ...
3. Si vous donnez quelques euros : ...
4. L'association, parce qu'elle fait partie d'une Charte Internationale, a besoin de vos coordonnées : ...

7 Point **Langue**

› LE PARTICIPE PRÉSENT

a) Observez et répondez.
souffrir ➜ nous souffrons ➜ **souffrant**
faire ➜ nous faisons ➜ **faisant**

Comment se forme le participe présent ?

Attention !
avoir ➜ **ayant**
être ➜ **étant**
savoir ➜ **sachant**

b) Observez et reformulez ces phrases.
- **Étant** malade, Lien a besoin de vous.
  ➜ Lien a besoin de vous...
- L'association, **comptant** 25 membres, a son siège à Paris.
  ➜ L'association...

Dans quels cas utilise-t-on le participe présent ?

Attention !
Le participe présent peut aussi s'utiliser avec deux sujets. *Exemple : Les dons étant insuffisants, l'association fait une campagne publicitaire.*

› LE GÉRONDIF

a) Observez et répondez.
- *Vous pouvez l'aider **en participant** à la chaîne de solidarité « Pour Lien ».*
- ***En donnant** quelques euros, vous sauverez sa vie.*

Comment se forme le gérondif ?

Attention !
Le gérondif ne peut s'utiliser que lorsque les deux actions ont le même sujet.

b) Observez et associez chaque phrase avec une de ces notions : temps, cause, condition, manière.
- *En arrivant au Yémen, vous rencontrerez le responsable de l'équipe locale.*
- *En appelant ce numéro, vous sauverez une vie.*
- *L'association s'est fait connaître en passant à la télévision.*
- *Le médecin a pu sauver Lien en intervenant rapidement.*
Quand le gérondif exprime deux actions simultanées, on ajoute souvent *tout* devant le gérondif.

S'EXERCER n°s 2 et 3 Ⓖ

> Encourager

1. Envoyez des textos de solidarité et d'encouragement aux destinataires suivants.
a. Votre équipe sportive favorite avant une compétition internationale.
b. Un(e) ami(e) qui a vécu un malheur familial.
c. Une personne proche qui a des difficultés financières.
d. Un(e) ami(e) qui rejoint une organisation humanitaire à l'étranger.
e. Une association qui se constitue pour aider les sans-abri.

> Le participe présent et le gérondif

2. Soulignez les gérondifs et les participes présents, puis pour chaque phrase, précisez la nuance qu'ils apportent.
a. À la Broc Solidaire, vous pourrez faire des achats originaux tout en participant à une bonne action.
b. En venant à la journée de solidarité le maire a montré son soutien.
c. Travaillant dans une ONG, il a pu nous aider à rédiger les statuts de l'association.
d. En votant davantage, les jeunes pourraient changer les choses.
e. C'est en travaillant dans une association que j'ai appris mon nouveau métier.

3. Complétez les phrases avec des participes présents ou des gérondifs.
a. Faites une bonne action ... (donner) vos livres à la Bibliothèque Itinérante.
b. Pour la Quinzaine de la démocratie locale, les associations ... (participer) aux animations doivent se faire connaître avant le 10 juin.
c. C'est ... (échanger) nos idées qu'on pourra mieux se comprendre.
d. Les élus locaux ... (ne pas pouvoir) tenir la réunion du lundi 19 juillet, celle-ci est reportée au mardi 20.
e. ... (savoir) que les bénévoles sont très pris, n'abusez pas de leur temps.

1

a) **Observez les photos et associez-les à leur légende.**
b) **Quels sont les événements dont on a parlé dans votre pays ?**

1. En mai. Oui ou non ? Le référendum passionne et déchire les Français.

2. Le 8 avril, au Vatican, les funérailles du pape donnent lieu à la plus grande messe collective du monde.

3. En janvier. Des millions de dons affluent pour venir en aide aux victimes du tsunami.

4. Le 6 mai, Parisiens et provinciaux, tous ensemble pour soutenir la candidature française aux Jeux olympiques.

5. Le 14 avril, au Trocadéro. La presse et la rue demandent sans relâche la libération de Florence et d'Hussein.

2

a) **Quels sentiments associez-vous à chacun de ces événements ?**
compassion - croyance - solidarité encouragement - engagement politique fierté nationale

b) **Parmi ces événements, sélectionnez celui (ou ceux) qui vous aurai(en)t mobilisé(e). Dites pourquoi.**

ts de vue sur...

Je fais ce que je peux

3

Lisez ce commentaire du philosophe Yves Michaud sur les réactions des Français face à ces mêmes événements.

a) Cochez les bonnes réponses.

Les Français :

☐ ont besoin de partager leurs émotions

☐ veulent s'isoler en communautés

☐ se sentent isolés

☐ sont concernés par ces événements

☐ cherchent le contact des autres

b) Choisissez parmi ces titres celui qui résume le mieux ce commentaire et justifiez.

1. Regard sur la France communautaire.
2. Analyse du phénomène de rassemblement.
3. Explications sur le caractère français.

4

Échangez.

Quels sont les grands événements de votre pays qui vous ont ému et rassemblé ? Racontez.

Il me semble qu'il y a en France un vrai désir de communion, une volonté de retrouver les autres. C'est par exemple le sens du mot d'ordre « tous ensemble, tous ensemble » des manifestations. Cela répond à une crise du sentiment de communauté - et plus encore à une crise de sociabilité, parce que nous entrons dans un monde qui est une juxtaposition de solitudes. Alors, on cherche des moments festifs ensemble, en famille, en bandes, entre voisins... Mais la vraie sociabilité recherche l'autre en général, celui qui n'est pas du groupe. Cela explique que ces grands événements rassemblent bien au-delà de ceux qui devraient normalement être concernés.

Yves Michaud, interview à *Elle*, juillet 2005

5

Écoutez et associez chaque personne à son engagement.

a. S'engager dans une association.

b. Créer son association.

c. Voter.

d. Donner aux plus démunis.

e. Parrainer un enfant du tiers-monde.

6

Réécoutez et dites de quelle manière les personnes interrogées sont prêtes à s'engager et pour quelles raisons.

7

Échangez.

Avec quelle personne êtes-vous d'accord ? Avec laquelle n'êtes-vous pas d'accord ? Pourquoi ?

Rendez-vous
ALTERculturel

Catherine évoque un événement qui l'a beaucoup marquée. Écoutez et répondez.

1. De quel événement s'agit-il ?

2. À quelle époque et dans quelles circonstances cet événement a-t-il eu lieu ?

3. Pourquoi Catherine y a-t-elle été particulièrement sensible ?

Outils...

TOUS À GLACIÈRE LE 15 FÉVRIER !
POUR LUTTER CONTRE LE FROID !

1

a) Lisez la banderole et répondez.
1. Quel est l'objet de la manifestation ?
2. Qu'en pensez-vous ?

b) Lisez l'article sur l'Académie Alphonse Allais et dites quel style de littérature il produisait.

2

Écoutez et répondez.
1. Qui sont les manifestants ?
2. Contre quoi manifestent-ils ?
3. Pourquoi ont-ils choisi de se réunir devant cette station de métro ?
4. Qu'en pensez-vous ?

3

Point **Langue** › EXPRIMER LE BUT

a) Réécoutez et associez.

pour ·
pour que ·
on cherche à ·
on vise ainsi à ·
afin que ·
en vue (de) ·
de façon à ·

· l'hiver soit déclaré illégal
· on l'enterre
· on en finisse
· des élections
· le retrait de l'anticyclone
· le gouvernement puisse faire la pluie et le beau temps
· manifester
· faire pression
· frigorifier
· les empêcher

b) Dans les exemples suivants, relevez les expressions qui introduisent le but.
- *Notre association a pour but de défendre les intérêts des citoyens.*
- *Notre objectif est de sensibiliser les gens à ce problème.*
- *Cette manifestation a pour objectif de faire céder le gouvernement.*
- *Notre intention est de dénoncer certains comportements.*

c) Complétez le tableau.

+ infinitif	+ nom	+ proposition au subjonctif
chercher à *dans le but de* ...	... ...	*de manière que* *de façon que* ...

L'Académie Alphonse Allais, créée en 1954 a pour objet de « promouvoir, d'encourager ou de développer, dans les pays francophones (et ailleurs), toutes formes d'expression culturelle, notamment littéraire, d'humour, dans l'esprit du grand écrivain ».

LES AMIS D'ALPHONSE ALLAIS

4

Par groupes de deux ou trois, imaginez que vous fondez une association « loufoque » à la manière de celle d'Alphonse Allais. Vous organisez une manifestation. Notez trois objectifs de votre manifestation.

Notre manifestation a pour but...

S'EXERCER n°s1 et 2

EXPRIMER LA DURÉE

5

Lisez la présentation de Médecins du Monde et répondez.

1. Quel est le but de ce document ?
2. Quels sont les objectifs de l'organisation ? Quelle est la date de sa création ?

b) Lisez les témoignages. Dites ce que David et Élisa pensent de leur expérience et pourquoi ils la racontent.

6

Point **Langue** › EXPRIMER LA DURÉE

a) Relisez le document et répondez aux questions suivantes.
- Depuis quand des médecins français se sont-ils engagés dans le secours international ?
- Pendant combien de temps ont-ils soigné des réfugiés ?
- De quelle date à quelle date, d'autres délégations internationales se sont-elles créées ?
- Ça fait combien de temps que David travaille pour Médecins du Monde ?
- En combien de temps a-t-il acquis une expérience inestimable ?
- Quand Élisa a-t-elle signé son contrat ?
- Depuis quand se sent-elle vraiment utile ?

b) Expliquez la différence entre :
en et *pendant*
pendant et *pour*
en et *dans*
depuis et *il y a*
il y a et *il y a... que...*

S'EXERCER n°3

> Depuis 1978, les premiers « boat-people » du Vietnam, des médecins français se sont engagés dans le secours international. Pendant des mois, sur un bateau-hôpital, ils ont soigné, opéré et vacciné des milliers de réfugiés. De retour en France, ces médecins, issus de Médecins sans Frontières ont fondé l'organisation Médecins du Monde. Un seul but : aider les populations en danger. De 1980 à aujourd'hui, d'autres délégations internationales se sont créées.

DAVID, médecin
Il y a six ans que je travaille pour Médecins du Monde alors que je pensais m'engager seulement pour un an. Pendant ces six années, j'ai découvert des habitudes culturelles insoupçonnées, une grande diversité dans la pratique médicale. En six ans, j'ai acquis une expérience inestimable. Vous aussi, osez, partez maintenant, vous en reviendrez grandis dans quelques mois...

ELISA, infirmière
Après mon diplôme d'infirmière, j'avais envie de voyager. J'ai signé un contrat comme volontaire il y a trois ans et je ne l'ai jamais regretté. Depuis que je travaille pour Médecins du Monde, je me sens vraiment utile. Vous engager, c'est sortir enrichi d'une belle expérience.

NOUS SOIGNONS CEUX QUE LE MONDE OUBLIE PEU À PEU.

> Exprimer le but

1. Complétez les phrases avec l'expression du but qui convient (utilisez chaque fois une expression différente).
a. *Uni-cités* est une association créée ... apporter un service à la collectivité. Ses fondatrices ont eu comme ... lutter contre l'indifférence et la pauvreté dans les villes.
b. Certains partis politiques proposent un service civil volontaire ... les jeunes puissent participer à la vie de la nation.
c. *Animafac* a ... de coordonner toutes les associations étudiantes ... centraliser leurs revendications.
d. Après le cyclone, les équipes ont emporté une réserve de médicaments ... éviter une épidémie.
e. Il faut encourager les jeunes à voter ... le personnel politique se renouvelle.

2. Complétez les phrases avec des buts, des intentions.
a. J'étudie le chinois ...
b. Il prépare un méga couscous ...
c. J'adhère au mouvement vert ...
d. On achète « équitable » ...
e. Vous votez régulièrement ...

> Exprimer la durée

3. Choisissez la bonne réponse à ces questions.
a. Vous avez mis combien de temps pour accomplir ce projet ?
 • Pendant trois mois.
 • Je l'ai fait en trois mois.
b. Et quand vous signez un contrat comme volontaire, vous partez longtemps ?
 • De trois mois à deux ans.
 • Dans trois mois.

c. Quand est-ce que vous êtes entré dans ce programme ?
 • Depuis cinq ans.
 • Il y a cinq ans.
d. Vous pensez arrêter bientôt ?
 • Dans quelques mois.
 • En quelques mois.
e. Et qu'est-ce que vous allez faire ?
 • Retrouver mon ancien métier que j'ai exercé en dix ans.
 • Retrouver mon ancien métier que j'ai exercé pendant dix ans.
f. Demain vous partez pour une mission. Vous partez longtemps ?
 • Pour quatre mois. Ce sera ma dernière mission je pense.
 • Dans quatre mois. Ce sera ma dernière mission je pense.

Paroles en scène

Sur tous les tons

1 . Lisez ces slogans et entraînez-vous à les dire :
- avec enthousiasme,
- avec colère,
- en détachant chaque syllabe,
- en les chantant sur un air connu.

1. On n'acceptera plus jamais ça !
2. Respectez le droit, respectez la loi !
3. Tous ensemble, tous ensemble, tous !
4. On est les champions, on est les champions, on est, on est, on est les champions !
5. Aujourd'hui dans la rue, demain on continue.

2 . Mettez-vous en petits groupes et déplacez-vous d'un bout à l'autre de la classe. Répétez ces slogans sur tous les tons. Commencez par les scander à voix basse, puis augmentez progressivement le volume. Terminez en criant très fort.

Mise en scène

3 . Lisez l'extrait de *Les Mains sales* de Jean-Paul Sartre et jouez-le.

Jeu du ganslo

Par deux, pensez à un acte de la vie quotidienne que vous n'aimez pas faire (la vaisselle, prendre les transports en commun, attendre…).
Mettez-vous d'accord sur le mot-clé et inversez les syllabes (exemples : selvé pour vaisselle, sportran pour transport…).
Trouvez à votre nouveau mot une rime pour construire un slogan que vous scanderez sur tous les tons.
La classe doit trouver l'activité détestée.

Exemple : La selvé, j'en ai assez !

La scène se passe dans une chambre, entre le jeune militant révolutionnaire Hugo et sa compagne Jessica.

Jessica : Alors, qui a raison ?

Hugo : Moi.

Jessica : Comment le sais-tu ?

Hugo : La politique est une science. Tu peux démontrer que tu es dans le vrai et que les autres se trompent.

Jessica : Dans ce cas pourquoi hésites-tu ?

Hugo : Ce serait trop long à t'expliquer.

Jessica : Nous avons la nuit.

Hugo : Il faudrait des mois et des années.

Jessica : Ah ! (*Elle va aux livres.*) Et tout est écrit là-dedans ? […]

Hugo : À présent, laisse-moi. Dors ou fais ce que tu veux.

Jessica : Qu'est-ce qu'il y a ? Qu'est-ce que j'ai dit ?

Hugo : Rien. Tu n'as rien dit. C'est moi qui suis coupable : c'était une folie de te demander de l'aide. Tes conseils viennent d'un autre monde.

Jessica : À qui la faute ? Pourquoi ne m'a-t-on rien appris ? Pourquoi ne m'as-tu rien expliqué ? […] Voilà dix-neuf ans qu'on m'a installée dans votre monde d'hommes […] et vous m'avez fait croire que tout marchait très bien et que je n'avais à m'occuper de rien sauf de mettre des fleurs dans les vases. Pourquoi m'avez-vous menti ? Pourquoi m'avez-vous laissée dans l'ignorance, si c'était pour m'avouer un beau jour que ce monde craque de partout et que vous êtes des incapables […] ? Je ne connais rien à vos histoires et je m'en lave les mains.

Les Mains sales, Jean-Paul Sartre
Cinquième tableau, scène II

4 . Alors tu signes ?
Mettez-vous par trois. L'un veut préparer une pétition à propos d'un problème collectif (rythme de travail, manque de matériel, relations avec un professeur…). Il en parle aux deux autres, en donnant ses raisons. Le deuxième, admiratif, l'encourage pendant sa démonstration et lui promet son aide pour recueillir les signatures. Le troisième trouve cette idée ridicule et s'oppose à tous ses arguments.

À vos créations !

Vous allez faire le programme d'une journée de solidarité, organisée pour soutenir une cause qui vous touche particulièrement.

PRÉPARATION

- Mettez-vous en petits groupes et choisissez votre cause (lutter contre la solitude, la maladie, se mobiliser pour la diversité culturelle...).
- Trouvez le nom de votre association et son logo.
- Listez vos objectifs.
- Imaginez le programme.
- Réalisez votre texte selon la matrice suivante :

PRÉSENTATION

Présentez votre programme à la classe qui évaluera le projet sur les critères ci-dessous.

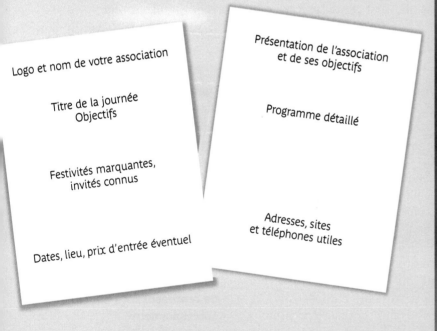

Logo et nom de votre association

Titre de la journée
Objectifs

Festivités marquantes,
invités connus

Dates, lieu, prix d'entrée éventuel

Présentation de l'association
et de ses objectifs

Programme détaillé

Adresses, sites
et téléphones utiles

Autoévaluation

Relisez votre page et cochez.

Avez-vous :

- ☐ sélectionné une cause assez convaincante ou consensuelle pour mobiliser les gens ?
- ☐ trouvé un nom porteur pour votre collectif, votre association ?
- ☐ choisi un slogan efficace qui incite à participer ?
- ☐ présenté la raison de la mobilisation ?
- ☐ exprimé clairement vos objectifs ?
- ☐ proposé des activités motivantes ?
- ☐ détaillé suffisamment votre programme ?
- ☐ employé les expressions de but appropriées ?
- ☐ utilisé correctement les temps verbaux, les participes présents et gérondifs ?

Compréhension *écrite* (10 points)

Les 18-24 ans représentent 15 % du corps électoral. Loin d'être une quantité négligeable, ils sont au contraire une cible attractive pour les partis comme pour les candidats. Le problème, c'est que 60 % s'abstiennent de voter. En effet, les sondages montrent que les jeunes rejettent tout ce qui concerne les activités des partis politiques, qu'ils trouvent trop centrés sur des conflits d'intérêt personnel. Ils cherchent donc à l'échelle mondiale ce qu'ils ne trouvent pas sur la scène nationale, s'impliquant dans des combats qui ont du sens pour eux : l'égalité Nord-Sud, la justice sociale ou l'environnement. Ils sont porteurs des valeurs de tolérance, de liberté et d'une vision plus égalitaire et sociale de la démocratie.

On a tendance à dire que les jeunes aujourd'hui se mobilisent moins que dans le passé. Mais c'est un mythe : hier comme aujourd'hui, l'engagement militant n'a jamais concerné qu'une minorité d'individus, 2 à 3 % maximum de l'ensemble des jeunes. Et leur engagement se porte aujourd'hui plus volontiers sur des mouvements sans rapport avec les partis ou les syndicats. En revanche, le pouvoir d'attraction des mouvements associatifs est de plus en plus fort, aussi bien pour la défense des droits de l'homme, la défense des sans-papiers ou encore la lutte contre le racisme. Les jeunes sont également très impliqués dans la protestation politique : un jeune Français sur deux a fait l'expérience d'une manifestation de rue. Leur engagement passe donc par d'autres formes que le vote ou l'adhésion à un parti. Les situations et les comportements électoraux des jeunes sont semblables dans la plupart des pays européens. On observe partout une montée de l'abstention et une crise de confiance à l'égard du personnel politique, surtout parce que les jeunes ne sont pas représentés dans l'offre électorale.

Anne Muxel, Sofres,
élections présidentielles 2002

Lisez cet article puis entourez ou notez votre/vos réponse(s).

1 Cochez les thèmes qui sont traités dans l'article. (2 pts)
A. Les campagnes électorales.
B. Les causes qui mobilisent les jeunes.
C. La mobilisation dans les partis politiques.
D. Le poids électoral des jeunes.
E. Le vote protestataire des jeunes.

2 Vrai ou faux ? Répondez.
(3 pts)
A. 15 % des jeunes ne votent pas.
B. Les jeunes s'engagent pour des causes humanitaires.
C. L'engagement militant était beaucoup plus fort dans le passé.
D. La moitié des jeunes ont déjà participé à une manifestation.
E. L'attitude des jeunes face au vote est comparable dans les autres pays européens.
F. Les jeunes sont plus concernés par les syndicats que par les partis.

3 Donnez la raison du désengagement des jeunes à l'égard de la politique traditionnelle, selon le texte.
(1 pt)

4 Relevez deux conséquences qui découlent de ce désengagement. (2 pts)

5 Citez la phrase qui montre que les jeunes n'ont pas de représentants qui leur correspondent. (1 pt)

6 Citez la phrase qui montre que les jeunes intéressent les partis politiques. (1 pt)

NON À LA FERMETURE DU CINÉMA !

Les exploitants de la salle Le Palace vont devoir arrêter les projections de votre cinéma. Les autorités préfectorales ont exigé la fermeture du cinéma, prétextant des conditions de sécurité insuffisantes !

Ne laissons pas disparaître notre ciné Palace, lieu de rencontre et de culture, la dernière salle indépendante de notre quartier !

SIGNEZ LA PÉTITION.

Nom, Prénom	Signature

Expression *écrite* (10 points)

Lisez la pétition suivante. **Rédigez un mél** d'environ 150 mots pour manifester votre intérêt et demander des précisions sur les circonstances de la décision et les actions prévues. Réservez votre signature jusqu'à l'envoi d'une réponse à vos questions.

Compréhension *orale* (10 points)

Vous allez entendre une interview. Avant de l'écouter, vous aurez quelques secondes pour lire la fiche à compléter. Puis, vous entendrez le document deux fois. Vous aurez ensuite quelques secondes pour **remplir la fiche qui présente le parcours de Florine**.

Nom : **PEIN**

Prénom : **Florine**

Profession : .... depuis .... (1 pt)

A d'abord créé une association pour inciter à .... (1 pt)

Raison de son intérêt pour le Bénin : .... (1 pt)

Date de relance de l'association : .... (1 pt)

L'association a été relancée après .... (1 pt)

Perma Nord-Bénin a comme objectif de se consacrer à .... (1 pt)

Deux activités de Perma Nord-Bénin en Haute-Normandie : .... (2 pts)

....

....

Deux projets de Florine pour Perma Nord-Bénin : .... (2 pts)

....

....

 Expression *orale* (10 points)

CLUB OBJECTIF 2007

Réunion publique le 27 octobre

Ce club vise à rassembler des idées pour inciter les jeunes à aller voter. Ces idées seront reprises par l'association Agora Jeunes de Lyon. Merci de participer !

Venez nombreux échanger vos idées.

Vendredi 27 octobre, 19h30, café de l'Industrie, Place Belcourt, Lyon

Vous avez décidé d'intervenir dans cette réunion. **Exprimez, en deux minutes chrono, votre opinion** sur la participation des jeunes aux élections. **Présentez des arguments pour ou contre** l'implication dans les partis politiques. Justifiez votre position.

Je me cultive

DOSSIER 6

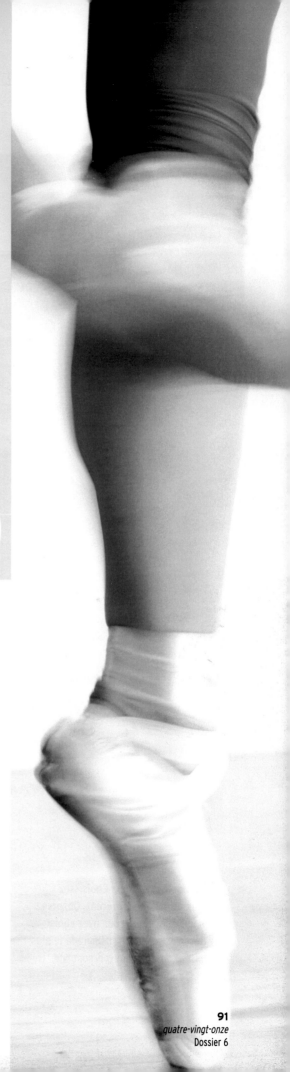

Je me cultive............... p. 92-93

DELF

B 1

JE ME CULTIVE

La culture, c'est ce qui reste quand on a tout oublié.

Édouard Herriot

L'art, c'est ce qui fait vivre.

Romain Rolland

Georges Braque
Fruits sur une nappe et compotier, 1925
© Adagp, Paris 2006

« Toute ma vie, ma grande préoccupation a été de peindre l'espace. »

Henri Matisse
La Femme au chapeau,
© Succession H. Matisse

« La tendance dominante de la couleur doit servir le mieux possible l'expression. »

1 ◉

Mettez-vous par deux. Choisissez chacun un tableau différent. Observez bien le tableau que vous avez choisi et décrivez-le à votre camarade le plus précisément possible (personnage, objets, couleurs, formes...).

2 ◉

Lisez la citation de chaque peintre et dites ce qui est le plus important pour chacun d'eux.

> ❝ *Peindre signifie penser avec son pinceau.* ❞
> Paul Cézanne

3

Écoutez les deux commentaires.
a) Associez chaque commentaire
à un tableau.

b) Relevez la date de création de chaque
tableau ainsi que le mouvement auquel
le peintre appartient.

c) Réécoutez et répondez.
1. Quel tableau a fait scandale et à quelle
occasion ? Dites pourquoi et quelle
réaction il a provoqué chez le public.
2. Notez les couleurs évoquées pour
chaque tableau ? Précisez quel rôle
elles jouent.

4

Échangez.
Quelles émotions ces tableaux éveillent-ils
en vous ? Lequel préférez-vous ?

5

Dans votre pays, quels sont les peintres
célèbres ?
Expliquez pourquoi ils sont connus.

Les mots *pour...*

Décrire un tableau

Ce tableau représente un paysage,
un portrait, une nature morte.
C'est de l'art abstrait, figuratif, hyperréaliste.
C'est une peinture à l'huile, un pastel,
une aquarelle, une gouache de...

Au premier plan, on voit des personnages.
À l'arrière-plan (au fond), on distingue
des silhouettes...
Au centre, en bas, en haut, on aperçoit...

Les couleurs sont claires, chaudes, vives,
éclatantes, criardes, foncées, froides, éteintes,
ternes, tirant sur le gris, fondues, contrastées.

On observe un personnage de profil, de face,
de trois quarts, de dos.
Les objets sont disposés sur une ligne
horizontale, verticale, diagonale.

---

ego QUIZ

VOUS ET LES ARTISTES FRANÇAIS

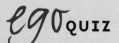

Les reconnaissez-vous ?
Associez l'artiste avec sa photo,
sa profession, son œuvre majeure
et le mouvement auquel il appartient.

Nom	Profession	Œuvre majeure	Mouvement
Hector BERLIOZ (1803-1869)	· Sculpteur	· *Avec le temps*	· L'architecture moderne
Marguerite DURAS (1914-1996)	· Cinéaste	· *L'Institut du monde arabe*	· Le nouveau réalisme
Edgar DEGAS (1834-1917)	· Architecte	· *La Symphonie fantastique*	· La nouvelle vague
François TRUFFAUT (1932-1984)	· Compositeur	· Le Trophée des César du cinéma	· Le nouveau roman
Jean NOUVEL (1945-)	· Écrivain	· *Danseuse ajustant son chausson*	· La chanson engagée
César BALDACCINI (1921-1998)	· Peintre	· *L'Amant*	· L'impressionnisme
Léo FERRÉ (1916-1993)	· Chanteur	· *Les 400 coups*	· Le romantisme

Demandez le programme !

1 👁

Observez les images et dites de quel divertissement il s'agit.

2 🎧

a) Écoutez et associez chaque annonce à une image.

b) Réécoutez et notez où ont lieu les spectacles.

3 🎧

Réécoutez et relevez les mots qui caractérisent chaque divertissement.

4 🗣

Échangez.
Quel divertissement vous attire le plus ?
Dites pourquoi.

● POINT INFO

Les pratiques culturelles

Lecture : Les Français passent 25 minutes à lire par jour. Seuls 10 % des Français sont de gros lecteurs.

Cinéma : Après une baisse constante des entrées de cinéma depuis les années 1950, le marché européen du cinéma s'est redressé dans les années 1990, revigoré par la construction de salles multiplexes modernes. La France représente la plus grande part des entrées européennes, suivie par le Royaume-Uni et l'Allemagne.

Théâtre : 29 % des Français de 15 ans et plus sont allés au moins une fois au théâtre ou au concert dans l'année. 60 % des spectateurs de théâtre sont des cadres (ou exercent des professions libérales), actifs et vivant en région parisienne.

Monuments : Les monuments les plus visités de France sont la tour Eiffel, le château de Versailles, l'abbaye du Mont Saint-Michel et l'Arc de Triomphe.

Musées : Parmi les 33 musées nationaux de France, le Louvre détient le record des fréquentations. Viennent ensuite le centre Georges Pompidou et la Cité des sciences et de l'industrie.

5

a) **Lisez la lettre de Cécile et Martin et précisez quel en est le motif.**

b) **Relisez et relevez les passages où Cécile :**

> évoque un spectacle de danse
> parle de monuments à visiter
> propose un spectacle de théâtre
> exprime sa satisfaction de voir ses amis
> invite ses amis à un concert

6

Notez les expressions utilisées par Cécile :

> pour proposer un programme
> pour donner envie de le suivre

Montpellier, le 25 juin

Chers Latifa et Helmut,

On est ravis que vous veniez passer une petite semaine culturelle à Montpellier. Il y a plein de balades à faire et en ce moment, ce ne sont pas les spectacles qui manquent ! Pour les balades, ça tombe bien car on vient de rouvrir certaines cours d'hôtels particuliers dans la rue piétonne. Je vous propose de les découvrir pour vous imprégner un peu de l'atmosphère d'antan. Ensuite, on pourrait faire une ascension en haut de l'arc de triomphe. Il y a une centaine de marches à monter mais on découvre l'un des plus beaux points de vue sur Montpellier. S'il ne fait pas beau (ça m'étonnerait !), on a prévu de vous emmener au musée Favre. C'est l'un des musées les plus importants de France. Il possède de belles collections, de quoi vous régaler... Pour le soir, j'ai réservé des billets pour trois soirées. La première, c'est un concert d'Émilie Simon. Elle a obtenu récemment une Victoire de la musique pour la bande originale du film "La Marche de l'empereur" et elle vient de sortir son nouvel album, "Végétal". C'est l'un des spectacles les plus originaux que je connaisse. La critique est unanime ! On est sûrs que ça vous plaira !

La deuxième soirée sera plus classique. Nous avons prévu d'aller voir un spectacle de danse mené par trois danseuses, étoiles montantes du flamenco de trois villes différentes d'Andalousie. Je sais déjà que vous serez sous le charme !

Pour le dernier soir, si ça vous tente, nous passerons la nuit entière au théâtre. On pourrait assister à 3 pièces de Molière, soit 10 heures de spectacle : "Les Précieuses ridicules" à 20h, "Tartuffe" à 22h et "Le Malade imaginaire" à 2h du matin... un vrai défi ! Mais ça vaut le coup car c'est une grande fête du théâtre. La convivialité y est assurée, bien sûr. Vous dégusterez la soupe gratinée, les vins rouges, gris et rosés du pays. Martin pense que vous tiendrez le coup toute la nuit et que vous ne le regretterez pas !

On vous attend avec impatience. À dans deux semaines.

Bises

Cécile et Martin

Stratégies *pour...*
proposer un programme à des amis dans une lettre

Introduire le message :
- Je suis ravi(e)
- C'est sympa, super } que vous veniez.
- C'est chouette

Proposer un programme :
- Je vous propose
- Je prévois } d'aller au théâtre.
- J'ai prévu

- Je propose
- Je prévois } une soirée au théâtre.

- J'ai réservé des places, des billets pour...
- On pourrait aller voir un spectacle de danse.

- Si ça vous tente,
- Si ça vous dit, } on peut...

Donner envie de le faire :
- On découvre l'un des plus beaux sites, l'un des meilleurs points de vue.

- De quoi vous régaler !

- C'est le plus beau spectacle { que je connaisse. que j'aie jamais vu.

- Personnellement, je trouve ça génial, formidable, extraordinaire.

- Je suis sûre { que ça vous plaira. que vous serez sous le charme. que vous ne le regretterez pas.

- La critique est unanime.

Dire sa joie de revoir ses ami(e)s :
- On vous attend avec impatience.
- On se réjouit de vous voir.
- J'ai hâte de vous revoir.

7

Écrivez maintenant un mél pour proposer un programme culturel à deux amis qui viennent dans votre pays pour une petite semaine. L'un adore faire de la photo, l'autre est passionné de peinture, de cinéma et de théâtre.

Outils *pour...*

Le Re-Tour de M

Tout petit, Mathieu Chedid est bercé par les chansons de son père, Louis Chedid, et de l'ami de son père, Alain Souchon, ainsi que par la musique de Jimmy Hendrix. C'est en créant le personnage de M, un héros « décalé », qu'il ose se lancer dans la chanson. Modeste et attachant, il a réussi à créer un véritable univers, à la fois musical et visuel qui a su toucher le public.

C'est le deuxième double album live que tu sors en à peine quatre ans ! Qu'est-ce qui te pousse à enregistrer ces albums live ?
Si je suis motivé pour faire ces albums, c'est parce que je me suis rendu compte que mes concerts ont fédéré beaucoup de gens et ont attiré du public... Je me dis que s'ils ont envie d'entendre ça, ce serait dommage de ne pas enregistrer.

Combien de temps ça a pris, ce travail d'enregistrement ?
Je crois que ça a pris un mois et demi juste pour choisir les versions et trois mois pour avoir un son définitif. C'est un gros chantier.

Est-ce que tu es pressé de tuer M, ton nom de scène ?
Non, finalement pas tellement.

Tu en parles pourtant assez souvent ? Pourquoi ?
Parce que c'est un jeu. Ce qui me motive, ce n'est pas de continuer M, c'est de faire évoluer M. Depuis le début, je l'ai fait évoluer.

Que penses-tu de ton personnage, M ?
En fait, c'est très simple. Le personnage M, c'est l'emballage. Et le contenu, c'est la musique, là où il y a la créativité.

Vers quoi tu penses évoluer dans l'avenir ? Que cherches-tu ?
Je suis dans une quête musicale. Mon objectif est de revenir à l'essentiel et d'éviter les artifices.

*Propos recueillis par Julien Jarsallé
à Paris le 15 septembre 2005*

---

1 👁

Lisez l'interview de M et répondez.
1. Qui est M ?
2. Pour quelle occasion est-il interviewé ?
3. Quels sont ses projets ?
4. À votre avis, pourquoi le journaliste dit « tu » à M ?

2 👁

Relevez dans l'interview les questions pour obtenir :
> un fait précis, un événement
> une explication
> une opinion

3

Point **Langue** › L'INTERROGATION (1)

a) À partir des questions de l'interview, retrouvez les trois manières de construire une phrase interrogative et donnez un exemple pour chacune d'elles.

b) Transformez les questions suivantes comme dans l'exemple.
Exemple : Où est-ce que vous allez après votre tournée en France ?
→ *Où allez-vous après votre tournée en France ?*
→ *Vous allez où après votre tournée en France ?*
- Tu fais quoi après un concert ?
- Pourquoi n'avez-vous pas fait d'album depuis deux ans ?
- Pensez-vous arrêter la musique un jour ?
- Combien de temps tu mets pour écrire une chanson ?

S'EXERCER n°s 1 et 2 🔄

Les mots *pour...* | Poser des questions

Poser des questions sur un événement, un fait précis :	**Demander des commentaires, des explications :**	**Demander une opinion :**
Qui vous a appris la guitare ?	Pourquoi est-ce que vous refusez de composer pour d'autres chanteurs ?	Qu'est-ce que vous pensez de... ?
Qu'est-ce que vous faites après un concert ?	Comment vous est venue l'idée de ce titre ?	Croyez-vous que... ?
Quand allez-vous faire une tournée ?	En quoi votre père vous a-t-il inspiré ?	Quel est votre point de vue sur... ?
Vous avez déjà enregistré combien d'albums ?		Que ressent-on quand... ?
Où composez-vous ?		Si vous étiez à la place de... ?

TESTEZ VOTRE CULTURE GÉNÉRALE

1. Quel tableau célèbre, exposé au Louvre, Leonard De Vinci a-t-il peint ?

2. Pendant combien de temps Louis XIV, le "Roi-Soleil", a-t-il régné : 42 ans, 62 ans ou 72 ans ?

3. Camille Claudel était-elle la sœur d'un sculpteur ?

4. Le premier film français a-t-il été réalisé par les frères Lumière ?

5. Avec quel ami Van Gogh s'est-il disputé : Rimbaud, Gauguin ou Verlaine ?

6. La Comédie Française est-elle le théâtre où est mort Corneille, Molière ou Racine ?

7. Depuis quand les lunettes existent-elles ? Depuis le XIIIe siècle, le XVIe siècle ou le XVIIIe siècle ?

8. Gustave Eiffel a-t-il contribué à la construction de la statue de la Liberté ?

9. Le bikini a-t-il été inventé par un Français, un Américain ou un Belge ?

10. Le roman intitulé *La Peste* a-t-il été écrit par Albert Camus, Marguerite Duras ou Saint-Exupéry ?

4

Faites le test à deux et calculez votre score.

5

À votre tour, testez vos camarades. Préparez par petits groupes cinq questions de culture générale dont vous avez la réponse. Utilisez l'inversion.

> L'interrogation (1)

1. Transformez ces questions posées à un écrivain en questions avec inversion.

a. Pourquoi est-ce que vous avez choisi un fait divers pour faire un roman ?

b. Comment est-ce que vous vous êtes documenté ?

c. Est-ce que c'est facile de choisir des personnages si différents de soi ?

d. Est-ce que vous êtes ému par vos personnages ?

e. Vous n'avez pas l'impression de leur voler une partie de leur vie ?

f. Il y a combien de personnages importants dans votre roman ?

2. Trouvez les questions qui ont été posées à Sophie Koch, cantatrice, et précisez de quelle sorte de questions il s'agit (fait précis, explication, opinion).

a. ...
Je me lève rarement après 9 heures les jours où je donne un concert.

b. ...
Non ce n'est pas exact. J'ai essayé une fois un verre de vin, mais les cordes vocales somnolent !

c. ...
Parce que j'ai toujours un petit en-cas dans mon sac : bananes, abricots, dattes, biscuits aux céréales.

d. ...
Des exercices, une gymnastique purement vocale, de l'échauffement.

e. ...
À la fin d'un opéra ? On a envie de pleurer, mais il faut contrôler ce trop plein d'émotions.

f. ...
Oui pour moi, le meilleur, c'est le public viennois qui attend souvent les artistes après la représentation.

g. ...
J'adorerais chanter Mozart à Salzbourg. Ce serait très gratifiant pour moi !

> L'interrogation (2)

3. Transformez ces questions de culture générale en questions avec inversion puis posez-les à votre voisin.

a. Le « héros européen de l'année 2005 » est l'actrice Sophie Marceau, le chanteur Elton Jones ou le footballeur Thierry Henry ?

b. Dans quel pays est-ce que le basket-ball a été inventé : en France, aux États-Unis ou en Italie ?

c. Est-ce que les animaux voient les couleurs comme les hommes ?

d. À quel pays est-ce que l'Ile de la Réunion appartient ?

e. Dans quel pays est-ce que le Rhône prend sa source : l'Italie, l'Allemagne ou la Suisse ?

f. Quelle proportion du territoire occupe la forêt en France ? 10 %, 25 %, 50 % ?

g. La pomme de terre est originaire de quel continent ?

h. Par qui est-ce que la pyramide du Louvre a été construite ?

6 Point Langue
> L'INTERROGATION (2)

a) Observez les questions du test et répondez.

Quand le sujet est un nom, comment fait-on une question avec inversion ?
Quand le verbe se termine par une voyelle, que se passe-t-il alors ?

b) Transformez les questions suivantes en faisant l'inversion.
- Est-ce que vous avez un bon score ?
- Est-ce que les questions sont difficiles ?
- Est-ce que votre voisin(e) a eu un meilleur score que vous ?

S'EXERCER n°3

La critique est facile..

L'AVARE DE MOLIÈRE
Sur un mode clownesque
Théâtre de la Tempête -
Cartoucherie de Vincennes
Par Jacky Viallon

Alain Gautré et son équipe nous livrent une version de *L'Avare* dynamique, subtile et inattendue sur le plan du jeu corporel. La mise en scène éclate, sautille, virevolte comme les changements de situations qui bouleversent certains personnages. Le décor n'encombre pas le plateau, il est purement fonctionnel... Tout est parfaitement réglé et cette rigueur donne une impression de décontraction. On le doit également au talent de cette troupe débordant d'enthousiasme qui joue l'ensemble de la pièce sur le mode clownesque. C'est très bien orchestré au niveau de l'image.

La galerie du Jeu de Paume rend hommage à René Magritte (1898-1967), figure incontournable du surréalisme

Si l'on pardonne le trop grand nombre de tableaux accrochés dans cet espace – la sélection le vaut bien car sinon elle ne pourrait pas prétendre être une rétrospective – l'on est en revanche surpris des bruits inopportuns issus du café de la galerie et, plus problématique encore, de la qualité inégale de l'éclairage. Bienheureux ceux qui n'auront pas le point de comparaison de la très belle exposition surréaliste organisée au printemps passé par le centre Beaubourg qui mettait incomparablement mieux en valeur ces toiles... Néanmoins, l'exposition parvient à présenter adroitement l'ensemble de l'œuvre.

1 Écoutez ces commentaires à la sortie de la projection du film *Indigènes* et relevez ce que les gens ont apprécié.

2 Lisez ces deux critiques et dites laquelle vous donne le plus envie d'aller au spectacle.

3 Relisez et complétez le tableau avec les critiques qui correspondent.

	Commentaires positifs	Commentaires négatifs
L'Avare		
Magritte		

4 Écrivez, pour un journal francophone, la critique du film, de la pièce de théâtre, du concert ou de l'exposition que vous avez vu(e) dernièrement.

Les mots *pour*... Donner son avis sur une œuvre

Cinéma et théâtre :
La mise en scène, le décor, le scénario et les dialogues, la pièce, le jeu des acteurs, la lumière, la musique.

C'est une pièce } magistral(e), grandiose, superbe,
C'est un film } magnifique, réussi(e).
C'est un régal, un chef-d'œuvre.
C'est à vous couper le souffle.
On ne décroche pas une minute !
Le jeu des comédiens est subtil.
Le rythme est excellent.

Cette pièce est } médiocre, ennuyeux(se), décevant(e),
Ce film est } raté(e), nul(le), insipide.
C'est un navet. (film)
Ça n'a ni queue ni tête.
C'est du déjà vu.
Ça ne présente aucun intérêt.

Exposition :
La mise en valeur des toiles est réussie.
L'éclairage laisse à désirer.

Concert :
L'acoustique est excellente.
Le rythme est endiablé.
La voix est très chaude, sensuelle, métallique, froide.
L'artiste a beaucoup de présence.
C'est une bête de scène.

nts de vue sur...

5

Écoutez et retrouvez l'ordre de présentation des spectacles.
- *Les Vies courtes* de Richard de Marcy.
- *Les Nuits blanches* de Dostoïevski.
- *Filomena Marturano* d'Eduardo de Filipo.
- *Le Marin* de Fernando Pessoa.

6

Réécoutez et indiquez pour chaque spectacle si les critiques sont globalement négatives ou positives.

	Critiques positives	Critiques négatives
Les Vies courtes		
Les Nuits blanches		
Filomena Marturano		
Le Marin		

7

Réécoutez et notez les expressions utilisées pour :
- introduire le sujet
- donner la parole
- couper la parole
- s'opposer à un argument

8

Vous organisez un débat critique autour d'un film, d'une pièce de théâtre, d'un concert, d'un spectacle.
Répartissez-vous les rôles :
- un animateur,
- un critique qui le/la défend,
- un autre qui au contraire « l'assassine ».

Préparez avec soin vos arguments et présentez votre débat devant la classe. Fixez une durée.

...mais l'art est difficile !

« *C'est l'artiste lui-même qui décide d'attribuer à un objet le statut d'art.* »
Marcel Duchamp

9

Regardez la photo, lisez cette citation et donnez votre avis.

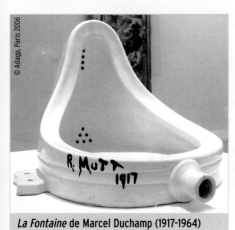

La Fontaine de Marcel Duchamp (1917-1964)

© Adagp, Paris 2006

10

Mettez-vous par groupes de trois et décidez si chacun des exemples suivants est ou n'est pas une forme d'art. Justifiez vos réponses.
- Un enfant réalise une maquette de bateau avec 20 000 petites pièces de bois.
- Le chanteur Julio Iglesias chante une chanson d'amour.
- Grâce à l'ordinateur, on fait un dessin en trois dimensions.
- Un *designer* crée la forme de la bouteille d'eau minérale *Perrier*.
- Un peintre inconnu fait une copie parfaite de *La Dame au chapeau* de Matisse.
- Picasso esquisse un dessin sur une nappe en cinq secondes.
- Un artiste australien a mis au point une sculpture qui se déplie dans l'estomac.

Stratégies pour...
participer à un débat

Présenter le sujet :
- *Nous allons parler, traiter de...*
- *Nous allons commencer par...*

Passer au point suivant :
- *Venons-en* } *au théâtre.*
- *Passons*
- *Il reste à parler de...*
- *Un mot maintenant de...*

Donner la parole :
- *C'est à vous, c'est à votre tour.*
- *Nous allons faire un tour de table ! Clément ?*
- *J'aimerais votre avis, Fabrice.*
- *Qu'en pensez-vous, M. Guérand ?*

Prendre et garder la parole :
- *Je voudrais dire que, si vous me permettez, ...*
- *Attendez, je n'ai pas terminé.*
- *Ne m'interrompez pas tout le temps, je voudrais finir !*
- *Laissez-moi terminer !*

S'opposer à un argument :
- *Je ne suis pas de cet avis...*
- *Pour ma part...*
- *On ne peut pas dire ça !*
- *Ce n'est pas exact ! C'est faux !*
- *Pas du tout !*

Outils *pour...*

1 👁

**a) Lisez ces critiques et associez-les
à une affiche (ou aux deux).**
**b) Indiquez si la critique est positive (+)
ou négative (-).**
**c) Relevez les éléments sujets
à critique :** *les acteurs, ...*

Les acteurs jouent prodigieusement bien !

C'est un spectacle qu'il ne faut absolument pas manquer.

Seul le rôle principal est relativement bien interprété.

La scène est insuffisamment éclairée.

Les spectateurs ont abondamment applaudi.

Les décors ont été savamment fabriqués à partir de rouleaux de papier.

La pièce est extrêmement réjouissante.

Les scènes se succèdent brillamment.

Le metteur en scène a intelligemment dirigé ses acteurs.

Les effets spéciaux sont particulièrement ratés.

L'histoire se traîne lamentablement.

Le scénario a unanimement déçu la critique.

2

Point **Langue** › LES ADVERBES DE MANIÈRE

**a) Observez ces extraits de critiques, relevez les adverbes
et complétez la liste.**
adverbes en -ment : *prodigieusement*, ...
adverbes en -emment : ...
adverbes en -amment : ...

b) Expliquez la formation des adverbes.

**c) Observez la place des adverbes et complétez les
phrases suivantes en indiquant leur place.**
La place de l'adverbe dans la phrase est variable. Il se
place généralement :
- ... le verbe conjugué à un temps simple.
- ... l'auxiliaire et le participe passé à un temps composé.
- ... l'adjectif.

S'EXERCER nᵒˢ1 et 2 Ⓖ

3

Écoutez le dialogue et identifiez
la situation.

4

Réécoutez, complétez le tableau puis
dites quel spectacle choisit Marine.

Titre	Conseillé	Arguments
Da Vinci Code	non	C'est le film le plus mou que j'aie jamais vu et les comédiens sont très mauvais.
...	...	...
...	...	...
...	...	...

5

Réécoutez et relevez les expressions
utilisées par Marine pour montrer
son intérêt ou son désintérêt face aux
suggestions de Sébastien.

6

En une phrase, qualifiez ces films
en utilisant : *le plus, le moins, le seul,
l'unique, le premier, le dernier.*
*Le Titanic, Les Misérables, Amélie
Poulain,* les films de Hitchcock,
James Bond 007, Starwars, E.T. ...

7   Point **Langue**

> ### LE SUBJONCTIF DANS LES RELATIVES

Observez et répondez.
- *Il faudrait quelque chose qui ne **soit** pas trop violent bien sûr, où il y **ait** de belles images, qui **fasse** rêver.*
- *Tu connais un film ou une pièce de théâtre qui **puisse** lui plaire ?*
- *Je connais une pièce qui lui **plaira**.*

Quel mode est utilisé dans ces relatives ? Pourquoi ?

Après certains verbes comme *chercher, désirer, vouloir,*
on utilise le subjonctif quand l'existence de l'objet
désiré ou recherché est incertaine.

> ### LE SUBJONCTIF POUR INSISTER SUR L'EXCEPTION

Observez.
- *C'est le film le plus mou que j'**aie** jamais **vu**.*
- *C'est le seul spectacle qui **soit** au profit d'une association pour de jeunes handicapés.*

Après quelles formes utilise-t-on le subjonctif ?

Après *le plus, le moins, le seul, l'unique, le premier,
le dernier,* le subjonctif (présent ou passé) est utilisé
pour exprimer une opinion subjective et pour souligner
le caractère exceptionnel d'une personne, d'un objet,
d'un lieu.

S'EXERCER n°3

> ## Les adverbes

**1. Complétez ces paroles de spectateurs
en mettant l'adverbe entre parenthèses
à la place qui convient.**
a. Je suis choqué par les critiques.
(totalement)
b. Les films de Luc Besson ?
Je les ai tous vus.
(pratiquement)
c. *Le Grand Bleu* est le film
que je préfère.
(vraiment)
d. C'est le seul acteur qui soit
en accord avec son personnage.
(parfaitement)
e. Ce comédien a tenu son rôle.
(brillamment)

**2. Remplacez les expressions soulignées
par un adverbe.**
a. Ce film évoque <u>de manière très fine</u>
les relations entre frères et sœurs.
b. On attend <u>avec impatience</u>
le prochain film de Chabrol.
c. Pour l'ouverture du Festival
de Cannes, les acteurs ont monté
<u>avec élégance</u> les marches du Palais
des festivals.
d. Les critiques ont jugé <u>de manière
différente</u> le lauréat de la Palme
d'or.
e. Le réalisateur, de nationalité
anglaise, parlait <u>de façon courante</u>
le français.

> ## Le subjonctif dans les relatives

**3. Mettez les verbes entre parenthèses
à la forme qui convient.**
a. Je n'ai trouvé aucun spectacle
qui ... (correspondre) à ses goûts.
b. Je suis à la recherche d'un film
qui ... (pouvoir) plaire à des enfants
de six ans.
c. C'est le seul peintre qui ... (avoir)
autant de succès de son vivant.
d. C'est le meilleur concert
que j'... (entendre) dans cette salle.
e. C'est un des seuls livres sur lequel
je ... (ne pas s'endormir).
f. Ce sont les tableaux les plus
exceptionnels qu'on ... (exposer)
depuis longtemps.

DOSSIER 6

Paroles en scène

Sur tous les tons

1. **Interrogation ou étonnement ?**
Écoutez et répondez.

2. Réécoutez et transformez ces phrases en changeant le ton initial.

Mise en scène

3. Trouvez l'intonation juste pour chaque réplique et jouez la scène extraite du film *Un homme et une femme*.

4. **Œuvre d'art ou arnaque ?**
Vous voulez acheter un tableau ou une sculpture très moderne. Vous le/la montrez à deux de vos amis. L'un est persuadé que c'est une arnaque, l'autre au contraire défend votre choix. Jouez la scène à trois.

> Anne : C'est beau…, hein…, cet homme avec son chien… Regardez… ils ont la même démarche.
>
> Jean-Louis : C'est vrai ? (*Un temps*). Vous avez entendu parler du sculpteur Giacometti ?
>
> Anne : Oh, oui, j'ai trouvé très beau.
>
> Jean-Louis : Vous ne savez pas ? Il a dit une phrase extraordinaire… Il a dit : « Dans un incendie… entre Rembrandt et un chat…, je sauverais le chat. »
>
> Anne : Oui, et même : « Je laisserais partir le chat après. »
>
> Jean-Louis : C'est vrai ?
>
> Anne : Oh ! oui, c'est ça qui est merveilleux justement, non ?
>
> Jean-Louis : Oui, c'est très beau. Ça veut dire : « Entre l'Art et la vie, je choisis la vie. »
>
> Extrait d'*Un homme et une femme*, Claude Lelouch, 1966
> In *Paroles de cinéma* de Max Signorel

Jeu du copiste

Voici deux tableaux sur le thème du repas.
Mettez-vous par deux. Choisissez un tableau. Votre partenaire ne voit pas le tableau et doit en faire une reproduction exacte. Vous répondez à ses questions en donnant un maximum de détails. La copie la plus ressemblante sera récompensée.
Exemple : - *Est-ce qu'il y a une table dans le tableau ?*
- *Oui, il y a une grande table rectangulaire au milieu du tableau.*

Le Déjeuner,
François Boucher

Un repas de Noces à Yport, 1886
Albert Fourié

À vos créations !

Vous allez réaliser un supplément pour le magazine ScenArt sur un artiste de votre choix. Ce supplément comprend une biographie, une interview imaginaire de l'artiste et la critique d'une de ses œuvres.

PRÉPARATION

- Par groupes de deux, choisissez le style du magazine et le ton que vous voulez donner à vos articles.
- Choisissez l'artiste que vous avez envie de découvrir. Vous pouvez choisir un peintre, un chanteur, un musicien, un sculpteur, un metteur en scène, un écrivain français, contemporain ou d'un siècle passé.
- Cherchez toutes les informations dont vous avez besoin pour écrire sa biographie (aidez-vous d'Internet), retenez les éléments essentiels et rédigez-la.
- Rédigez une interview imaginaire (questions et réponses).
- Choisissez une de ses œuvres et faites-en le commentaire critique.
- Proposez quelques pistes pour en savoir plus (sites Internet, ouvrages...).

Présentez votre supplément à la classe qui choisira le plus esthétique, le plus humoristique, le plus décapant.

N°22

10 OCTOBRE 2006

ScenArt
Le magazine de la culture pour tous

Kéthévane Cellard
à la FIAC

La rentrée littéraire
PRIX GONCOURT

Exposition
au Grand Palais
Portraits d'artistes

8,5 €

192208202 06

Peinture - Encre : kcellard.com • Sculpture : P. Fournier / 2006 © Amarantedesign

Autoévaluation

Relisez votre supplément.

Avez-vous :

☐ respecté le ton et le style de votre magazine dans tous les articles ?

☐ sélectionné les éléments marquants de la biographie de l'artiste et rédigé l'essentiel de sa vie ?

☐ rédigé l'entretien en variant le type de questions ?

☐ choisi une œuvre représentative de l'artiste ?

☐ utilisé le lexique approprié pour décrire l'œuvre et faire sa critique ?

☐ donné quelques adresses Internet utiles à tous ?

☐ animé votre page avec quelques photos, reproductions, manuscrits... ?

Compréhension *écrite* (10 points)

JE VAIS BIEN, NE T'EN FAIS PAS

Il y a des films qui frappent par leur justesse, la vérité des personnages et des situations. Le film, *Je vais bien, ne t'en fais pas*, est tiré d'un roman d'Olivier Adam (également coauteur du scénario). Le réalisateur Philippe Lioret parvient à faire surgir une authentique émotion. Ici, rien que du quotidien : une famille comme les autres, classe moyenne, pavillon de banlieue et une grande fille de dix-huit ans, Lili, qu'on vient chercher à la gare routière à la fin des vacances. L'ambiance est un peu lourde, mais c'est justifié plus tard : Loïc, le jumeau de Lili, est parti. Le fils a claqué la porte sans laisser d'adresse après une dispute de trop avec son père. Le chagrin de la perte, la violence de la dépression et, peu à peu, l'apprentissage de la solitude commencent alors pour Lili, sa sœur jumelle.

Ce que raconte le film, à partir d'une anecdote plus complexe qu'elle n'en a l'air, c'est le passage à l'âge adulte ou, plus précisément, l'émancipation nécessaire et douloureuse : les enfants ont grandi, ils jugent leurs parents avec un mélange instable de lucidité et d'amour... Le film *Je vais bien, ne t'en fais* pas aborde ces situations de tous les jours (dans lesquelles les spectateurs – parents ou enfants – n'auront pas de mal à se retrouver) avec une très fine économie de dialogues et une grande capacité à suggérer les sentiments. Les acteurs sont pour beaucoup dans la réussite de ce film faussement simple. Kad Merad et Isabelle Renauld, les parents, se tirent admirablement d'une partition complexe. Les jeunes ne sont pas en reste : Mélanie Laurent réussit à faire passer la grande sagesse de son personnage ; à ses côtés, Julien Boisselier, jusque-là utilisé dans la comédie, sait jouer les prétendants discrets et pleins de bon sens. On y croit.

Aurélien Ferenczi,
Télérama n° 2956, 9 septembre 2006

Lisez l'article puis entourez ou notez votre/vos réponse(s).

1 **Quel est le genre du film**
Je vais bien, ne t'en fais pas **?**
(1 pt)

2 **Quelle étape de la vie**
le réalisateur illustre-t-il ?
(1 pt)

3 **Parmi ces mots, soulignez**
ceux que vous pouvez
attribuer au film selon l'article.
(4 pts)

· Sensible
· Subtil
· Drôle
· Éclatant
· Léger
· Décevant
· Terne
· Crédible
· Joyeux
· Bien joué

4 **Quelle phrase de l'article**
montre que le film plaira
à tous les publics ?   (2 pts)

5 **Relevez une expression du**
texte montrant que l'histoire
est assez compliquée et une
expression montrant que
l'histoire sonne « vrai ».
(2 pts)

 Expression *écrite* (10 points)

Pour un forum sur un site internet, **vous présentez le dernier film ou spectacle que vous avez vu et donnez votre avis**. Vous le recommandez ou vous le déconseillez aux lecteurs du site. (150 mots)

Compréhension *orale* (10 points)

Vous allez entendre une interview. Avant l'écoute, vous aurez quelques secondes pour lire les questions correspondantes. Puis, vous entendrez cette interview deux fois. Vous aurez ensuite quelques secondes pour **noter vos réponses** sur la fiche concernant Elisa.

Prénom : **Elisa**

Activités artistiques : **actrice et chanteuse**

Premiers enregistrements : à l'âge de .... et de .... (1 pt)

Projet immédiat : ....(1 pt)

Qualité principale : ....(1 pt)

Défaut principal : ....(1 pt)

A commencé à apprendre vraiment son métier au ....(1 pt)

La clé de son travail de comédienne :

« *Plus on travaille une scène,* .... » (1 pt)

Ses références au cinéma et en musique : .... (3 pts)

....

Actrice ou chanteuse dans le futur ? ....(1 pt)

 Expression *orale* (10 points)

Présentez, à votre voisin(e) ou professeur(e), un artiste (acteur, chanteur, peintre...) qui vous a marqué(e). **Racontez ce que vous avez vu** (ou entendu) de lui et exprimez les émotions que vous avez ressenties.

Je sauvegarde

DOSSIER 7

Je sauvegarde

B 1

D7

JE SAUVEGARDE

> *"Désormais la solidarité la plus nécessaire est celle de l'ensemble des habitants de la Terre."*
> Albert Jacquard

Alain Souchon

Comme Georges Brassens, Léo Ferré et Jacques Brel, Alain Souchon fait partie des auteurs-compositeurs-interprètes qui ont marqué la chanson française moderne. Depuis *J'ai dix ans*, *Allô maman bobo* et de nombreux autres titres, il témoigne d'une tendre mélancolie, gardant en lui une grande part d'enfance. À 57 ans, Alain Souchon, auteur d'une dizaine d'albums, dont des millions d'exemplaires ont été vendus, continue tranquillement à séduire le public français par sa discrétion et sa gentillesse.

1 **coccinelles :** insectes à ailes orangées ou rouges à points noirs appelés aussi « bêtes à bon Dieu »
2 **roudoudou et berlingot :** bonbons très sucrés appréciés par les enfants dans les années 60
3 **méduses :** animaux, vivant dans la mer, d'apparence transparente et gélatineuse
4 **kiosque à musique :** abri circulaire destiné à recevoir les musiciens d'un concert public en plein air
5 **anisette :** liqueur parfumée préparée avec des graines d'anis
6 **ciment :** matière solide et grise utilisée dans la construction

Dans la nuit, les oiseaux perdent leurs plumes
Au clair de la lune, les avions s'allument
Sur prairies, sur forêts, sur coccinelles[1]
Poussent des cancers cruels
La ville est nouvelle, elle est nouvelle

Le monde change de peau
Sera-t-il laid ou bien beau
Couvert de couleur peinture
Ou de vert nature ?
Le monde change de peau
Roudoudou et berlingot[2]
Sera-t-il doux et sucré
Comme la liberté ?

Qui joue quand les enfants s'amusent
À mettre des pierres, des méduses[3]
Sous leurs pieds ?
Dans les journaux et sur les ondes
On sent qu'un monde vient au monde
Qu'il soit trop tard ou trop tôt
Le monde change de peau
Le monde change de peau

Où sont-ils les p'tits jardins bucoliques
P'tite place de la République
Avec son kiosque à musique[4]
Sous-préfet, sous-préfète et, jours de fête
Saxophones et clarinettes
Ça sent l'amour, l'anisette[5], ça sent l'anisette

Le monde change de peau
Sera-t-il laid ou bien beau
Couvert de couleur peinture
Ou de vert nature ?
Le monde change de peau
Roudoudou et berlingot
Sera-t-il doux et sucré
Comme la liberté ?

Qui s'est caché dans du ciment[6]
Entre toi et le cœur des gens
Fatigués
Comment s'appelle ce nouveau-né
Sorti de ce ventre, étonné ?
Mais, qu'il soit laid ou qu'il soit beau
Le monde change de peau
Le monde change de peau…

Le monde change de peau,
Paroles d'Alain Souchon, musique de Michel Jonasz

© by BMG Music publishing France

> **" *Vivre, c'est bien. Savoir vivre, c'est mieux.* "**
> *Survivre, c'est sans doute le problème des hommes de demain.*
>
> Roger Molinier

> **" *Tant de mains pour transformer ce monde,* "**
> *et si peu de regards pour le contempler.*
>
> Julien Gracq

1 👁
Lisez le texte de la chanson et notez tous les mots qui justifient le titre.

2 👁
Lisez les paroles de la chanson et trouvez tous les mots qui évoquent :
> un monde passé
> un monde moderne

3 👁
Dans la liste suivante, choisissez les mots qui selon vous reflètent le mieux les sentiments exprimés dans la chanson.

☐ la colère   ☐ l'espoir
☐ la solitude   ☐ l'impatience
☐ la curiosité   ☐ la peur
☐ la nostalgie   ☐ l'impuissance

4 ✎
La chanson a été écrite en 1976. Depuis, le monde a changé de peau. Ajoutez un couplet à la chanson pour évoquer le monde d'aujourd'hui.

Les mots *pour...* **Parler de l'écologie**

J'appartiens à une association.
Je m'implique dans la vie locale.
Je me mobilise contre les problèmes d'environnement.
Je milite en tant qu'écocitoyen.

Je tiens compte des étiquettes.
Je privilégie les produits du commerce équitable.
J'opte pour l'achat de produits de saison.
Je diminue ma consommation de viande.

J'évite le gaspillage {
en utilisant des ampoules longue durée.
en lavant ma voiture moi-même.
en ne laissant pas mon ordinateur en veille.
en économisant le papier.
en triant mes détritus.

Je donne une seconde vie à de nombreux objets.
Je réutilise les bouteilles en plastique.
Je porte mes bouteilles en verre au container pour les recycler.

Je préserve la forêt en évitant d'acheter des produits en bois tropical.

Je n'ai pas le réflexe de trier.
Je ne fais pas du tout attention à ma consommation.
Je me sens concerné(e) mais le recyclage est souvent compliqué.

---

ego QUESTIONNAIRE

VOUS ET L'ÉCOLOGIE

Que faites-vous pour ce monde qui change de peau ?

• Appartenez-vous à une organisation de protection de l'environnement ?

• Êtes-vous prêt à lutter pour la sauvegarde du patrimoine de votre pays ?

• Faites-vous des économies d'eau et d'électricité ? Comment ?

• Avez-vous changé vos habitudes alimentaires ? Achetez-vous de la nourriture de préférence non emballée et la plus naturelle possible ?

• Prévoyez-vous votre propre sac quand vous allez au supermarché ?

• Limitez-vous vos transports en avion et en voiture ? Pratiquez-vous le covoiturage ?

• Triez-vous rigoureusement vos déchets ?

• Achetez-vous des produits verts moins nuisibles pour la planète ?

• Donnez-vous les vêtements que vous ne portez plus ?

• Boycottez-vous les objets venant d'animaux ou de plantes menacés ?

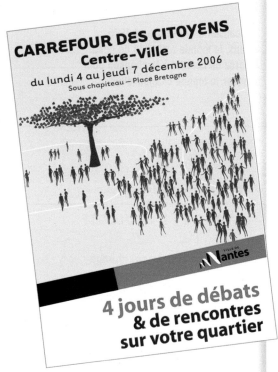

Mon quartier

Gaspard DUNOYER
40 rue du stade - Annecy
Né le 27 janvier 1988 à Liège, Belgique
Étudiant à l'IUT d'aménagement du territoire

> **Lieu et dates du stage :** mairie de Nantes, Pôle développement durable, du 2 au 6 septembre
> **Maître de stage :** M. Joël Pelletier
> **Objectifs du stage :** mise en application d'une démarche participative ; participer à des ateliers sur le développement durable ; faire la synthèse des échanges.

COMPTE RENDU DE STAGE

Pendant ces quatre jours de stage, j'ai participé au Carrefour des citoyens organisé par la municipalité de Nantes. Ces journées de rencontres et de débats, qui permettent aux habitants des quartiers de débattre avec les élus de leur ville, m'ont fait découvrir de nouveaux aspects de la protection de l'environnement qui me seront très utiles dans ma vie professionnelle. J'ai en effet réalisé à quel point il est important de faire participer les habitants à l'amélioration de leur quartier. J'ai aussi acquis une excellente connaissance des moyens actuels pour remédier à la pollution de la ville et améliorer l'environnement urbain.

Au cours de ces journées de rencontres, des sujets très variés concernant la vie du quartier ont été abordés. Les plus importants sont les suivants :
- la conservation du patrimoine,
- le développement des espaces verts,
- la politique du transport dans la ville,
- les pratiques écologiques au sein de la municipalité.

La municipalité, après ces quatre journées de réflexion, s'est engagée à :
- préserver l'historique des quartiers et son petit patrimoine, par la réalisation d'un inventaire,
- poursuivre la création de jardins et de parcs à travers toute la ville de manière à ce que chaque Nantais ait un square à 500 mètres de chez lui doté d'équipements de loisirs,
- encourager auprès des écoles nantaises les déplacements à pied et à vélo ainsi que l'usage des transports publics par les enfants,
- généraliser le tri sélectif dans les bâtiments municipaux et y réduire la consommation de papier.

J'ai pu constater que ces journées de rencontres et de débats permettent un véritable échange entre les habitants et leurs élus. Ces débats débouchent toujours sur des propositions concrètes et réalistes. J'ai apprécié l'atmosphère dans laquelle se sont déroulées ces réunions. Les participants ont fait preuve de beaucoup de créativité pour trouver des solutions et les élus étaient à l'écoute. Il est cependant regrettable que l'ensemble des habitants de la ville ne soit pas régulièrement informé du contenu de ces échanges. J'ai donc suggéré à M. Carlier, responsable de ces journées, de créer une rubrique dans le bulletin municipal qui puisse rendre compte de leur richesse et de leur efficacité.

J'ai trouvé ce stage très profitable, mais je pense que ces quatre jours ont été insuffisants. J'ai regretté en effet de ne pas avoir eu le temps de m'intégrer davantage et d'approfondir mes recherches. Il faudrait envisager une durée de stage d'au moins dix jours.

1

Observez l'affiche et faites des hypothèses.

1. Quel type de manifestation cette affiche présente-t-elle ?
2. À votre avis, qui participe à ces rencontres ?
3. Par qui sont-elles organisées ?
4. Quels thèmes peuvent être abordés pendant ces journées ?

2

Écoutez et vérifiez vos hypothèses.

3

Lisez le compte rendu de stage.

a) Dites quelles informations nous avons sur le stagiaire et sur le stage.

b) Attribuez un de ces titres à chaque paragraphe du compte rendu.
- Thèmes abordés
- Conclusion
- Opinions de Gaspard sur ces journées
- Présentation du stage
- Engagements de la ville
- Apports du stage pour Gaspard

4

a) Cochez les thèmes évoqués dans le compte rendu.
- ☐ la gestion et l'amélioration du patrimoine naturel
- ☐ la pollution des sols
- ☐ la préservation de la qualité de l'air
- ☐ la gestion de l'énergie et la lutte contre le changement climatique
- ☐ la lutte contre le bruit
- ☐ l'amélioration de la gestion des déchets
- ☐ l'amélioration de la propreté
- ☐ la préservation des ressources en eau

b) Relevez :
- › ce que Gaspard a aimé
- › ce qu'il a regretté
- › ce qu'il suggère

5

Quelques mois après ces journées de débat, le comité du quartier se réunit pour faire le bilan. Écoutez les commentaires de cinq habitants et complétez la fiche de synthèse.

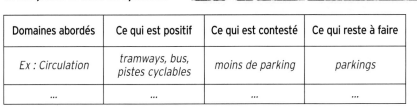

Domaines abordés	Ce qui est positif	Ce qui est contesté	Ce qui reste à faire
Ex : Circulation	tramways, bus, pistes cyclables	moins de parking	parkings
...	...	...	...

6

Réécoutez puis rédigez votre compte rendu de réunion adressé à l'élu responsable.

Stratégies *pour...*
faire un compte rendu ou un rapport de stage

- **Le compte rendu a une fonction :**
- de témoignage : faire une synthèse de ses observations pendant le stage.
- de jugement : il permet d'insérer des commentaires et des propositions.

- **Dans l'en-tête, indiquer le type de compte rendu :**
Compte rendu de stage, compte rendu de mission...

- **Annoncer les objectifs du stage, de la formation ou de la réunion.**

- **Organiser votre rapport selon un plan marquant les différentes parties.**

- **Utiliser *je* ou *nous*.**

- **Dire ce que l'on a appris :**
- *J'ai découvert*
- *J'ai observé* } *que les revendications*
- *J'ai noté* *étaient prises en*
- *J'ai constaté* *considération.*
- *J'ai compris l'importance des comités de quartier.*
- *J'ai acquis une expérience de terrain.*

- **Donner des exemples précis :**
- *Par exemple, ...*
- *Pour donner un exemple, ...*
- *Ainsi, ...*

- **Donner une opinion :**
- *J'ai apprécié l'atmosphère.*
- *Je trouve ces échanges très positifs.*
- *Il est regrettable*
- *Je regrette* } *que le stage n'ait*
- *Je déplore* *duré que quatre jours.*

- **Exprimer une proposition :**
- *Je suggère d'informer les habitants de la ville.*
- *Je propose qu'un bulletin soit mis à la disposition des habitants.*

Outils pour...

1

**Lisez ces commentaires extraits
d'un forum consacré à l'environnement
et associez chaque message aux thèmes
écologiques suivants.**

1. protection de la nature : message B
2. préservation des espèces
3. usage de produits non polluants
4. propreté de l'air
5. économie d'eau

Pour avoir moins de pollution, il faudra que les hommes soient plus raisonnables. Ils devront limiter leur usage de la voiture. On diminuera l'effet de serre et comme ça on aura peut-être réussi à limiter la dégradation de la couche d'ozone d'ici quelques années.

> **message A**

On n'utiliserait plus de pesticides, on replanterait des arbres dans les forêts, on ne cueillerait plus les fleurs rares dans la nature... On peut toujours rêver !

> **message B**

J'ai entendu dire que dans un ou deux ans, l'élevage représenterait 70 % de la consommation d'eau en France, en particulier à cause des plantations de maïs, grand consommateur d'eau, qui sont destinées à nourrir les bêtes ! Diminuons notre consommation de viande. C'est ce qu'on aurait dû faire depuis longtemps !

> **message C**

La planète verrait disparaître entre 50 000 et 100 000 espèces (animaux, végétaux, insectes, poissons...) chaque année. Ce chiffre serait deux fois plus élevé que ce qu'on avait estimé, il y a quatre ans. Et on ne fait toujours rien ???? Je suis sûr qu'on aurait pu éviter cette situation.

> **message D**

J'aimerais utiliser des crèmes et des produits de toilette nocifs ni pour moi ni pour la planète... mais je n'y connais rien. J'ai trouvé sur le web des marques de cosmétiques bio mais je les achèterai quand j'aurai reçu votre avis sur leur efficacité. Pourriez-vous m'informer rapidement ?

> **message E**

2 Point **Langue**

> LE FUTUR

a) Dites dans quel témoignage, on trouve :
- le futur simple : *message a, ...*
- un fait futur, antérieur à un autre fait futur : ...

b) Rappelez la règle de formation du futur simple.

c) Observez cette phrase et répondez.

Je les achèterai $\left\{ \begin{array}{l} quand \\ une\ fois\ que \\ dès\ que \end{array} \right\}$ *j'aurai reçu votre avis sur leur efficacité.*

Comment se forme le futur antérieur ? À quoi sert-il ?

S'EXERCER nᵒˢ1 et 2

> LE CONDITIONNEL PRÉSENT ET PASSÉ

a) Dites dans quel témoignage, on trouve :
- un souhait : ...
- des paroles rapportées : ...
- une demande polie : ...
- un reproche : ...
- une situation imaginaire : ...
- un regret : ...
- des informations non confirmées : ...
Quel est le mode utilisé ?

b) Rappelez la règle de formation du conditionnel présent.

c) Relisez les messages et complétez la liste des bases des verbes irréguliers au futur et au conditionnel.

viendr-	voudr-	...
tiendr-	verr-	...
ser-	enverr-	...
saur-	recevr-	...

d) Relisez les messages C et D et dites comment se forme le conditionnel passé.

S'EXERCER nᵒ 2

3

Écoutez et, à l'aide de l'intonation, dites ce que chaque phrase exprime :

- un désir : nᵒ...
- une information non confirmée : nᵒ...
- une demande polie : nᵒ...
- une suggestion atténuée : nᵒ...
- un regret : nᵒ...
- des prédictions : nᵒ...
- un reproche : nᵒ...

FAIRE DES HYPOTHÈSES

4 🔊

Écoutez Amandine et Léo puis répondez.

1. De quel(s) problème(s) écologique(s) Amandine parle-t-elle ?
   - ☐ le retraitement des déchets
   - ☐ les gaz à effet de serre
   - ☐ la disparition d'espèces
   - ☐ la diminution des ressources naturelles
   - ☐ le réchauffement climatique
   - ☐ la consommation d'eau
2. Quelle est l'attitude adoptée par Léo ? Quelles hypothèses fait-il sur les deux problèmes évoqués par Amandine ?

6 🔊

Par petits groupes, trouvez une ou deux conséquences positives liées à des problèmes écologiques.

5 Point **Langue** › Faire des hypothèses

a) Réécoutez et complétez les phrases.

1. Tu sais que **si** ça … comme ça, il n'y … plus de gros singes sur la planète.
2. **Si** nous … moins, nous … notre forêt et les singes ne … pas chassés de leur habitat.
3. (…) **si** les dinosaures … , les mammifères se … moins … et leurs espèces ne … pas si variées. Et peut-être même que les singes … .
4. **Si** tu ne me … pas, … cet article.
5. (…) **si** on … le pétrole, on n'en … pas là !
6. Oui, mais **si** le prix du pétrole n'… pas autant … , on … les énergies renouvelables et propres et ça … vraiment dommage !

b) Observez le tableau suivant et attribuez chaque phrase de l'activité a) à un des cas présentés.

*Exemple : **Si** + présent, + présent → phrase 3*

HYPOTHÈSE PROBABLE *(cela arrivera peut-être)*	
sur le présent	**sur le futur**
Si + présent, + présent	***Si*** + présent, + futur
HYPOTHÈSE IRRÉELLE	
sur le présent	**sur le passé**
Si + imparfait (+ conditionnel présent / + conditionnel passé	***Si*** + plus que parfait (+ conditionnel présent / + conditionnel passé

S'EXERCER nᵒˢ3 et 4 ↻

> Futur et futur antérieur

1. Mettez les verbes entre parenthèses au futur ou au futur antérieur.

a. Une fois que les agriculteurs … (comprendre) que les pesticides sont nocifs pour la nature et qu'ils en … (utiliser) moins, les animaux sauvages … (retrouver) un habitat.

b. Les plages … (être) plus propres dès que tous les touristes … (prendre conscience) qu'enterrer les déchets dans le sable n'est pas du tout écologique.

c. Quand les citoyens … (mesurer) l'importance de leurs gestes quotidiens pour l'environnement, ils … (faire) des économies d'énergie, ils … (gaspiller) moins et la Terre … (être) plus propre.

d. C'est vrai, le monde … (aller) mieux dès qu'on … (résoudre) tous ces problèmes écologiques !

> Futur, conditionnel présent et conditionnel passé

2. Mettez les verbes entre parenthèses à la forme qui convient.

a. Conseil : Les voitures polluent, vous … (devoir) rouler à vélo !

b. Regret : Nos ressources en pétrole ont beaucoup diminué, il … (falloir) commencer à faire des économies il y a trente ans.

c. Prédictions : Pour faire face aux besoins d'énergie, on … (soutenir) le développement de l'énergie renouvelable. Dans dix ans, le nombre des éoliennes … (doubler).

d. Information non confirmée : 70 % des Français … (investir) dans des énergies renouvelables, mais seulement 50 % … (réduire) leur consommation.

e. Reproche : Les pouvoirs politiques … (devoir) se préoccuper plus tôt de la préservation de l'environnement !

> Faire des hypothèses

3. Mettez les verbes entre parenthèses à la forme qui convient.

a. Si les hommes … (être) plus conscients des risques de la planète, l'avenir … (être) plus rose.

b. Si le parti des Verts … (faire) des propositions plus réalistes, les Français … (voter) pour eux aux dernières élections !

c. Si tu … (vouloir) sauver la planète, … (faire) attention à tes gestes quotidiens.

d. Vous prenez encore la voiture ! Si vous … (prendre) les transports en commun, vous … (polluer) moins la ville !

e. Si on … (savoir), on … (ne pas gaspiller) autant d'énergie ces dernières années.

4. À vous ! Faites deux hypothèses avec *si* à propos de notre environnement.

113
cent treize
Dossier 7

Aimeriez-vous **vivre à Bedzed** ?

Toutes les "bonnes actions" ne se valent pas ! **En matière d'écoattitude, nous sommes bombardés de conseils :** *Éteignez la lumière ! Jardinez ! Triez !* Difficile de faire le tri justement entre les bonnes actions et les gestes inutiles, voire mauvais.

Le premier réflexe « vert » est d'utiliser son bon sens... C'est à nous d'arrêter l'escalade comme le fait l'architecte Bill Dunster, créateur d'un quartier « propre » à Londres, le premier écovillage européen. Les 100 logements et les 1 600 m² de bureau, la crèche et le magasin sont conçus à 90 % avec des matériaux naturels, renouvelables ou recyclés venus de moins de 50 km à la ronde. Grâce aux énergies renouvelables (solaire et bois), Bedzed est un modèle d'économie. Le cinquième de l'eau vient du recyclage de l'eau consommée.

Chaque logement, exposé plein sud, possède une serre qui capte la lumière et la chaleur et où des panneaux produisent de l'électricité. Un jardinet fait face à la serre. Une centrale alimentée par des résidus forestiers produit l'électricité et l'eau chaude sanitaire.

La nourriture est livrée chaque jour par 200 producteurs locaux, d'où une économie d'emballages et une alimentation moins coûteuse et plus saine.

La présence de l'automobile a été réduite de moitié. On encourage l'usage partagé des véhicules. Sur le parking, des bornes permettent de recharger gratuitement les voitures électriques. À Bedzed, l'empreinte écologique* est deux fois moindre que dans celle d'un quartier traditionnel.

*Empreinte écologique : mesure qui évalue l'impact négatif que l'homme exerce sur la nature par son activité.

Ça m'intéresse, janvier 2006

1

Relevez, pour chaque domaine suivant, les innovations du village de Bedzed.
- Construction
- Alimentation
- Habitation
- Transports

2

Échangez.
- Habiteriez-vous à Bedzed ? Pourquoi ?
- Connaissez-vous d'autres initiatives « pour arrêter l'escalade » dans votre pays ? Qu'en pensez-vous ?

Faut-il réintégrer **les ours dans les Pyrénées** ?

Cinq ours venant de Slovénie ont été lâchés dans les Pyrénées pour perpétuer l'espèce des ours bruns disparue des Pyrénées centrales dans les années 1980. Depuis l'introduction du premier ours, les affrontements entre « pro- » et « anti- » ours se sont multipliés.

3

a) Lisez le chapeau ci-dessus et expliquez pourquoi on a lâché des ours slovènes dans les Pyrénées.

b) Par groupes de trois, imaginez trois arguments en faveur de la réintégration de l'ours et trois arguments contre.

4

Écoutez les différents points de vue des habitants de la région et dites qui est partisan et qui est opposant à la réintroduction des ours.

5

Réécouter et associez chacun des arguments suivants à un des habitants interrogés.

a. L'ours slovène n'est pas dangereux pour les moutons.

b. Le problème de la réintégration de l'ours n'est pas primordial.

c. Les chasseurs et les promoteurs vont gagner.

d. La disparition de l'ours est une conséquence naturelle qu'il faut accepter.

e. Les bergers risquent de perdre leur travail.

f. Il faut préserver la biodiversité.

g. Il faudrait donner une aide aux bergers.

6

Mettez-vous par groupes de quatre et dites de quel point de vue vous vous sentez le/la plus proche.

7

Échangez.
Y a-t-il des initiatives similaires pour la sauvegarde des espèces dans votre pays, ou pour un autre problème lié à l'environnement ? Pensez-vous qu'elles soient efficaces ?

POINT INFO

Les Sommets de la Terre

Les Sommets de la Terre sont des rencontres entre dirigeants mondiaux ayant lieu tous les dix ans. Elles constituent une occasion pour se pencher sur l'état de l'environnement de la planète et pour définir les moyens de stimuler le développement durable au niveau mondial.

Le premier Sommet de la Terre s'est tenu en 1972 à Stockholm en Suède. Il a placé pour la première fois les questions écologiques au rang de préoccupations internationales.

Le Sommet de Rio de Janeiro en 1992 a donné le coup d'envoi à un programme ambitieux de lutte mondiale contre les changements climatiques, pour la protection de la biodiversité et l'élimination des produits toxiques dangereux. Il a abouti à la signature de la Déclaration de Rio.

Le Sommet de 2002 à Johannesburg en Afrique du Sud a complété le programme lancé lors du Sommet de Rio ; il était axé autour du développement durable.

Rendez-vous ALTERculturel

Kirsten nous parle de l'écologie en Allemagne. Écoutez-la et répondez.

1. Quelles sont les deux grandes sources d'énergies nouvelles présentées par Kirsten ?

2. En quoi l'état allemand participe-t-il à leur développement ?

3. Quels autres éléments montrent que l'Allemagne est un pays vert ?

1. Il est interdit d'utiliser des pesticides.

2. Les fouilles sont strictement interdites.

3. On ne doit pas introduire de chiens, de chevaux ou n'importe quel autre animal, sauf les animaux utilisés pour la chasse.

4. La construction de maisons, ou de baraques est formellement interdite sauf pour le contrôle de la chasse et de la pêche.

5. Il est défendu de coller des affiches.

6. L'utilisation de transistors ou de haut-parleurs est défendue.

7. Interdiction formelle d'abandonner déchets et détritus.

8. La circulation et le stationnement des véhicules motorisés ne sont autorisés que sur les chemins publics.

INTERDIRE

1 ◉

Lisez le règlement et faites des hypothèses.
1. Où peut-on trouver ce règlement ?
2. À qui s'adresse-t-il ?

2 ◉

Relisez et dites quelles interdictions concernent plus particulièrement :
> le respect du silence
> le respect de la terre
> le respect du paysage
> le respect de l'air
> le respect de la nature

3 ◉

Soulignez les expressions qui servent à interdire ou à défendre et noter leur construction.
Exemple : Il est interdit de + infinitif

POINT INFO DURÉE DE VIE DES OBJETS

ticket de métro
2 à 4 semaines

peau de banane
moins de 1 an

chaussette en laine
1 an

morceau de bois naturel
1 à 4 ans

papier de bonbon
2 à 5 ans

morceau de bois peint
13 ans

couvercle en acier
100 ans

emballage en aluminium
200 à 400 ans

emballage plastique
450 ans

Les mots *pour...*

Interdire

Il est (formellement) interdit de + *infinitif.*

Il est défendu de + *infinitif.*

Défense (absolue) de + *infinitif.*

Interdiction de + *infinitif.*

On ne doit pas + *infinitif.*

Il ne faut pas + *infinitif.*

L'utilisation des transistors est (strictement) interdite, défendue...

Les voitures ne sont autorisées que...

S'EXERCER nᵒˢ1 et 2 Ⓖ

SUBSTITUER AVEC LES PRONOMS *Y* ET *EN*

4

Faites le test puis comparez vos réponses avec votre voisin(e).

TEST

Êtes-vous un futur candidat vert ?

Les pluies acides ?
☐ Je m'en moque.
☐ J'y pense parfois.
☐ Je n'en ai jamais entendu parler.

Les comités de quartier ?
☐ Je n'y vais jamais.
☐ J'y participe de temps en temps.

Comment protéger les espèces en voie de disparition ?
☐ Je n'y pense jamais.
☐ Il faut en parler davantage.

Les problèmes d'environnement ?
☐ On en fait toute une montagne.
☐ Il faut y consacrer plus d'argent.

La réintroduction des ours dans les Pyrénées ?
☐ J'y tiens beaucoup.
☐ Je ne m'y intéresse pas.

Château de Chenonceau France

5 | Point **Langue**

> ### LES PRONOMS *Y* ET *EN*

a) Dans les réponses du test, soulignez les pronoms *y* et *en*. Remplacez-les comme dans l'exemple.
Exemple : Je m'en moque. → Je me moque des pluies acides.

b) Complétez.
- Quand le verbe se construit avec la préposition **à**, le pronom est … .
- Quand le verbe se construit avec la préposition **de**, le pronom est … .
- Complétez la liste des verbes qui se construisent avec **à** : *s'intéresser à, …, …, …*
- Complétez la liste des verbes qui se construisent avec **de** : *se moquer de, …, …, …*

c) Cochez les bonnes réponses et répondez.
- **y** remplace :
☐ un lieu   ☐ quelque chose
☐ quelqu'un   ☐ une idée
- **en** remplace :
☐ un lieu   ☐ quelque chose
☐ quelqu'un   ☐ une idée

Quelle est la place des pronoms *y* et *en* dans la phrase ?

S'EXERCER n°3

> ## Les pronoms *y* et *en*

3. Répondez aux questions posées à un stagiaire de mairie en utilisant le verbe de la question.

a. – Qu'est-ce que vous pensez des nouveaux aménagements de la ville ?
  – *J'en pense beaucoup de bien.*
b. – Est-ce que vous avez dit du bien de notre ville dans votre compte rendu ?
  – Bien sûr, …
c. – Vous êtes favorable à la construction d'un parc touristique ?
  – Oui, …
d. – Vous avez entendu parler de l'éléphant de Nantes ?
  – Non, …

e. – Vous vous êtes occupé de votre rapport ?
  – Oui, …
f. – Vous avez passé combien de temps à le rédiger ?
  – … trois heures.
g. – Est-ce que vous vous souvenez du nombre de participants aux Rencontres de quartier ?
  – Non, …
h. – Est-ce que vous reviendrez dans notre ville ?
  – Bien sûr, … avec plaisir.

> ## Interdire

1. Faites un règlement pour les lieux représentés sur les photos.

2. Écrivez trois interdictions que vous voudriez voir affichées dans votre pays.

Paroles en scène

Sur tous les tons

1. Écoutez les phrases et barrez les mots et les lettres que vous n'entendez pas. Avec votre voisin(e), imaginez une situation. Faites un mini dialogue (avec deux de ces répliques). Jouez-les en soignant l'intonation.

1. Y a qu'à le dire, faut pas avoir peur !
2. Il faut qu'on fasse plus attention !
3. Tu n'as qu'à le faire, toi !
4. On n'a qu'à lui téléphoner, on en aura le cœur net !
5. Hé bien, il n'y a plus qu'à trouver une solution !
6. Ils n'avaient qu'à nous prévenir, c'est de leur faute !
7. Il faut qu'on soit plus vigilant !
8. Il ne faut pas se laisser faire, na !
9. Vous n'aviez qu'à me le donner, je l'aurais pris !

Mise en scène

2. Lisez cet extrait de *Les Poupées russes* de Cédric Klapisch. Préparez la scène. Répétez-la à deux et jouez-la devant vos camarades. Pensez à trouver la bonne intonation pour chaque réplique.

3. On en discute.
L'office de tourisme d'une petite ville des Pyrénées propose deux nouvelles activités pour les touristes :
- des randonnées dans la montagne pour aller sur la trace des ours,
- la visite d'un grand marché de produits régionaux.
Pour en discuter, le directeur de l'office du tourisme réunit un(e) habitant(e) écologiste, un(e) représentant(e) des commerçants et un chasseur. Ils ne sont pas d'accord. Répartissez-vous les rôles et jouez la scène.

Martine revient de la chambre de Lucas, pimpante. Xavier fait la tête en faisant la vaisselle.

Xavier : C'était bien Rio ?

Martine : C'était génial ! Tu te rends compte qu'il y avait 216 pays représentés, tous les continents, le Tibet, le Chili, le Montenegro, le … le … Mali. C'est super émouvant d'assister à ça, t'as vraiment l'impression de faire partie de la planète quand tu vois ça…

Xavier *(se tournant vers elle)* : Et alors, vous vous êtes tous mis d'accord ? Vous avez réussi à sauver le monde qui court à sa perte là ?

Martine : Tu peux te foutre de la gueule de ça, mais c'est un fait qu'aujourd'hui la mondialisation, elle fabrique pas que du progrès et que c'est important de s'unir pour lutter contre des catastrophes qui peuvent très vite devenir inéluctables pour le destin de la planète.

Xavier : C'est impressionnant, t'as bien appris ton texte là…

Martine : Mais qu'est-ce que t'as, pourquoi t'es énervé ?

Xavier : Parce que, pendant que tu vas sauver le monde, moi je garde ton fils et que moi, je…

Martine : Moi je suis pas comme toi, j'ai envie de… de… je sais pas… j'ai envie de servir à quelque chose sur cette planète… Pas juste de bouffer les fruits qui poussent au-dessus de ma tête là, sur les arbres. Toi, t'es un parasite, t'es tranquille dans ton hamac à raconter tes petites histoires à la con… T'as raison bouge rien surtout, ça a l'air de te satisfaire…

Xavier va prendre ses affaires et fait mine de partir calmement…

Cédric Klapisch, *Les Poupées russe*

Jeu de la chasse au gaspillage

Votre voyage aux Bahamas a tourné à la tragédie. Votre avion en flammes s'est posé en pleine mer et a coulé. Vous êtes quelques survivants sur un canot de sauvetage. Il fuit légèrement et coule progressivement. Il faut absolument alléger le canot si vous voulez atteindre l'île déserte visible à quelques kilomètres.

Voici l'inventaire des objets du canot :

- 20 litres d'eau potable
- la caisse contenant 500 euros
- du fil de nylon et des hameçons
- une boîte de 50 préservatifs
- deux bouteilles de whisky dont l'une est entamée
- un briquet en or
- un coffret de maquillage avec une glace et des pinceaux
- un parachute sans mode d'emploi

- une arme sans munitions
- le livret de pilotage de l'avion (500 pages)
- une boîte de cigares
- un paquet de cinq kilos de riz

Individuellement, classez ces objets par ordre décroissant de nécessité. Puis, mettez-vous en petits groupes et décidez des six objets que vous allez jeter.

À vos créations !

Vous allez réaliser un jeu de l'oie pour sensibiliser les enfants à la sauvegarde de l'environnement.

PRÉPARATION

- Réunissez le matériel pour fabriquer le jeu (cartes, plateau de jeu...).
- Apprenez les mots pour jouer.
- Choisissez les domaines de l'écologie que vous allez aborder : gestes quotidiens, animaux, alimentation...
- Préparez les questions que vous allez poser pour chaque case et les pénalités que vous allez donner si on ne trouve pas la bonne réponse. Vous pouvez alterner le style de questions.

  Exemples :

  1. Combien de temps met une chaussette en laine pour se détruire ?
  - *6 mois.*
  - *1 an.*
  - *5 ans.*

  2. Citez 2 espèces en voie de disparition.

  3. Il y a des ours dans les Pyrénées. Vrai ou Faux ?

  Utilisez les connaissances que vous avez acquises dans ce dossier sur l'environnement.
- Rédigez la règle du jeu.
- Pensez à une ou deux récompenses pour les gagnants !

Échangez vos jeux et testez-les en y jouant !

Les mots *pour...*	Jouer
Lancer le dé.	Sauter plusieurs cases.
Relancer le dé,	Passer son tour.
rejouer si c'est un 6.	Aller en prison.
Avancer, reculer son pion.	

Autoévaluation

Avez-vous :

- ☐ mis sur pied les règles de votre jeu avant de le construire, en utilisant les mots pour défendre et interdire ?
- ☐ préparé une question par case adaptée à un public d'enfants ? Varié leur style et trouvé quelques situations hypothétiques au futur ou au conditionnel ?
- ☐ varié la structure des questions ?
- ☐ pensé à laisser des cases sur le tableau de jeu avec le symbole de votre choix pour les pénalités : allez en prison, retournez à la case départ... ?
- ☐ préparé les pénalités que vous allez donner si on ne trouve pas la bonne réponse ?
- ☐ réuni tous les accessoires nécessaires pour le jeu (dés, pions, cartes pour écrire les questions...) ?
- ☐ animé votre jeu avec des dessins ou des images ?

Compréhension *écrite* (10 points)

Depuis plusieurs années maintenant, le projet de construction d'une éolienne de démonstration dans la ville de La Rochelle tente désespérément de voir le jour.

Ce qui devait être un magnifique projet porteur d'une dynamique forte envers les énergies renouvelables, initié à l'université avec de nombreux étudiants, porté par des bénévoles pendant des années puis par des petits actionnaires qui se sont rassemblés partout en France, risque de se terminer très bientôt si rien n'est fait et si une véritable mobilisation citoyenne n'a pas lieu.

Ce projet consiste en une éolienne unique, de 65 mètres de hauteur, située à proximité de la côte, dans une zone industrielle, et comportant à 60 mètres de hauteur une plate-forme accessible au public amené à découvrir un panorama unique sur les îles, les ports et la ville de La Rochelle. L'énergie sera suffisante pour alimenter en électricité tout le port de pêche et la zone industrielle voisine.

Associé à cette machine, un bâtiment ouvert au public et aux groupes scolaires sera dédié aux énergies renouvelables, à la maîtrise de l'énergie et au développement durable. Des spécialistes et des associations pourront renseigner le public… Des activités de formation et de recherche y sont aussi envisagées…

Ce projet, repoussé une première fois du littoral, a été maintes fois réadapté pour répondre aux exigences imposées. Récemment, après plus d'un an d'études sur un site propice, la priorité du terrain a été donnée à d'autres, notamment en faveur de l'installation d'une ferme aquacole délocalisée de l'île de Ré pour cause de pollution et d'atteinte à l'environnement.

La population ne s'y trompe pas. Les Rochelais et plus particulièrement les comités de quartier concernés se sont montrés extrêmement favorables au projet. Ils s'interrogent sur les raisons pour lesquelles les choses n'avancent pas. Le maire réaffirme une fois de plus son soutien total.

L'association Vent citoyen

Lisez l'article puis entourez ou notez votre/vos réponse(s).

1 Ce texte est écrit pour (1 pt)
A. protester contre un projet.
B. sensibiliser les habitants.
C. dénoncer le désintérêt de la mairie.

2 Dans quel domaine de l'écologie ce projet s'inscrit-il ? (1 pt)

3 Quels sont les deux projets de construction ? (2 pts)

4 Quelles phrases du texte montrent que ce projet a aussi (2 pts)
- un objectif touristique ?
- un objectif pédagogique ?

5 Relevez une expression du texte indiquant que ce projet a évolué. (1 pt)

6 Citez une expression du texte montrant que les habitants sont d'accord avec le projet. (1 pt)

7 Citez la phrase du texte montrant que les élus adhèrent au projet. (1 pt)

8 Quel événement récent a retardé une nouvelle fois le projet ? (1 pt)

 ## Expression *écrite* (10 points)

Les loisirs motorisés se multiplient et envahissent les espaces naturels de votre région : 4x4, quads, motos, jet-skis… **Vous écrivez une lettre à la municipalité pour vous plaindre.** Vous décrivez la situation, vous exprimez les regrets des habitants de votre région puis vous donnez des conseils pour développer d'autres sortes de loisirs et vous suggérez quelques interdictions.

Compréhension *orale* (10 points)

Vous allez entendre une interview radiodiffusée. Avant de l'écouter, vous aurez quelques secondes pour lire les questions correspondantes. Puis, vous l'entendrez deux fois. Vous aurez ensuite quelques secondes pour **compléter les notes du journaliste**.

NOTES DU JOURNALISTE

- Style de la maison : ....(1 pt)
- Qualités : lumineuse, économe en énergie, ... et ....(2 pts)
- Surface et prix : .... (2 pts)
- Matériaux utilisés : tous d'origine .... (1 pt)
- Économie d'énergie électrique grâce à l'orientation et à .... de la maison .... (1 pt)
- Économie de l'eau grâce à des limitateurs de débit et à .... (1 pt)
- Les deux pays les plus avancés : .... et ....(1 pt)
- HQE signifie : ....(1 pt)

Expression *orale* (10 points)

Présentez à votre voisin(e) de classe ou à votre professeur(e) un projet écologique controversé par les habitants de votre pays. **Expliquez** votre position par rapport à ce projet.

je plaide

DOSSIER 8

Je plaide

B 1 > B 2

JE PLAIDE

Qui n'entend qu'une cloche n'entend qu'un son."

Georges Simenon

Georges Simenon, écrivain belge né en 1903 à Liège et mort à Lausanne en 1989, est l'auteur de nombreux romans policiers ayant pour héros le commissaire Maigret. Homme « ordinaire », Maigret applique une méthode de proximité psychologique : il essaie de comprendre les atmosphères et les modes de vie pour pénétrer l'âme des coupables et découvrir leurs mobiles les plus secrets.

Résumé

Un clochard est retrouvé assassiné dans le quartier des Halles, à Paris, dans une maison abandonnée où il vivait, semble-t-il, depuis longtemps. Bien que clochard, il a les cheveux et les mains très soignés. Il a été assassiné dans son sommeil d'une balle en plein cœur. Comment avoir des informations sur ce mort mystérieux ? Comment retrouver d'éventuels témoins ? Maigret va soumettre des propositions de pistes au juge.

"*Selon que vous serez puissant ou misérable, les jugements de Cour vous rendront blanc ou noir.*"

La Fontaine

À deux heures et demie, Maigret frappait à la porte du juge d'instruction[1]. Dans le long couloir, des gens attendaient sur tous les bancs, certains entre deux gendarmes, quelques-uns les menottes[2] aux poignets. Il régnait un silence de couvent[3].

- Entrez...

Le cabinet du juge Cassure se trouvait dans la partie des bâtiments qui n'avait pas encore été modernisée et on aurait pu se croire dans un roman de Balzac. [...] Le bureau tailladé était peint en noir et les dossiers s'entassaient à même le plancher dans un coin de la pièce. Le greffier[4] paraissait être là depuis le siècle dernier.

- Asseyez-vous, Maigret...

D'habitude, Maigret se méfiait des jeunes magistrats[5], bourrés de théories qu'ils venaient d'assimiler et qu'ils tenaient à mettre tout de suite en pratique. Cassure leur ressemblait extérieurement. C'était un grand garçon mince et souple, habillé de façon parfaite, qui sentait encore un peu l'école.

- Vous avez la réputation, Maigret, d'aller partout sur place, d'interroger les concierges dans leur loge, les artisans dans leur atelier, les ménagères dans leur cuisine ou leur salle à manger...

- C'est vrai.

- Cela ne nous est pas permis à nous. La tradition nous confine[6] dans notre cabinet [...].

Il souriait avec une pointe de nostalgie. [...]

- Je suppose que, si vous avez demandé à me voir, c'est que vous avez des nouvelles à m'apprendre...

- J'aimerais vous mettre au courant de la marche de l'enquête, oui...

- D'habitude, la police attend le dernier moment pour prendre contact avec nous, à moins qu'elle n'ait besoin d'un mandat de dépôt[7]... Je vous remercie de me tenir au courant. Si je comprends bien, l'enquête a des chances d'être longue...

- À moins d'un coup de chance, d'un hasard...

Georges Simenon, *Maigret et l'homme tout seul*,
Presses de la Cité, 1971

---

1 **Juge d'instruction** : il supervise l'enquête de police et constitue le dossier pour le tribunal
2 **Menottes** : bracelets métalliques mis aux poignets des prisonniers
3 **Couvent** : monastère de religieuses

4 **Greffier** : fonctionnaire chargé de noter et de conserver les interrogatoires, les actes et les débats
5 **Magistrats** : les juges d'instruction, juges qui traitent les affaires au tribunal et les procureurs. Ils ont une fonction

déléguée par l'État pour rendre la justice.
6 **Confiner** : enfermer
7 **Mandat de dépôt** : lettre officielle pour retenir un suspect en prison

> *L'amour de la justice n'est pour la plupart des hommes que la crainte de souffrir l'injustice.*
>
> La Rochefoucauld

1

Lisez le texte et répondez.

1. Où se passe l'action ?
2. Quelles sont les fonctions des deux personnages en présence ? Qui est le plus important socialement et hiérarchiquement ? Justifiez.

2 👁

Relisez le texte et cochez.

1. Quelle est l'atmosphère du bureau du juge ?
   - ☐ confortable   ☐ intime
   - ☐ désordonnée   ☐ vieillotte
   - ☐ inquiétante
2. Quelle est l'attitude du juge à l'égard du policier ?
   - ☐ bienveillante   ☐ reconnaissante
   - ☐ familière   ☐ sévère
3. Quelle est l'attitude du policier à l'égard du juge ?
   - ☐ amicale   ☐ hostile
   - ☐ confiante   ☐ réservée

3 👁 ☺

Relisez le résumé. Si vous étiez Maigret, comment mèneriez-vous l'enquête ? Quelles pistes de recherches proposeriez-vous ?

4 ✎ 🌐

Connaissez-vous un enquêteur célèbre dans votre pays (en littérature, au cinéma, à la télévision) ? Par écrit, faites son portrait et décrivez ses méthodes d'investigation.

Les mots *pour...* | Parler de la justice

La victime a subi un dommage.

Le(la) plaignant(e) :
- a été victime d'une agression, d'un vol, d'une escroquerie...
- a porté plainte au commissariat de police, à la gendarmerie.
- a poursuivi l'affaire en justice, au tribunal.
- a dénoncé le(s) coupable(s), le(s) agresseur(s).

Les témoins :
- ont relaté, rapporté les faits.
- ont apporté leur témoignage sur...

Le(la) contrevenant(e) :
- reconnaît les faits, avoue.
- conteste les faits qui lui sont reprochés.
- nie ce qu'on lui reproche, sa responsabilité.
- a des circonstances atténuantes.
- n'a rien à se reprocher.
- est innocent(e), responsable, coupable.

---

*ego*TEST

VOUS ET LA LOI : SERIEZ-VOUS UN BON JUGE ?

Mettez-vous par groupes de trois et étudiez ensemble les cas proposés.
Décidez collectivement de la peine à appliquer pour chaque cas.

Ces cas sont réels, il s'agit de « contraventions » (première sorte de délits) jugées par un tribunal de police qui n'a pas le pouvoir de prononcer des peines de prison mais qui peut seulement condamner à des amendes ou à des peines accessoires (retrait de permis de conduire, par exemple).
Vous avez le choix entre quatre condamnations :
- A- Une amende allant de 1 à 1 500 euros.
- B- Une amende avec sursis (le contrevenant ne la paie pas sauf s'il commet une nouvelle infraction dans les deux ans).
- C- Une peine accessoire.
- D- Une relaxe (non culpabilité) pure et simple.

CAS N°1 :
Plaignant : Mademoiselle J., 26 ans, locataire dans un petit immeuble, vit tranquillement jusqu'à l'arrivée d'un nouveau locataire du dessus. Il fait la fête tous les soirs avec des amis jusqu'à une heure avancée. Elle dit avoir parlé avec lui plusieurs fois, elle s'est fait injurier et elle a décidé de porter plainte.

Contrevenant : Le jeune homme est poursuivi au tribunal pour tapage nocturne. Il explique qu'il ne connaissait pas la plupart des gens qui venaient chez lui et qu'il n'est donc pas responsable de ce qu'ils faisaient. Il promet de ne plus organiser de soirées pour ne plus importuner les voisins.
Votre décision : A – B – C – D

CAS N°2 :
Plaignant : Le temps de faire une course rapide chez un commerçant, Madame H. s'est garée en double-file. À son retour, un homme, visiblement bloqué par sa voiture, crie et l'insulte. Elle se prépare à partir sans répondre lorsque l'homme s'approche de son véhicule, arrache un essuie-glace et l'antenne radio. Elle note le numéro de la voiture.

Contrevenant : L'automobiliste est poursuivi pour dégradation d'un bien appartenant à autrui. Il affirme qu'il a attendu une demi-heure et que, de plus, quand elle est arrivée, Madame H. a été agressive avec lui. Pas de témoins.
Votre décision : A – B – C – D

D'après *Réponse à tout*, juin 1997

Décisions du tribunal : 1. B ; 2. C (paiement des réparations).

La justice dans

a Un fromager acquitté

Un fromager de 54 ans a été acquitté par la cour d'appel. Il avait été condamné en 2004 à 30 ans de réclusion par la cour d'assises des Alpes-Maritimes pour un triple assassinat.

Le Monde, 1er juin 2006

b **Braquage** à Harfleur

Mardi matin, deux malfaiteurs ont tenté de braquer un magasin de bricolage. Le coffre-fort n'a pas cédé. L'un d'eux a pris la fuite, l'autre a été interpellé. La police du Havre poursuit son enquête.

Le Progrès de Normandie, 1er juin 2006

c Escroquerie à la carte bancaire : 54 départements touchés

20 suspects ont été interpellés, dont 14 ont été mis en examen après leur garde à vue. 5 ont été incarcérés.

Le Figaro, 2 juin 2006

d **Condamné à 20 ans dans l'affaire de la josacine empoisonnée...** DUPERROIS EST LIBRE !

Incarcéré depuis 1994, l'ancien chef d'entreprise avait été condamné en 1997 à 20 ans de réclusion criminelle pour l'empoisonnement, le 11 juin 1994, de la petite Émilie.

Le Progrès de Normandie, 31 mai 2006

1

Lisez les titres et les chapeaux suivants. Classez les affaires évoquées en deux catégories.

Crime : *d*, ...   Délit : ...

2

Relisez les chapeaux et associez.

1.
être incarcéré · · être jugé innocent
être condamné · · être considéré comme suspect
être interpellé · · être arrêté par la police
être acquitté · · être mis en prison
être mis en examen · · être jugé coupable

2.
la garde à vue · · une recherche des faits
une enquête · · un enfermement
une réclusion criminelle · · la demande d'une deuxième décision
faire appel· · le maintien d'une personne au commissariat

3

Échangez.

Lisez-vous des faits de justice dans la presse ou regardez-vous à la télévision des émissions qui traitent de procès, de cas non élucidés ou de décisions de justice ? Expliquez pourquoi cela vous intéresse ou non et racontez le dernier fait divers qui vous a frappé(e).

POINT INFO

La justice en France

Plus de 32500 décisions de justice sont prises chaque jour en matière pénale, aboutissant à environ 2700 condamnations quotidiennes.

70 % des Français considèrent que le fonctionnement de la justice n'est pas satisfaisant en particulier en ce qui concerne les sanctions prononcées contre les délinquants ; ils estiment les peines insuffisantes ou mal appliquées.
Mais, par ailleurs, la majorité des Français (59 %) attendent d'abord une justice équitable garantissant l'égalité de tous devant la loi, loin devant la demande de sanction des coupables (39 %) ou la protection des libertés et les réparations pour les victimes (10 %).

Les mots *pour...* **Comprendre les faits de justice**

La police interpelle et appréhende les suspects, conduit les interrogatoires pendant la garde à vue.

Le juge d'instruction décide une mise en examen, prononce un « non-lieu », instruit pour le tribunal, demande l'incarcération, la mise en détention provisoire, la mise en liberté conditionnelle.

La cour présente, analyse et juge les faits au procès (avec un jury populaire pour les crimes en cour d'assises), énonce la peine, le jugement, le verdict.

Les experts et les témoins se présentent à la barre.

L'accusation accuse, fait un réquisitoire.

La défense plaide, fait une plaidoirie.

Le prévenu, l'inculpé, l'accusé est acquitté ou condamné à une amende, une peine de prison ferme ou avec sursis, la réclusion criminelle.

tous ses états

4

a) Écoutez cet échange et identifiez la situation.

b) Réécoutez et relevez les trois pièces nécessaires pour pouvoir conduire une voiture en France.

5

Échangez.

Que pensez-vous du comportement de l'automobiliste dans le dialogue ? Dans votre pays, quels papiers sont nécessaires pour conduire un véhicule ?

6

Lisez la lettre.

a) Identifiez l'expéditeur, le destinataire et le motif de la lettre.

b) Repérez les passages où Xavier Préval :

> explique son cas
> fait un commentaire personnel
> présente l'objet de sa lettre
> formule sa demande

Xavier PRÉVAL
25 rue Jean Jaurès
80000 Amiens

Monsieur le commissaire de police
Chef de la circonscription d'Amiens
Place des Victoires 80000 Amiens

Amiens, le 4 octobre 2006

Objet : révision de procès-verbal

Monsieur le Commissaire,
Je me permets de vous adresser ce courrier pour demander une révision de procès verbal. Il m'a été reproché à tort de ne pas avoir apposé sur mon véhicule le certificat de l'assurance.
En effet, lors d'un contrôle routier, il m'a été signalé que le certificat n'était pas très visible ; il était cependant à sa place sur le pare-brise de mon véhicule et j'ai été très surpris, alors que j'étais en règle, de recevoir un procès-verbal sans en avoir été averti par le fonctionnaire de police.
Je conteste formellement cette contravention et j'ajouterai qu'en tant que citoyen, je suis profondément choqué de ce procédé et réclame la possibilité pour chacun de faire valoir ses droits.
Je m'en remets donc à votre bienveillance pour prendre en considération ma demande et y répondre favorablement.

Recevez, Monsieur le Commissaire, mes salutations distinguées.

P.J. : copie du procès-verbal.

7

Vous avez reçu une injonction à payer 46 euros à la SNCF (20 euros d'amende + 26 euros de frais de dossier). En effet, dans le train, vous aviez oublié de composter votre billet et vous n'aviez pas d'argent, ni aucun autre moyen de paiement, pour régler directement l'amende au contrôleur. Vous contestez les frais de dossier et vous écrivez au directeur de la SNCF pour expliquer votre cas.

Stratégies *pour...*
écrire une lettre de contestation

Présentation :
- En haut à gauche : l'expéditeur (nom, adresse...).
- En haut à droite : le destinataire avec son nom et/ou son titre.
  Monsieur Plantain, député-maire
  Madame la directrice
- Au-dessous, à gauche : préciser l'objet de la lettre.
- Au-dessous, à gauche ou au centre :
  Monsieur le directeur,
  Monsieur le commissaire,

Reformuler l'objet du courrier :
- *Suite à notre conversation téléphonique, je vous fais parvenir ce courrier pour...*
- *Après réception de votre lettre recommandée, je me permets de faire appel à vous afin de...*
- *Je me permets d'attirer votre attention sur...*

Expliquer son cas :
- *J'ai reçu un procès-verbal, une mise en demeure de payer...*
- *J'ai reçu un avis de passage d'huissier...*
- *J'ai été pénalisé(e) parce que...*

Se justifier :
- *Je n'avais pas été informé(e)...*
- *J'ai envoyé tous les justificatifs...*
- *J'ai respecté les délais...*

Faire sa demande :
- *Je sollicite votre aide, votre compréhension, votre bienveillance pour...*
- *Je m'en remets à vous pour...*

Terminer avec une formule de politesse en rappelant le titre de l'interlocuteur :
- *Recevez, Monsieur le député-maire, mes salutations distinguées...*
- *Veuillez croire, Madame la directrice, en l'expression de mes sentiments distingués...*

La signature est toujours manuscrite.

S'il faut ajouter des pièces complémentaires, on les signale en fin de courrier avec la mention P.J. (pièces jointes).

Outils pour...

EXPRIMER DES DOUTES ET DES CERTITUDES

22 ANS APRÈS L'ASSASSINAT DU PETIT GRÉGORY, FRANCE 3 PROPOSE UN FEUILLETON EN 6 ÉPISODES CONSTRUIT COMME UNE RÉFLEXION SUR LES DÉRIVES DE LA SOCIÉTÉ : JOURNALISTES, GENDARMES, POLICIERS, MAGISTRATS, COMMENTATEURS SONT REPLACÉS DANS LE CONTEXTE DE CE DRAME JAMAIS ÉLUCIDÉ. FALLAIT-IL RESSORTIR CETTE AFFAIRE ALORS QUE LES PARENTS ET LA PLUPART DES TÉMOINS SONT ENCORE VIVANTS ?

Catherine V. (Eure)	› Personnellement, je trouve que c'est très choquant. Ce n'est pas une si vieille histoire et la plupart des protagonistes vivent encore. Je doute que ça puisse les aider à oublier...
François B. (Paris)	› Il me semble que c'est une très bonne idée, je suis sûr que ça permettra de se poser des questions sur la médiatisation excessive des faits divers.
Valérie (Bordeaux)	› Moi, ça m'intéresse, mais je ne suis pas certaine que ça fasse plaisir à tout le monde, surtout à certains journalistes ou écrivains. Ils étaient tellement convaincus qu'ils connaissaient la vérité !
Jean-Louis (Ardèche)	› Croyez-vous vraiment que ça puisse apporter quelque chose de nouveau ? L'affaire est classée, je crois que les parents de cet enfant ont refait leur vie. Alors, à quoi bon ?
Alain (Vosges)	› Je pense que les parents ont donné leur accord et, dans ce cas, après tout c'est leur problème. C'est peu probable que la chaîne n'ait pas demandé leur autorisation... Vous croyez qu'on leur a donné de l'argent ?

1

Lisez la question du forum. Dites quel est le sujet du débat et ce que vous en pensez.

2

Lisez les différentes opinions et dites qui est plutôt pour ou plutôt contre la diffusion du feuilleton.

4

Échangez en petits groupes.
Que pensez-vous du fait de retransmettre à la télévision des procès pendant leur déroulement ? Cela se fait-il dans votre pays ?

3 Point **Langue**

› EXPRESSION DE L'OPINION : LA CERTITUDE ET LE DOUTE

a) Relevez les formules qui expriment une opinion certaine.
Exemple : Je trouve que c'est très choquant...

b) Relevez les formules qui expriment le doute, l'incertitude.
Exemple : Je ne suis pas certain que ça fasse plaisir...

c) Complétez la règle.
- Je pense que, il me semble que + ...
- Je doute que + ...
- Je ne crois pas, je ne pense pas, croyez-vous que + ... ou ...

Le degré de doute ou de certitude est donné par le mode (subjonctif ou indicatif) du verbe dans la subordonnée.

Attention !
Des verbes comme *j'imagine, je suppose, je me doute* sont utilisés avec l'indicatif parce qu'ils expriment une opinion quasi certaine.
*Exemple : **Je suppose/J'imagine** que les protagonistes veulent oublier cette histoire.*

Attention !
Ne pas confondre *douter* et *se douter*.
*Exemples : **Je doute** qu'on sache un jour la vérité. = Je ne pense pas qu'on sache un jour la vérité.*
***Je me doutais** que tout le monde le savait. = J'étais à peu près sûr(e) que tout le monde le savait.*

S'EXERCER n° 1

MOI, J'AIME BIEN LES AVOCATS !

5

Écoutez ces échanges entre des avocats et leurs clients et notez le numéro correspondant à chaque problème.

1. Divorce : n°...
2. Irresponsabilité du fils : n°...
3. Pension alimentaire : n°...
4. Indemnités de licenciement : n°...

6 Point **Langue** › LA DOUBLE PRONOMINALISATION

a) Réécoutez et, pour chaque intervention, dites à quoi se réfèrent les pronoms utilisés.

a. Je **la lui** ai réclamée.
  → J'ai réclamé la pension à mon mari.

b. Il ne **m'en** a jamais payé un centime.

c. Je **les lui** laisse.

d. Il doit **me les** payer.

e. Je **le lui** avais bien dit.

f. On **lui en** a beaucoup parlé.

b) Relisez les exemples, retrouvez l'ordre des pronoms dans la phrase et donnez les combinaisons possibles (en vous aidant des bulles ci-dessous).

Exemple : 2-3 → *Je la lui ai réclamée.*

(1) me / te / nous / vous

(2) le / la / l' / les

(3) lui / leur

(4) en / y

Attention !
2-4 est seulement possible quand y est complément de lieu.
*Exemple : Au commissariat ! Je **les y** emmène tout de suite !*

Attention !
À l'impératif affirmatif, la combinaison 1-2 change.
Exemples :
*Vous **me le** dites.* → *Dites-**le moi**.*
*Tu **nous le** montres.* → *Montre-**le nous**.*

S'EXERCER n°2 et 3 🄖

› LES PRONOMS NEUTRES

Réécoutez et relevez les phrases où le pronom remplace une proposition ou un infinitif, puis répondez.
*Exemple : Je vais **le** faire.* → *Je vais poursuivre mon employeur au tribunal.*
Quels sont les pronoms qui peuvent remplacer une proposition ou un infinitif ?

> Exprimer des certitudes et des doutes

1. Indicatif ou subjonctif ? Mettez les verbes entre parenthèses au mode qui convient.

a. C'est certain que le public ... (vouloir) des émissions sur les affaires de justice.

b. Moi, je doute que ça ... (servir) à quelque chose.

c. Certaines personnes considèrent que la télévision ... (devoir) seulement informer.

d. 60 % des téléspectateurs doutent qu'une fiction ... (pouvoir) restituer une réalité.

e. Les sondés jugent que la vérité dans certaines affaires ne ... (être) jamais connue. Et vous, croyez-vous que la vérité ... (pouvoir) venir d'une émission de télévision ?

> Utiliser des pronoms

2. Complétez ce rapport de police avec les pronoms appropriés.

« Le témoin affirme qu'il a vu les cambrioleurs dans l'appartement de la victime. Il dit qu'il ... a vus de sa fenêtre et que le propriétaire qui rentrait ... avait surpris en plein travail. Alors, l'un des deux hommes ... a montré son arme et il ... ... a posée sur le front. Le témoin n'a pas pu observer l'arme ni ... décrire parce qu'il dit avoir eu très peur. Il a quitté la fenêtre et ... a appelés immédiatement. Il assure cependant qu'il peut décrire les agresseurs et il ... ... a donné un signalement précis. Il est certain de pouvoir ... reconnaître lors d'une confrontation. Nous ... avons proposé de ... faire dès l'arrestation des malfaiteurs. »

3. Répondez aux questions comme dans l'exemple.

Exemple :
  - Le plaignant vous a apporté son justificatif de domicile ?
  - Non, il ne me l'a pas apporté.

a. - L'avocat t'a montré le dossier du procès ?
  - Non, ...

b. - Vous nous avez réclamé le procès-verbal ?
  - Oui, ...

c. - Mademoiselle, avez-vous porté les pièces à conviction au juge ?
  - Non, ...

d. - Tu m'as envoyé la copie de ta lettre ?
  - Oui, ...

DOSSIER 8

S'EXERCER

Expérience de juré

Les jurés — 1ᵉ assesseur — Le président — 2ᵉ assesseur — Les jurés

La cour — 16h15 — 2 février 2004

Madame l'avocat général

Le procès de Maurice Papon s'est tenu d'octobre 1997 à avril 1998. L'accusé, préfet de la Gironde pendant l'Occupation, était jugé pour « crime contre l'humanité ».

POINT INFO

Qui sont les jurés en France ?

En France, le jury d'assises a été institué en 1791. Les jurés sont tirés au sort une première fois par les mairies sur les listes électorales. Un second tirage est effectué dans chaque département chaque année. Un troisième tirage au sort a lieu par la cour d'assises un mois avant la session : 40 jurés titulaires et 12 jurés suppléants sont choisis. Sauf motif grave, on ne peut pas refuser sa participation. Pendant la session, le président du tribunal tire au sort les 9 jurés (12 en cas d'appel) qui peuvent être récusés par les avocats de la défense ou de l'accusation.

1

Observez le dessin et lisez la légende.
Avez-vous entendu parler de ce procès ?

2

Écoutez et identifiez la situation
(Qui ? Quoi ? ...).

3

Réécoutez plusieurs fois.
a) **Répondez aux questions**.
1. De quel tribunal s'agit-il ?
2. Combien de jurés y a-t-il dans cette cour ?
3. Combien de temps a duré le procès ?
4. Comment sont choisis les jurés ?
b) **Retrouvez les sentiments du juré à chacun des moments du procès.**
indifférence, inquiétude, intérêt, malaise, satisfaction, soulagement, timidité
1. à l'arrivée dans la salle
2. pendant les audiences
3. au moment du verdict

4

Échangez.
- Y a-t-il des jurés dans les procès dans votre pays ? Si vous savez comment ils sont choisis et combien ils sont, faites-en part à la classe.
- Connaissez-vous des personnes qui ont été jurés dans un procès ? Quelle a été leur réaction ?
- Aimeriez-vous être juré ? Pourquoi ?

Marie-Antoinette :
coupable ou non-coupable ?

Le 16 octobre 1793, Marie-Antoinette a été guillotinée pour « intelligence avec l'ennemi et conspiration contre la sûreté de l'État ».

Biographie de Marie-Antoinette

1. En 1770 :
   a. Elle s'est mariée avec le dauphin de France pour assurer le pouvoir de l'Autriche.
   b. Elle a été mariée à 14 ans, influencée par une mère autoritaire qui était dévouée aux intérêts de l'Autriche.

2. En 1774 :
   a. Elle devient reine de France et affirme son pouvoir sur la cour qui la déteste.
   b. Devenue reine à la mort de Louis XV, elle fait des dépenses extravagantes.

3. En 1778, à la naissance de son premier enfant :
   a. Elle a une relation amoureuse avec un diplomate suédois, le comte Fersen.
   b. Elle tombe amoureuse de Fersen, qui lui sera fidèle jusqu'à la mort.

4. En 1789, c'est la Révolution :
   a. Elle refuse de quitter Versailles et s'oppose à l'établissement d'une constitution.
   b. Elle a peur. Menacée, elle cherche à rester dans son environnement familier.

5. 1789-1790 :
   a. Emprisonnée aux Tuileries, elle cherche à rejoindre sa famille devenue ennemie de la France révolutionnaire.
   b. Détenue aux Tuileries, elle entretient une correspondance avec l'Autriche et l'Espagne pour obtenir une intervention militaire contre la France révolutionnaire.

6. En 1791 :
   a. Elle organise avec Fersen une fuite vers l'Autriche, conclue par une arrestation à la frontière.
   b. Devant les menaces de plus en plus précises, elle cherche à faire fuir la famille royale.

7. En 1792, à la prison du Temple :
   a. Une correspondance personnelle de Louis XVI avec la famille de sa femme à qui il demande de l'aide est découverte.
   b. La correspondance accablante de Louis XVI avec les ennemis de la France conduit au procès en 1792 et contribue à sa décapitation en janvier 1793.

8. En 1793 :
   a. Incarcérée à la Conciergerie, Marie-Antoinette prépare différentes tentatives d'évasion.
   b. Seule, séparée de ses enfants, maltraitée, Marie-Antoinette n'espère que l'évasion pour sauver sa vie.

5 👁

Lisez les éléments biographiques suivants. Pour chaque événement de la vie de Marie-Antoinette, deux points de vue sont exprimés. Dites quel est celui de l'accusation et celui de la défense puis, justifiez votre choix.
Exemple : 1. a. Accusation
           b. Défense

6 👁

Individuellement, évaluez par une note de 0 à 10 le degré de culpabilité de Marie-Antoinette. Puis mettez-vous en groupes et négociez une note commune.

Rendez-vous
ALTER*culturel*

Écoutez Michael parler de la justice en Grande-Bretagne et répondez.

1. Quelle est pour Michael la plus grande différence entre la France et la Grande-Bretagne dans la procédure d'accusation ?

2. Que faut-il en Grande-Bretagne pour inculper un individu ?

3. Quel exemple donne-t-il ?

SITUER DES ÉVÉNEMENTS DANS UN RÉCIT

Outils *pour...*

LE MIROIR DE L'HISTOIRE : LES DERNIERS JOURS DE MARIE-ANTOINETTE
- ... 1793 : les troupes françaises se battent aux frontières de l'Est contre les troupes royalistes. Procès de la reine emprisonnée à la Conciergerie.
- ... octobre : désignation des avocats de Marie-Antoinette.
- ... : les deux jours d'audience du procès, la condamnation de la reine.
- ... : exécution de la reine. M.-A. se tient très droite et rejette en montant sur l'échafaud le bonnet de femme du peuple qu'on l'obligeait à porter.
- ... : désespoir de Fersen dans sa correspondance.
- ... : exécution de Robespierre et des grands leaders de la Terreur, accusateurs de Louis XVI et de Marie-Antoinette.

1 ☺

Prenez connaissance des notes du journaliste responsable de l'émission le *Miroir de l'Histoire*. De quel événement va-t-il être question ?

2 ☺ ☺

a) Écoutez l'émission et notez les dates qui manquent dans les notes du journaliste.

b) Réécoutez et relevez les expressions correspondantes.

Exemple :

en ce moment	à ce moment-là
hier	...
aujourd'hui	...
demain	...
dans trois jours	...
l'année prochaine	...

3 ☺

Souvenez-vous !
Une personnalité très célèbre de votre pays a eu un destin dramatique. Racontez les circonstances de cet événement.

Les mots *pour...*

Situer des événements dans un récit

Avant :
la veille, l'avant-veille, trois jours/mois/ans plus tôt ;
les jours, mois, années précédent(e)s ;
précédemment, antérieurement, plus tôt.

Maintenant :
ce jour-là, cette année-là, à ce moment-là.

Après :
le lendemain, le surlendemain, cinq jours/mois/heures plus tard,
les années suivantes,
ultérieurement, plus tard.

S'EXERCER n°1 ⊙

FAIRE UNE DÉMONSTRATION

Le commissaire avait réuni ses collaborateurs et répondait à leur curiosité.
- Mais pourquoi, patron, avez-vous soupçonné l'infirmière Legrand du meurtre de Madame Saint-Marin ?
- En premier lieu, j'ai soupçonné le mari, comme vous tous. Mais finalement il m'a convaincu et j'ai fait confiance à son histoire. Par ailleurs, il avait un alibi, ne l'oubliez pas ! Alors, j'ai commencé à avoir des doutes sur le témoignage de l'infirmière Legrand. D'abord parce qu'elle avait caché son entrevue de la veille avec la victime, ensuite parce qu'elle avait la possibilité de se procurer le poison, enfin parce qu'elle est beaucoup plus sportive qu'elle ne paraît et elle avait donc pu se rendre à la clinique en cinq minutes. D'ailleurs, la simulation d'incendie que j'ai fait faire l'a prouvé. D'autre part, j'ai découvert qu'elle avait une procuration sur le compte en banque de Madame Saint-Marin ! C'est ainsi que j'ai compris ce qui s'était passé !
- Au bout du compte, on s'était tous plantés, sauf vous, patron !
- Élémentaire, mon cher Dupuis...

ÉLÉMENTAIRE MON CHER WATSON !

4

Lisez cet extrait de roman policier et dites à quel moment du récit intervient ce passage. Justifiez.
- L'exposition des faits.
- Le milieu de l'intrigue.
- Le dénouement.

5

Relisez le texte et notez les mots qui permettent de :
> présenter des faits dans l'ordre
> ajouter une information
> conclure la démonstration

Les mots *pour...*

Faire une démonstration	Le roman policier (le polar)
Présenter des faits dans l'ordre : En premier lieu, (tout) d'abord, premièrement. Alors, ensuite, (et) puis. Enfin, finalement, au bout du compte, en fin de compte, pour finir.	**L'intrigue** du roman policier comporte : - un crime (passionnel, violent, prémédité ou non), - une victime, des suspects, un enquêteur, - des témoins, des familiers, un entourage, un passé,
Ajouter une information : D'ailleurs, par ailleurs, d'autre part, de plus, d'un autre côté.	- des indices, des empreintes, - un alibi, - une arme, un lieu du crime, un mobile,
Présenter deux faits équivalents : D'une part... d'autre part... D'un côté... de l'autre (côté)...	- un assassin, un(e) criminel(le), un(e) coupable, - une enquête, des preuves.
Conclure le raisonnement : Voilà pourquoi/comment... C'est ainsi que..., donc...	
S'EXERCER n°2	S'EXERCER n°3

DOSSIER 8

S'EXERCER

> Situer des événements

1. À partir de ces notes, rédigez un fait divers. Remplacez les expressions soulignées par des marqueurs de temps.

Lundi 15 avril : le propriétaire d'une Renault 30 a constaté la disparition de son véhicule, garé devant chez lui le dimanche soir. La voiture avait été vérifiée par le garagiste le 13 avril et le compteur marquait 10 000 kilomètres. Le même jour, 15 avril, il dépose plainte au commissariat.

16 avril : pas de nouvelles.

17 avril : le véhicule est retrouvé dans une rue voisine. Le compteur marque 15 000 kilomètres !

Enquête jusqu'au 20 avril... mystère du chemin parcouru par le voleur du dimanche soir jusqu'à la découverte de la voiture.

Au mois de mai, le propriétaire est interné dans un hôpital psychiatrique pour pertes répétées de mémoire.

En décembre, le tribunal de police le condamne à un retrait définitif du permis de conduire.

> Raisonner

2. Complétez le texte avec les articulateurs qui conviennent : *de plus, alors, finalement (x 2), premièrement, ensuite, en second lieu, d'abord.*

Pour résoudre l'énigme, j'ai ... observé tous les indices. ... , j'ai éliminé les personnes dont l'emploi du temps était indiscutable et ... il ne restait que deux suspects possibles : Monsieur ou Madame Plessis. Mon choix s'est porté sur l'homme pour deux raisons : ... parce que son imperméable était humide (il pleuvait ce soir-là), ... parce que le coup avait été porté avec une grande force. ... Madame Plessis ne connaissait pas les habitudes de la victime au contraire de son mari. Voilà comment j'ai reconstitué les faits.

J'ai ... interrogé de nouveau Monsieur Plessis qui a ... avoué sa culpabilité.

> Le lexique du polar

3. Complétez le texte avec les mots qui conviennent.

- Qu'est-ce que vous pensez, chef ?
- Valmont semble le ... idéal : nous avons ses ... très nettes sur l'... ; il avait besoin d'argent, c'est un sérieux ... et son ... est invérifiable car il prétend qu'il se promenait au clair de lune. Bref, tout est là pour le désigner comme ...
- Alors, on l'interpelle ?
- Mon cher Dupuis, trop, c'est trop. Valmont n'est pas un imbécile. Vous croyez qu'il aurait laissé autant d'... s'il était vraiment coupable ? On a même retrouvé son mouchoir ! Il aurait pu facilement effacer ses ... , par exemple. Pourquoi ne l'a-t-il pas fait ?
- Peut-être qu'il était pressé ? Il a perdu la tête ?
- Ceci n'est pas un ... commis sous l'impulsion du moment. Il a été bien préparé et c'est clair que c'était un acte ...
- Alors, chef ?
- Alors, Dupuis, on continue l'... .

Sur tous les tons

Paroles en scène

1 . L'interrogatoire.

Écoutez l'interrogatoire et notez, pour chaque réplique, le sentiment exprimé : curiosité, énervement, surprise, satisfaction, colère, désespoir, indifférence, inquiétude.

- Où étiez-vous entre 11h et midi mardi dernier ?
- À la boulangerie, j'achetais du pain.
- Vous avez mis une heure pour acheter une baguette ?
- J'ai un peu parlé avec la boulangère, on se connaît.
- Ah ! Eh bien elle ne s'en souvient pas du tout !
- Elle ne s'en souvient pas ?
- Non, alors je répète : où étiez-vous mardi dernier entre 11h et midi ?
- Mais je vous assure que je bavardais avec Madame Martin, même si elle ne s'en souvient pas ! !
- Ce n'est pas la peine d'insister !
- Mais je vous assure, j'étais à la boulangerie, À – LA – BOU – LAN – GE – RIE !

2 . Répétez chaque réplique avec le ton approprié.

Mise en scène

3 . Lisez et jouez cet extrait du scénario de *Garde à vue* de Claude Miller.

4 . Le jugement dernier.
Une personnalité connue est jugée en arrivant au « ciel ».
Faites, avec toute la classe, une liste de personnalités (du spectacle, du sport…) connues de tous et dont le comportement peut (ou a pu) prêter à polémique ou à scandale. Notez les noms sur des petits papiers que vous mettez de côté.
Mettez-vous par quatre et déterminez votre rôle à chacun (Saint-Pierre, le procureur-accusateur, l'avocat de la défense, l'accusé qui pioche alors son « identité »). Établissez le motif d'accusation, les preuves, les arguments de la défense, les explications de l'accusé, les questions posées par le « juge » Saint-Pierre. Jouez vos rôles. Le juge énonce le verdict que la classe peut approuver ou discuter en vue d'un appel possible.

La scène se passe dans les locaux d'un commissariat d'une grande ville de province, le bureau de l'inspecteur Galien.

Galien *met ses lunettes et consulte le dossier ouvert* : Dites-moi, c'est avant ou après la visite à votre sœur que vous êtes allé dans ce fameux bistrot ?

Martinaud : Après. J'avais trouvé Jeannine amaigrie, très fatiguée, j'étais bouleversé. Je suis allé boire un verre et je n'ai pas fait attention, j'ai garé ma voiture au mauvais endroit.

Galien : Et au mauvais moment… (*silence*) Et vous êtes resté combien de temps dans ce bistrot ?

Martinaud (*énervé*) : J'ai pas fait attention… à peine une heure…

Galien : Et après ?

Martinaud : Après je suis retourné chez ma sœur.

Galien : Directement ?

Martinaud: Presque.

Galien : Presque, hmm… hmm… […] Mais vous avez d'abord fait un tour du côté du phare.

Martinaud (*un peu inquiet*) : Oui, en effet, oui, j'ai fait un saut jusqu'au phare. […]

Galien : Et vous êtes passé par la plage ?

Martinaud : Ben, oui, ça me paraît évident.

Galien (*menaçant*) : Et ce qui est moins évident c'est le corps de Pauline Valera, Maître, et celui qui a fait ça est forcément passé par la plage…

Martinaud (*en colère*) : Pourquoi dites-vous « celui qui a fait ça », « le coupable », « l'assassin »… ? Donnez-lui un nom à ce fantôme ! Dites « Maître Martinaud, notaire », puisque vous en êtes persuadé !

Galien (*calme*) : Pas tout à fait, Maître, pas tout à fait… C'est pour ça que vous êtes encore là, d'ailleurs…

Extrait du scénario de *Garde à vue* de Claude Miller, 1981, dialogues de Michel Audiard

Jeu de la charade du polar

Par deux, choisissez le nom d'un enquêteur célèbre ou d'un auteur connu de romans ou de films policiers. Découpez le nom en syllabes et trouvez une définition pour chaque syllabe afin de construire une « charade ». Les autres doivent trouver le nom caché.
Exemple :
Mon premier est un petit mot exprimant la condition en français.
Mon deuxième est le cri de la vache du dossier 4.
Mon troisième est le contraire de oui.
Mon tout est le père du commissaire Maigret (si- meuh- non).

8 À vos créations !

Vous écrivez une scène de scénario de téléfilm policier.
Il s'agit de la scène qui révèle le(les) coupable(s).

PRÉPARATION

- Construisez l'intrigue : le crime, la victime, les circonstances, le lieu, l'arme, l'heure, le mobile, les indices, les témoins, les différents suspects, le coupable.
- Rappelez comment les événements se sont déroulés : dans leur chronologie et leur développement.
- Construisez le personnage de l'enquêteur : un(e) policier(ère), un(e) détective privé(e), un(e) juge d'instruction ou autre... (sexe, âge, personnalité, vie privée, comportement...).
- Trouvez un titre à votre téléfilm.
- Votre épisode se passe dans un lieu spécifique (locaux de la police, maison du crime ou autre lieu). Précisez le décor, les personnes en présence, leurs attitudes, leurs réactions.
- Préparez la scène. Dans cette scène, tous les éléments du mystère sont élucidés (quand, comment, pourquoi... et qui).

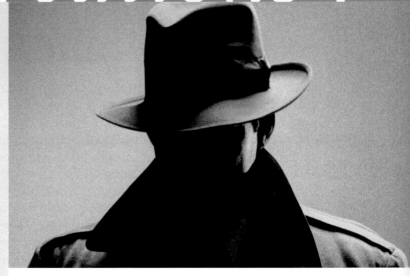

RÉALISATION

- Rédigez, pour votre public, le résumé des événements importants des épisodes précédents.
- Pour aider le réalisateur, prévoyez d'écrire en deux couleurs :
  - une couleur pour les indications d'images, pour le décor, les déplacements, les notes de mise en scène (exemple : gros-plan sur le visage de X..., Y en colère..., Z va au bout de la pièce et regarde les fleurs..., image d'une arme, retour en arrière sur le moment du crime...).
  - l'autre couleur pour le texte des dialogues entre les personnages.
- Écrivez votre scène et présentez-la à la classe qui décernera le prix de la scène la plus noire, la plus originale, la plus drôle.

Autoévaluation

Avez-vous :

☐ construit une intrigue cohérente ?
☐ construit des personnages crédibles ?
☐ utilisé les temps corrects du passé et les articulateurs chronologiques appropriés pour le résumé ?
☐ présenté un résumé clair et concis des épisodes précédents : tout le monde a-t-il pu comprendre ce qui s'était passé ?
☐ pensé à développer un raisonnement logique pour élucider les mystères ?
☐ donné suffisamment d'indications scéniques pour que l'on puisse visualiser la scène ?
☐ évité les répétitions en utilisant des pronoms de substitution ?
☐ choisi le vocabulaire approprié au roman policier ?

Compréhension *écrite* (10 points)

Les animaux du divorce

Mozart était du genre attachant. La justice de l'Allier a pu s'en rendre compte, surtout quand elle a dû décider du sort de ce petit chien au centre d'une bataille entre ses anciens maîtres qui, au moment de leur séparation, réclamaient tous les deux sa garde. On s'est sérieusement disputé dans la salle d'audience, d'autant plus qu'après un premier jugement favorable à monsieur, la cour d'appel a attribué Mozart à la dame. Motif : tous les témoignages convergeaient pour dire que le chien était un cadeau du mari à la femme et le mari lui-même en convenait.

Avec la place importante des animaux domestiques dans la société – 52 % des foyers français en possèdent un – c'est au tour des chiens, chats, poissons rouges et autres bêtes d'être des objets de conflit. Au Royaume-Uni, une étude menée en février 2005 montrait que 39 % de propriétaires d'animaux étaient prêts à se lancer dans une bataille judiciaire pour obtenir la garde de leur favori. En France, c'est une tendance qui commence à encombrer les dossiers de la justice. Lors des procédures de divorce, les tribunaux ont à connaître des demandes grandissantes relatives à la garde de l'animal. « Il y a une quinzaine d'années, un monsieur d'un certain âge m'a demandé de plaider la garde alternée d'un chat, se souvient maître Franck Méjean. J'ai éclaté de rire, mais je l'ai fait. Il a été décidé que l'animal passerait une semaine chez le mari, une semaine chez la femme. »

En droit français, l'animal est considéré comme un « bien meuble », c'est-à-dire qu'il appartient théoriquement à celui qui l'a acheté ou s'est déclaré comme son propriétaire auprès des fichiers contrôlés par le ministère de l'Agriculture. Pourtant, les juges sont amenés à affiner leurs décisions tant l'animal déchaîne les passions. Compagnon fidèle et inconditionnel, substitut affectif, l'animal est devenu pour beaucoup un membre à part entière du foyer.

Natacha Czerwinski, *L'Express*, 25 avril 2005

Lisez l'article puis entourez ou notez votre/vos réponse(s).

1 **Dans quelle rubrique du magazine peut-on trouver cet article ?** (1 pt)
A. Vos droits.
B. Fait de société.
C. Fait divers.

2 **De quelle demande judiciaire l'article traite-t-il ?** (1 pt)

3 **Dans « l'affaire Mozart », combien de jugements y a-t-il eu ?** (1 pt)

4 **Relevez deux phrases qui montrent que ce type de demande augmente.** (2 pts)

5 **D'après l'article, la France est-elle un cas isolé ?** (1 pt)

6 **Quelle phrase du texte indique que maître Franck Méjean a obtenu ce que son client voulait ?** (1 pt)

7 **En droit français, l'animal est considéré comme :** (1 pt)
A. un enfant.
B. un héritage.
C. une chose matérielle.

8 **Relevez deux termes qui montrent l'attachement des maîtres à leur animal.** (2 pts)

 Expression *écrite* (10 points)

À bicyclette en ville, vous êtes passé(e) au feu orange. Un fonctionnaire de police vous a arrêté(e), affirmant que vous avez grillé le feu rouge. Vous avez discuté, sûr(e) de votre bonne foi, mais il a cependant dressé un procès-verbal et vous devez payer une amende de 45 euros. **Vos écrivez une lettre de contestation** (environ 150 mots) au commissaire de police de la ville.

Compréhension *orale* (10 points)

Vous allez entendre un reportage radiodiffusé. Avant d'écouter le reportage, vous aurez quelques secondes pour lire la fiche de notes à remplir. Puis, vous entendrez le document deux fois. Vous aurez ensuite quelques secondes pour **compléter les notes du journaliste**.

RETOUR DE VACANCES À L'ÉTRANGER

Faire attention aux produits alimentaires, ... et .... (2 pts)

Lieux de contrôles douaniers : les aéroports, ..., ... (2 pts)

2 raisons pour lesquelles les contrefaçons sont réprimées : .... (2 pts)

....

....

Peines encourues pour possession de contrefaçons : .... (2 pts)

....

....

Risques encourus pour dépassement des quantités autorisées

de produits hors taxes : .... (2 pts)

....

....

 Expression *orale* (10 points)

Lisez ces propositions faites pour améliorer le fonctionnement de la justice :
- un jugement immédiat (dans les 48 h) quand l'auteur d'un délit est pris sur le fait ;
- pas de condamnation sur de fortes présomptions, mais seulement sur des preuves indiscutables.

Donnez votre opinion sur ces propositions. Pensez-vous qu'elles rendraient la justice « plus juste » ? Exprimez vos certitudes et vos doutes.

Je voyage

DOSSIER 9

BUENOS AIRES - ARGENTINE

Je voyage............................ p. 140-141

> JACQUES STERNBERG
> EGO QUESTIONNAIRE : VOUS ET LES VOYAGES

La vie au quotidien............................ p. 142-143
> LES VOYAGES FORMENT LA JEUNESSE

Points de vue sur............................ p. 146-147
> CARNETS DE VOYAGES

9

Paroles en scène............................ p. 150

À VOS CRÉATIONS !
Rédiger un dépliant touristique pour des voyageurs étrangers
qui veulent découvrir un pays francophone .... p. 151

Bilan............................ p. 152-153

DELF

B1 >B2

JE VOYAGE

"Qui veut voyager loin ménage sa monture."

"Partir c'est mourir un peu."

Jacques Sternberg

Jacques Sternberg (1923-2006), écrivain et cinéaste, est l'auteur de nombreux contes et nouvelles qui appartiennent au genre du fantastique, de la science-fiction, de l'humour noir ou de l'absurde. Sur un ton vif, froid et mordant, il remet en question le bon sens quotidien et les pauvres actes ridicules des hommes et de la société dans laquelle chacun tente de vivre ou de survivre comme il peut. Jacques Sternberg a collaboré au scénario de *Je t'aime, je t'aime* d'Alain Resnais, histoire d'une expérience de voyage dans le temps qui ne se passe pas comme prévu.

Illustration de ROLAND TOPOR,
«LE SECRET DE LA RÉUSSITE» © ADAGP, 1998
Extraite de «188 contes à régler» de JACQUES STERNBERG

La communication

C'est à bord d'un engin[1] spatial qui ressemblait à n'importe quoi sauf à un de nos astronefs[2] que des créatures venues du fond de l'espace débarquèrent pour la première fois sur Terre.

Aussitôt, cette irruption provoqua un afflux de bagnoles[3], de camions militaires, de blindés[4], de cars télé et radio, qui firent le cercle, avec les badauds[5], autour de la chose crachée par le ciel. Et on vit surgir des êtres indéfinissables pour nous, en marge de[6] nos critères et de nos mots, donc vraiment non humains, mais apparemment peu dangereux, sans doute pacifiques, même s'ils semblaient assez agités.

Et surtout, même si cela paraissait difficile à admettre, on comprit que ces créatures inexprimablement différentes de nous tentaient de communiquer, non pas avec les humains qui les entouraient, mais uniquement avec les engins motorisés ou électroniques qu'elles devaient prendre, non sans logique, pour les seuls responsables intelligents et les maîtres de cette planète.

Jacques Sternberg,
188 contes à régler, Éditions Folio

---

1 **engin :** appareil ou machine
2 **astronef :** vaisseau spatial
3 **bagnoles :** mot familier pour voitures

4 **blindés :** véhicules de combat recouverts d'acier
5 **badauds :** personnes qui s'attardent pour observer une scène

6 **en marge de :** dans cette phrase signifie différent de

> *Le véritable voyage n'est pas d'aller vers d'autres paysages, mais d'avoir d'autres yeux.*
>
> Marcel Proust

1

Lisez cette nouvelle.

a) Dites d'où viennent les voyageurs et quel est leur moyen de transport.

b) Cochez les adjectifs qui caractérisent, selon vous, les créatures évoquées dans le texte et justifiez votre choix.

☐ actives   ☐ indescriptibles

☐ agressives   ☐ inoffensives

☐ calmes   ☐ menaçantes

☐ étranges   ☐ sympathiques

2

a) Comment imaginez-vous ces créatures ? Décrivez-les.

b) Comment sont-elles accueillies ? Quels interlocuteurs choisissent-elles et pourquoi, à votre avis ?

c) Expliquez le titre de la nouvelle. Si vous deviez choisir un autre titre, quel serait-il ?

3

Écrivez à votre tour une courte nouvelle qui ménage une surprise finale.

Commencez par : « Le taxi intersidéral nous avait déposés sur une plate-forme et avait aussitôt décollé pour rejoindre sa base. Une rumeur légère et joyeuse montait d'une foule vêtue de ce que nous avons pensé être des déguisements... »

Les mots *pour...*   Le voyage

Je préfère le train, l'avion.
Je voyage en bus, en voiture.
Je me déplace à pied, à vélo, à cheval, à dos de chameau.

Je voyage léger, j'emporte le strict nécessaire.
Je prends mes précautions, on ne sait jamais...
J'emporte un maximum d'affaires.

Quand je fais de la route, j'aime faire une pause, une halte.
En voyage, j'apprécie les escales, les étapes.

Je suis curieux(se) de tout.
Je sors des sentiers battus.
Je recherche des endroits insolites, hors du commun.

Je prends mon temps.
Je flâne.
Je me balade.

J'organise mon voyage à l'avance.

Je planifie { mon itinéraire. / mon parcours. / mon circuit.

Je me laisse guider par le hasard.
Je vais à l'aventure.

J'essaie de communiquer avec les gens.

Je baragouine / Je me débrouille } dans la langue du pays.

Je cherche { le dépaysement. / à m'évader du quotidien.

---

ego QUESTIONNAIRE

VOUS ET LES VOYAGES

- Quand vous voyagez, quel est votre mode de transport favori ? Quel est le mode de transport le plus insolite que vous ayez utilisé ?
- Partez-vous plutôt seul(e), avec des amis, en famille ou en voyage organisé ?
- Vous partez un mois dans un pays lointain : emportez-vous beaucoup de bagages ? Précisez combien.
- Y a-t-il un objet que vous emportez toujours avec vous en voyage ?
- Choisissez-vous de partir dans des endroits où vous connaissez quelqu'un ?
- Préférez-vous des sites célèbres et « incontournables » à des lieux moins connus ?
- Aimez-vous séjourner dans un lieu fixe ?
- Vous partez à l'étranger : choisissez-vous de préférence un pays dont vous parlez la langue ?
- Avant de partir, vous renseignez-vous sur le climat, les habitudes des habitants, les endroits à visiter ? Préparez-vous votre parcours ?
- Emportez-vous toujours un guide touristique dans votre poche ?
- Aimez-vous rencontrer des compatriotes là où vous allez ?
- Que recherchez-vous avant tout dans les voyages : l'évasion, la découverte ou l'apprentissage ?
- Y a-t-il un endroit (région, pays...) que vous rêvez de voir ? Un type de voyage que vous rêvez de faire ? Dites lequel et expliquez pourquoi.
- Aimeriez-vous partir sur une autre planète ? Dites pourquoi.

Les voyages forment la jeunesse

Visa Voyages

14 jours/12 nuits à partir de 1680 € (taxes et frais inclus)

Voyage réalisable du 15 septembre au 15 octobre pour les couleurs d'automne ; incluant vols et hébergement.

Québec
L'été indien

Découverte de MONTRÉAL, des Laurentides (4 jours en forêt) quand les arbres offrent une palette de tons incroyablement riches de l'ocre au fauve.
Escapade en MAURICIE où les lacs reflètent le rouge somptueux de l'emblématique érable.
Escale à CHARLEVOIX puis visite de la ville de QUÉBEC et des cantons de l'Est pour un festival de couleurs.

Pour plus d'informations et réservations, consultez notre site
www.visavoyages.com

1

Observez le document. Dites quel pays, quelle province et quel type de voyage il présente.

POINT INFO

Les Français en voyage

Neuf Français sur dix passent leurs vacances en France, métropole et DOM-TOM. Les 10 % qui partent à l'étranger se rendent majoritairement en Europe (Espagne, Italie) puis en Tunisie et au Maroc. Cette proportion de déplacements à l'étranger est très faible par rapport à d'autres pays (environ 50 % aux Pays-Bas, Suisse et Allemagne, plus d'un tiers en Grande-Bretagne ou au Canada, plus d'un quart en Irlande). Cependant aux États-Unis et au Japon, cette proportion est encore plus faible (5 %).

Gérard Mermet,
Francoscopie 2005, Larousse

2

a) Lisez le document et répondez.
1. Quels sont les éléments compris dans le prix indiqué ?
2. À quelle époque le voyage est-il proposé ? Pourquoi ?
3. Selon vous, quel intérêt présente ce voyage ?

b) Relevez, dans le descriptif du séjour, les éléments qui évoquent les couleurs et les aspects de la nature.

3

Écoutez le dialogue et résumez la situation.

4

Réécoutez la description du voyage.
a) Prenez une carte du Québec et suivez l'itinéraire.

b) Notez dans le tableau ci-contre les informations données.

5

Réécoutez et répondez.
1. Quelles sont les différentes raisons du choix de ce voyage au Québec ?
2. Quel est le problème soulevé par la femme ?
3. Êtes-vous tenté(e) par la proposition ? Si oui, quel aspect du voyage vous plaît le plus ? Quelles informations complémentaires aimeriez-vous avoir ?

Voyage	Informations
Mode de transport	...
Hébergement	...
Paysage	La forêt prend des tons extraordinaires
Nourriture	...
Lieux de visite	...
Histoire	Quand les Indiens...

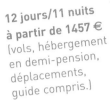

12 jours/11 nuits
à partir de 1457 €
(vols, hébergement
en demi-pension,
déplacements,
guide compris.)

Sénégal

Un circuit complet pour une découverte approfondie du SÉNÉGAL avec une incursion dans le désert mauritanien. Les paysages sont à l'honneur (désert, brousse, delta du Saloum) ainsi que les villes coloniales (SAINT-LOUIS et GORÉE). Chauffeur et guide francophones. La formule est proposée en circuit privatif, modulable à votre convenance.

6 👁

Lisez le document. Prenez une carte du Sénégal, repérez les lieux cités et répondez aux questions.
1. Quelles découvertes propose ce circuit ?
2. Quels sont les avantages offerts par cette formule ?
3. D'après vous, quel voyage Pauline va-t-elle choisir ?

7 👁

À la manière du père de Pauline, faites oralement une rapide description publicitaire du circuit au Sénégal en utilisant les éléments suivants.
> Loumpoul : le plus beau désert de dunes, immensité sereine.
> Delta du Siné Saloum : promenade en pirogue sur le fleuve, paradis des oiseaux.
> Saint-Louis : atmosphère envoûtante, balcons et maisons coloniales aux teintes ocre-jaune et rose.
> Gorée : à 20 min de Dakar par bateau. Site classé par l'Unesco. Visite de la maison des esclaves et du fort d'Estrées avec son musée historique.

8 👁

Choisissez une destination (Québec ou Sénégal) et argumentez pour défendre votre pays francophone d'élection.

9

a) Écoutez la conversation téléphonique et répondez.
1. Quel est l'objet de la conversation téléphonique ? Quel voyage Pauline a-t-elle choisi ?
2. Est-ce que Jean-François peut obtenir ce qu'il demande ? Si oui, sous quelles conditions ?

b) Réécoutez la conversation et numérotez par ordre d'apparition les éléments suivants.
> des excuses
> des remerciements
> une demande de patienter
> une incompréhension du problème
> une reformulation de la demande
> une explication du problème
> des consignes de « marche à suivre »

10 ✎ 👁

Vous allez écrire le mél de Jean-François Portal à l'agence Visa Voyages.
Réécoutez et prenez des notes sur les éléments du dossier à rappeler dans le mél puis écrivez-le.

Stratégies *pour...* résoudre un problème au téléphone

Exposer le problème :
- *J'ai réservé...*
- *Je me suis inscrit(e) à..., mais il y a un imprévu, un problème.*

Donner les références :
- *Le numéro de mon dossier, de ma réservation est le...*
- *Je suis inscrit(e) sous la référence...*
- *Mon numéro d'adhérent, de client est le...*

S'excuser :
- *Je suis désolé(e), navré(e), je vous prie de m'excuser mais...*

Éclaircir une incompréhension :
- *Je me suis mal fait comprendre.*
- *Je n'ai peut-être pas bien expliqué...*
- *Nous ne nous sommes pas bien compris...*

Formuler sa demande :
- *Je voudrais, j'aurais voulu savoir si...*
- *Serait-il possible de...*
- *Pouvez-vous changer, modifier les dates, la destination, le contrat...*
- *Est-ce possible de transférer, reporter la somme, l'avoir sur...*

S'assurer que le problème peut se résoudre :
- *Alors, c'est possible de...*
- *Vous êtes sûr(e) que...*
- *Il n'y aura pas de problème si...*

S'informer de la marche à suivre :
- *Qu'est-ce que vous me conseillez de faire ?*
- *Quelle est la procédure à suivre ?*

Remercier l'interlocuteur :
- *Je vous suis très reconnaissant(e).*
- *Je vous remercie infiniment.*
- *Vous avez été très aimable.*

UTILISER DES INDÉFINIS

1 👁

Lisez cette introduction à un ouvrage sur le Maroc et relevez :
1. dans la première partie du texte, les connaissances généralement partagées sur le Maroc ;
2. dans la seconde partie, le point de vue choisi par l'auteur du guide.

Il est des pays qui vous subjuguent par leur histoire, d'autres offrent en prime au voyageur attentif un éventail de paysages et d'ambiances étranges et fascinants. Nous avons tous entendu parler du Maroc et chacun en évoque des aspects pittoresques, car il est à la fois un condensé du Maghreb et un avant-goût de la terre africaine. Certains prétendent qu'on en revient bardé de bijoux clinquants et la tête remplie de souvenirs fantaisistes… Ce n'est un secret pour personne que ce pays a été de tout temps source d'inépuisables romans d'aventures. Partout, vous rencontrez un inégalable réservoir de traditions et de coutumes.

Faisant fi de tous les préjugés, j'ai choisi de laisser mes bagages au vestiaire et de vous présenter quelque chose de neuf, des instantanés de la réalité marocaine d'aujourd'hui.

Dominique Jean, Robert Jean, *Le Maroc au-delà du voile*, Éditions Anako, 1996

2

Point **Langue** › **LES INDÉFINIS**

a) Relevez dans le texte les indéfinis et complétez le tableau.

Quantité nulle	Quantité indéterminée au singulier	Quantité indéterminée au pluriel	Totalité
Aucun Nul ... Rien	On Quelqu'un ...	Plusieurs Quelques un(e)s La plupart Les un(e)s... les autres	Tout, ... , toutes ... , chacune
Nulle part	Quelque part		Partout

b) Observez les exemples puis complétez les phrases.
- *J'aime les voyages. Je ferais **n'importe quoi** pour partir.*
- *Partir ? Oui, mais pas **n'importe où**.*
- *Quelle valise tu prendras ? – **N'importe laquelle**, ça m'est égal.*
- ***Quiconque** a visité le Maroc est revenu émerveillé.*
- ***N'importe qui** est capable de programmer un itinéraire !*

- Tu peux acheter un guide de la région ? ... fera l'affaire.
- J'ai confiance, avec lui j'irais ... !
- Je donnerais ... pour aller sur la planète Mars.
- ... a connu l'expérience du désert en revient ébloui.
- Réserver un voyage, ... peut le faire.

Attention !
***N'importe qui** peut avoir un sens péjoratif.*
*Exemple : Excusez-moi, mais je ne pars pas avec **n'importe qui** ! Je choisis mes coéquipiers.*

S'EXERCER n°1 ↻

UTILISER DES NÉGATIONS

3 🎧

a) Écoutez le dialogue et cochez les éléments du voyage qui sont évoqués.

☐ hébergement   ☐ accueil
☐ vol   ☐ déplacements
☐ paysages   ☐ santé
☐ langue   ☐ coutumes locales
☐ bagages

b) Pour chacun des éléments évoqués, dites quel a été le problème exposé par Gilles.

5 ✏

Racontez en quelques lignes un voyage raté du début à la fin.

4   Point **Langue** › La phrase négative

a) Réécoutez et complétez ces phrases extraites du dialogue. Puis, mettez-vous par deux et corrigez-vous.
- C'était bien ?
- ... ! Nul sur toute la ligne !
- Non, je t'assure, une cata. Déjà, on ... un vol régulier [...], j'ai cru qu'on ... arriver.
- On avait dix heures de retard, les amis qui devaient venir me chercher ... !
  Et je ... pris leur numéro de téléphone.
- Bref, je ... où aller, ... pouvait se faire avant le matin.
- Je ... réussi à les joindre ... deux heures plus tard, ... répondait...
- Le médecin m'a dit de ... m'en faire.
- Mais, après une semaine je ... fait parce que je suis tombé malade.
- Alors, bon, les voyages lointains, ... , hein ! J'ai décidé de ... bouger !
- Oui, c'est clair que tu ... disposition pour devenir explorateur...

b) Trouvez dans le dialogue un exemple qui illustre chaque affirmation.
1. Avec l'infinitif toute la négation se place avant le verbe.
2. Avec un temps composé, la négation encadre l'auxiliaire.
3. *Rien* et *personne* peuvent être sujets ou compléments.
4. *Ne ... que = seulement.*
5. *Personne, jamais, rien, plus, aucun* peuvent se combiner.

c) Observez les exemples et répondez.
Je n'aime pas la chaleur et je n'aime pas les moustiques non plus.
*Je n'aime **ni** la chaleur **ni** les moustiques.*

Quel est l'usage de la négation ni... ni... ?

S'EXERCER nº2 et 3 Ⓖ

> Utiliser des pronoms indéfinis

1. Complétez les phrases avec les pronoms indéfinis appropriés.

a. Charlotte ! ... a téléphoné pour toi, je ne sais pas qui c'était !
b. ... sait que les voyages forment la jeunesse.
c. Partir ! ... , ça n'a pas d'importance, mais je veux partir !
d. Vous ne savez pas où aller ? Prenez le train, vous arriverez toujours ... .
e. Moi, de toutes façons, même avec vingt valises, j'oublie toujours ... .
f. C'est difficile de voyager en groupe, ... veulent se reposer, faire des pauses et ... veulent tout explorer. Il faut s'adapter mais aussi accepter les différences : à ... son rythme !
g. Ne vous inquiétez pas, nous tiendrons ... dans le minibus de l'agence.

> Utiliser la négation

2. Répondez négativement et par une phrase complète au questionnaire de voyage.

Exemple : Vous connaissez quelqu'un au Vietnam ? → *Non, je ne connais personne.*

a. Quand vous arrivez, vous avez un point de chute, un endroit où aller ?
b. Vous êtes déjà allé dans des pays d'Asie ?
c. Avez-vous fait quelque chose pour préparer votre voyage ?
d. Avez-vous un désir particulier de circuit à réaliser ?
e. Voulez-vous aussi visiter le Cambodge ou seulement le Vietnam ?
f. Voulez-vous un guide et un chauffeur ?

3. Complétez en utilisant les indéfinis et les négations qui conviennent.

Journaliste : Vous allez ... ce week-end ?
Amélie : Je vais voir des amis, j'en ai beaucoup et ... habitent en grande banlieue, je ... peux les voir ... le week-end.
Anna : Je passe deux jours à Paris. Vous ... me croirez ..., mais je ... ai ... visité Paris ! Évidemment, en deux jours, je ne pourrai pas ... voir, j'ai prévu quand même une liste de visites en espérant au moins en faire ... .
Carole : Un week-end en Normandie avec des enfants de mon association. Nous sommes trois adultes et ... se charge d'un groupe de quatre enfants. On se réunit ... pour les repas et les excursions.
Gaspard : ... ! Je ... ferai absolument ... ce week-end. Je suis toute la semaine sur les routes, alors, vous comprenez, le week-end je ... pars ... . Je reste à la maison avec ma femme.

Carnets

Sahara occidental, extrême sud du Maroc

Nous avons préparé le voyage en suivant le tracé de la route qui va droit à travers le désert de pierres jusqu'à la ville sainte de Smara. Nous imaginions les vents violents qui la recouvrent de sable, la chaleur, les mirages, la solitude. [...] Trois cents kilomètres de vide, sans eau, sans villages, sans forêts, sans montagnes, comme si on roulait sur une planète étrangère.

C'est grâce aux cartes que l'esprit voyage. Nous scrutions chaque détail, nous lisions chaque nom, nous suivions le tracé en pointillé des rivières qui s'enlisent dans le sable, nous repérions les diverses sortes de puits [...]. Et tous ces noms, comme une musique, comme une poésie. Ces noms étaient magiques. L'histoire levait au-dessus d'eux comme une poussière faite de toutes les légendes. [...]

Il n'y a pas de plus grande émotion que d'entrer dans le désert. Aucun désert ne ressemble à un autre, et pourtant, chaque fois le cœur bat plus fort.

Jemia et J.M.G. Le Clézio,
Gens des nuages, Éditions Stock

1

Lisez ces trois témoignages de voyage.

1. Dites quel texte évoque :
> les paysages
> les coutumes
> les habitants
2. Dites quel narrateur exprime :
> de l'émotion
> de l'étonnement
> un constat neutre

2

Relisez le texte de Jemia et J.M.G. Le Clézio et répondez.

1. À quelle étape du voyage intervient cette description ?
2. Quelles expressions montrent l'intérêt des voyageurs ?
3. Quels termes évoquent le désert ?
4. Qu'est-ce qui dans le texte justifie la phrase « C'est grâce aux cartes que l'esprit voyage. » ?

3

Relisez le texte de Vassilis Alexakis et répondez.

1. Quelle phrase montre que le voyageur est prêt à s'émerveiller de tout ?
2. Quels éléments rapprochent l'Afrique et l'Europe ?
3. Quels éléments les différencient ?

4

Relisez le texte de Nicolas Fargues et répondez.

1. Qu'est-ce qui montre que le temps n'a pas d'importance ?
2. Qu'est-ce qui montre que les habitants sont délicats à l'égard des visiteurs ?
3. À quoi s'oppose « ici » ?

DIÉGO-SUAREZ, Madagascar.

Ici, quand les gens attendent, ils n'ont pas l'air d'attendre.
Ici, les gens se souviennent de ton nom, même si tu ne leur as dit qu'une seule fois il y a longtemps.
Ici, on dit « peut-être » même lorsqu'on est sûr.
Ici, personne ne demande « Et vous, qu'est-ce que vous faites dans la vie ? ».
Ici, on dit « Je pars pour deux semaines à Sambava » et on rentre deux ans après comme si on était parti la veille.
Ici, pour dire « au petit matin », on dit « de grand matin ».
Ici, 4h du matin, ce n'est pas si tôt que ça.

Nicolas Fargues, *Rade terminus*, Éditions folio

ts de vue sur...

de voyages

Arrivée en République Centrafricaine

Nous avons croisé un taxi. Il avait la même couleur jaune que les taxis athéniens et il était bondé. À Athènes aussi, les taxis acceptent plusieurs passagers à la fois. J'étais si convaincu d'avoir pénétré dans un autre monde que ses aspects les moins exotiques me frappaient également. La grande majorité des hommes et la moitié des femmes étaient vêtus à l'européenne. Certains n'étaient encombrés que d'un porte-documents ou d'un sac à main. Ils étaient relativement nombreux à posséder un portable. Un homme parlait paisiblement à son téléphone sous une montagne de bananes vertes qui lui couvrait à moitié le visage. Il était probablement en train de prendre une commande. Le temps était nuageux, comme à Paris, et la température ne dépassait pas vingt degrés. J'ai remarqué un bâtiment très quelconque, de deux étages, en béton. Cent mètres plus loin, Yves a éteint le moteur du véhicule et m'a invité à descendre.
- Nous sommes au centre-ville, m'a-t-il annoncé avec une certaine emphase, comme pour enlever un doute de mon esprit.
En dehors de l'immeuble que j'avais repéré, aucune autre construction n'émergeait de la foule qui nous entourait, nous pressait, nous empêchait d'avancer. Où donc logeaient tous ces gens ? Étaient-ce leurs marchandises et leurs ombrelles qui cachaient Bangi ?

Vassilis Alexakis, *Les Mots étrangers*, Éditions Stock, 2002

5

a) Après la lecture du texte de Nicolas Fargues, quelle image gardez-vous des habitants de Madagascar ?

b) Notez, par écrit, quelques habitudes et comportements de votre pays qui, selon vous, pourraient surprendre le visiteur étranger.

c) À la manière de Nicolas Fargues, rédigez un petit texte sur un pays ou une région que vous avez visité.
Ici ...

Rendez-vous ALTERculturel

Écoutez Sylvie qui raconte son voyage en Colombie.

1. Quel a été son premier contact avec le pays ?

2. Comment son ami s'est-il familiarisé avec la langue du pays ?

3. Quelle mésaventure leur est arrivée ?

FAIRE DES RECOMMANDATIONS

Outils *pour…*

1. Naviguez au cœur de l'Europe et découvrez l'histoire de la Wallonie, ce passé qui l'a construite telle qu'elle est aujourd'hui : une région de Belgique haute en couleurs. Laissez-vous conter son folklore et ses traditions. Ne manquez pas le carnaval de Binche, à proximité de Mons. Les Gilles de Binche paradent lors du mardi gras sous leurs coiffes de plumes d'autruche et dansent au rythme obsédant de l'apertintaille (les clochettes) qui les ceinturent. Il est souhaitable d'arriver tôt pour ne rien manquer.

2. Au Cambodge, les méandres du Mékong promettent de fascinantes excursions en bateau et le joyau du temple d'Angkor Vat vous attend. Avant de s'aventurer de façon hasardeuse à l'intérieur du pays, il est préconisé de se renseigner sur l'état des routes dans la région. Préférez l'avion entre Phnom Penh et Siem Reap (la localité la plus proche d'Angkor).

3. La Tunisie, celle des souks et des villes, ou celle, sauvage, des campagnes s'offre à vous. Au hasard de vos circuits vous découvrirez les multiples cultures qui ont nourri cette terre : les Carthaginois et les Vandales, les Romains et les Arabes, les Turcs et les Français.
Attention ! Dans la liste des « choses à ne pas manquer », faites une sélection et évitez d'en faire trop : certaines visites sont menées au pas de charge en plein soleil et sont très fatigantes. Dans les souks, il est d'usage de discuter les prix : le marchandage est perçu comme un échange et non comme une simple manœuvre pour faire baisser le prix.

Les mots *pour…*

Faire des recommandations

Attention ! N'oubliez pas…
Soyez attentif(ve) à…
Soyez vigilant(e) sur…
Assurez-vous de…
Évitez de…
Préférez, privilégiez…

Sachez que…
Il est capital, essentiel, indispensable de…
Il vaut mieux…
Il est recommandé, préconisé, souhaitable, préférable de…
Il est d'usage de…

C'est une visite incontournable,
à ne pas manquer.

S'EXERCER nº1

1 ◉
Observez les photos et faites des hypothèses sur le pays qu'elles présentent.

2 ◉
Lisez les extraits de guides touristiques et associez chaque photo à son texte.

3 ◉
Relevez dans les textes les verbes qui invitent à la découverte et les expressions de recommandations.
· Invitations à la découverte : *Naviguez, découvrez…*
· Recommandations : …

4 ◉ ◉ ◉
Faites par écrit quelques recommandations à un touriste qui viendrait visiter votre pays.
Puis transmettez-les à la classe et discutez ces recommandations.

FAIRE UNE NARRATION AU PASSÉ

5

Lisez cette anecdote de voyage extraite d'un roman célèbre et répondez.

1. Qui est le personnage principal ?
2. Où se trouve-t-il ?
3. Que fait-il ?

6 ⊚⊚⊝

Donnez vos impressions sur le caractère du personnage principal et justifiez-les.

Mr. Fogg prit congé de ses partenaires, quitta le paquebot, donna à son domestique le détail de quelques emplettes à faire […] et de son pas régulier qu'il n'avait jamais modifié, il se dirigea vers le bureau des passeports.

Ainsi donc, des merveilles de Bombay, il ne songeait à rien voir, ni l'hôtel de ville, ni la magnifique bibliothèque, ni les forts, ni les docks, ni le marché au coton. […] Non ! rien. En sortant du bureau des passeports, Phileas Fogg se rendit tranquillement à la gare, et là il se fit servir à dîner. Le maître d'hôtel crut devoir lui recommander une certaine gibelotte de « lapin du pays ». Phileas Fogg la goûta consciencieusement ; mais en dépit de sa sauce épicée, il la trouva détestable. Il sonna le maître d'hôtel.

« Monsieur, lui dit-il en le regardant fixement, c'est du lapin, cela ?

- Oui, mylord, répondit l'autre, du lapin des jungles.
- Et ce lapin-là n'a pas miaulé quand on l'a tué ?
- Miaulé ! Oh ! mylord ! un lapin ! je vous jure…
- Monsieur le maître d'hôtel, reprit froidement Mr. Fogg, ne jurez pas et rappelez-vous ceci : autrefois, dans l'Inde, les chats étaient considérés comme des animaux sacrés. C'était le bon temps.
- Pour les chats, mylord ?
- Et peut-être aussi pour les voyageurs ! »

Cette observation faite, Mr. Fogg continua tranquillement à dîner.

Jules Verne, Le Tour du monde en 80 jours, Éditions Hachette

---

7 Point **Langue** › LE PASSÉ SIMPLE

a) Notez les temps utilisés pour la narration et ceux utilisés pour le dialogue.
- *La narration : passé simple, … , … .*
- *Le dialogue : … , … , … .*

b) Observez dans le texte les formes au passé simple et complétez la règle de formation de ce temps.
Le passé simple se forme généralement avec le radical de l'infinitif présent et les terminaisons suivantes :

Les verbes en *-er*	- Les verbes en *-ir* - La plupart des verbes en *-re* - *Asseoir* et *voir*	Autres verbes
-ai -âmes -as -âtes -… -èrent	-is -îmes -is -îtes -… -irent	-us -ûmes -us -ûtes -… -urent
Exemples : *Il quitta le paquebot. Ils se rencontrèrent à la gare.*	*Exemples :* *Il répondit à leur commande. Elles se firent servir à dîner. Elles fleurirent sa chambre.*	*Exemples :* *Il crut devoir le lui conseiller. Les explorateurs moururent de la fièvre.*

Attention !
Venir et **tenir** : Je vins, tu vins, il vint, nous vînmes, vous vîntes, ils vinrent.

Le passé simple met une distance entre les événements racontés, la personne qui les raconte et le lecteur. C'est pourquoi il est principalement utilisé dans les romans, les textes historiques ou les biographies de personnages du passé.

S'EXERCER n°2 et 3 ⊙

> Faire des recommandations

1. Lisez les phrases suivantes concernant certains usages en France et rédigez les recommandations correspondantes.
Exemple : Les Français apprécient qu'on essaie de parler leur langue. → Il est recommandé d'essayer de parler français.

a. Sauf entre jeunes, le tutoiement n'est acceptable que si quelqu'un en fait clairement la demande.
b. Dans les couloirs du métro, on tient la porte ouverte pour la personne qui arrive derrière soi.
c. Les hommes sont supposés laisser passer les femmes devant eux.
d. Invité, vous apportez des fleurs à la maîtresse de maison.
e. À table, on vous propose de vous servir d'abord. Avant de vous servir, vous présentez le plat à la maîtresse de maison.
f. Un compliment sur un vêtement ou une nouvelle coiffure est toujours apprécié.
g. Les Français parlent beaucoup de nourriture et attendent quelques compliments sur leur cuisine.
h. Les Français n'aiment pas qu'on leur demande combien ils gagnent.

> Le passé simple

2. Remplacez le passé composé par le passé simple.
a. Un jour, le fils du roi a donné un bal où il a invité toutes les personnes importantes.
b. Le prince et Cendrillon se sont mariés et ils ont eu beaucoup d'enfants.
c. C'est en 1667 que Louis XIV a conquis plusieurs villes de la Flandre. Ainsi la ville de Lille est devenue française.
d. Cette année-là, après un match héroïque, l'équipe de France a perdu la Coupe du Monde de football au profit de l'Italie.
e. James Cook a découvert les îles Sandwich en 1778, où il est mort à la suite d'une bagarre avec des natifs.

3. Réécrivez le texte en utilisant le passé composé.
Louis-Antoine de Bougainville : Célèbre navigateur, il naquit à Paris en 1729. Il publia en 1771 le récit du célèbre *Voyage autour du monde* qu'il fit de 1766 à 1769 au cours duquel il découvrit l'île qui porte maintenant son nom en Papouasie. Napoléon Ier le fit sénateur et comte. Il fut membre puis président de l'Académie des Sciences et mourut à Paris en 1811. Il laissa son nom à une plante ornementale aux magnifiques fleurs violacées : la bougainvillée.

Paroles en scène

Sur tous les tons

1 . Écoutez les dialogues, identifiez les situations et les personnages. Puis, répétez en imitant les différentes intonations.

1. - Mamie, vous avez pris votre couverture de voyage ?
- Pardon ? Si j'ai fait le tour des étages ???
- Mais non ! Je vous demande si vous avez pris votre couverture pour le voyage !!!
- Ah, bon, oui, ne t'inquiète pas, je n'ai pas peur des aventures en voyage. J'adore ça !

2. - En quittant la caravane au camping, tu as bien fermé la bouteille de gaz ?
- Oui, oui, ma chérie, j'ai mis de l'eau dans le vase.

3. - Alors, t'as décidé pour tes vacances ?
- Quelles vacances ?
- Tu pars pas ?
- Si, je vais en Polynésie.
- Alors, tu pars !
- On y va en famille... Bonjour les vacances !

Mise en scène

2 . Jouez à trois cet extrait de la pièce de Jean Tardieu, *Le Guichet* : le haut-parleur ; le préposé (employé) très digne et implacable ; le client, petit monsieur timide.

3 . **Voyage dans le futur.**
Nous sommes en 2050. Vous êtes trois à avoir gagné un voyage d'une semaine sur Mars, la planète rouge. L'astronef étant très petit, vous n'avez droit qu'à un sac commun et vous ne pouvez emporter que deux objets personnels légers en plus de votre linge. Dévoilez-les à votre groupe en expliquant les raisons de ce choix. Vos deux compagnons de voyage ont le droit de les refuser.

La porte s'entrebâille, apparaît la tête du client.
Le préposé : Entrez !
Le client n'entre pas.
Le préposé : Entrez !
Le client entre, plus terrifié que jamais.
Le client *se dirigeant vers le guichet* : Pardon, Monsieur... C'est bien ici... Le bureau des renseignements ?
Le préposé : Oui ?
Le client : Ah ! bon ! Très bien...Très bien... Précisément, je venais...
Le préposé *l'interrompant brutalement* : C'est pour des renseignements ?
Le client *ravi* : Oui ! Oui ! Précisément, précisément. Je venais... [...]
Un haut-parleur au loin, sur un ton étrange et rêveur : Messieurs les voyageurs pour toutes directions, veuillez vous préparer s'il vous plaît... Messieurs les voyageurs, attention... messieurs les voyageurs votre train va partir... Votre train, votre automobile, votre cheval vont partir dans quelques minutes... Attention !... Attention !... Préparez-vous !
Le client : Oui, je voudrais tant savoir quelle direction prendre... dans la vie... et surtout...
Le préposé *lui coupant la parole* : Dépêchez-vous, je n'ai pas de temps à perdre ! Que désirez-vous savoir ?
Le client : Je n'ose pas vous le dire !
Le préposé : On ne fait pas de sentiment ici !
Le client : Je croyais qu'au contraire dans les gares... Il y a tant d'allées et venues, tant de rencontres ! C'est comme un immense lieu de rendez-vous...
Le préposé : Vous avez donné rendez-vous à quelqu'un ?
Le client : Heu, oui et non, c'est-à-dire...
Le préposé : Une femme, naturellement ?
Le client *ravi* : Oui, c'est cela : une femme.
Le préposé : Mais quelle sorte de femme cherchez-vous ?
Le client : Une femme du genre « femme de ma vie ».

Jean Tardieu, *Théâtre de chambre*, Éditions Gallimard

Jeu de la francophonie

Vous allez préparer un quiz sur un pays francophone. Mettez-vous par équipes de trois ou quatre et choisissez un pays francophone.
Préparez un questionnaire (6 questions) à l'aide d'un dictionnaire encyclopédique : QCM, vrai/faux, etc.
Chaque équipe joue contre une autre.

À vos créations !

Vous allez rédiger un dépliant touristique pour des voyageurs étrangers qui veulent découvrir un pays francophone.

PRÉPARATION

- Renseignez-vous sur le pays francophone que vous avez choisi en utilisant des dictionnaires, guides de voyages, sites Internet...
- Collectez vos informations et rassemblez quelques illustrations attrayantes et pittoresques du pays.
- Faites la mise en page des quatre premières pages.
- Réfléchissez ensemble sur le contenu des deux pages libres. Rédigez vos textes et choisissez vos illustrations.

Contenu du dépliant :

Il s'agit d'une feuille A4 pliée en 3 (6 faces).
1. Première page pour présenter le pays à découvrir (slogan, incitation à la visite, photo...),
2. Page intérieure gauche : géographie et quelques éléments d'histoire,
3. Page centrale : informations culturelles sur les habitants, les lieux à visiter, les sites à découvrir,
4. Page de droite : hébergement, vie pratique et recommandations (climat, santé, déplacements, usages à respecter),
5. et 6. Pages au dos du dépliant : imaginez un carnet de voyage, des citations ou remarques sur le pays, un petit lexique de français, des commentaires, des illustrations...

RÉALISATION ET PRÉSENTATION :

- Composez votre dépliant.
- Présentez-le à la classe qui votera pour le dépliant :
  - le mieux informé,
  - le mieux illustré,
  - le plus insolite.

Autoévaluation

Relisez votre page et cochez.

Avez-vous :
- ☐ bien suivi le plan proposé ?
- ☐ présenté votre première page de façon attractive ?
- ☐ choisi des illustrations représentatives ?
- ☐ décrit positivement les intérêts du pays et des sites à découvrir ?
- ☐ fait les recommandations indispensables au voyageur ?
- ☐ relaté les données historiques avec les temps corrects du passé ?
- ☐ rédigé vos commentaires, notes de voyage, etc. avec les temps appropriés ?
- ☐ utilisé, si nécessaire, les indéfinis et les négations correctement ?

Compréhension *écrite* (10 points)

Voyage en Transsibérien
L'épopée de deux sœurs jumelles au bout du monde…

Il est 23h55, nous quittons Moscou à bord du Transsibérien, train mythique couvrant trois territoires : la Russie, la Mongolie, la Chine et traversant sept fuseaux horaires. Notre train, le numéro 20, a parcouru presque 9000 km en 144 heures et 27 minutes avant de rejoindre Pékin. À la frontière sino-russe, il est devenu le Transmandchourien.

C'est alors que nous avons oublié les jours qui passent, le confort simple des couchettes, la salle de bains plutôt rudimentaire. Nous vivions à l'heure de Moscou, au rythme lent des paysages parfois monotones. Dans ce train, roulant à une vitesse moyenne de 60 km/h, nous nous laissions porter vers Pékin, faisant halte dans les gares pour nous dégourdir les jambes et nous réapprovisionner en eau, pain, pommes de terre bouillies, *pelmeni* (sorte de ravioli), poulet grillé, fruits et légumes. Et si quelques Chinois, l'air affolé, ne nous avaient pas donné l'alerte de remonter dans le train, bien souvent nous serions restées sur le quai. Nous sautions alors dans le train en marche, quittant les gares de passage et avec elles les *babouchka* cuisinières. Mais le voyage ne serait rien sans la rencontre avec les autres passagers, les touristes et les résidents et sans l'aide précieuse des hôtesses du train, les *vodnitsa*.

Parcours ferroviaire hors du commun, il nous a offert des vues inoubliables sur le lac Baïkal, les forêts de *taïga* aux couleurs automnales, les montagnes de l'Altaï. Avec lui, nous avons découvert la Russie et côtoyé ses habitants. Nous sommes entrées en Chine par la porte de la Mandchourie avec cette question qui nous brûlait les lèvres : « Qu'en est-il d'être des sœurs jumelles dans le pays de l'enfant unique ? ». Nous le saurons en rencontrant les sœurs Zhang dans quelques jours…

Adélaïde et Caroline Poussier, *La Grande Époque*, n°90, 11 au 17 octobre 2006.

Lisez l'article puis entourez ou notez votre/vos réponse(s).

1 De quel type d'article s'agit-il ? (1 pt)
A. Informatif.
B. Promotionnel.
C. Narratif.

2 Qui sont Adélaïde et Caroline Poussier ? (1 pt)

3 Quel itinéraire ont-elles suivi ? Par quel moyen ? (1 pt)

4 Citez deux éléments du texte qui montrent l'aspect exceptionnel du voyage. (2 pts)

5 Notez deux phrases du texte qui montrent qu'Adélaïde et Caroline perdaient facilement la notion du temps pendant leur voyage. (2 pts)

6 Qu'ont-elles apprécié par-dessus tout ? (1 pt)

7 Quel style de voyage ont-elles fait ? Choisissez deux adjectifs. (2 pts)
A. authentique
B. banal
C. confortable
D. organisé
E. rapide
F. reposant
G. simple
H. solitaire

 Expression *écrite* (10 points)

Vous avez fait un voyage organisé d'une semaine dans un pays étranger. Rien ne s'est passé comme prévu. Tous les jours, vous avez eu une mauvaise surprise concernant l'organisation du séjour. **Vous écrivez une lettre de réclamation** à l'agence de voyages, en lui racontant précisément tout ce qu'il s'est passé à votre désavantage. Vous demandez réparation. (150 mots)

Compréhension *orale* (10 points)

1 Ce document est (0,5 pt)
A. un reportage.
B. un micro trottoir.
C. une publicité.

2 Que propose le présentateur ? (1 pt)
A. de faire un séjour de découverte de l'Europe.
B. de chercher du travail dans un autre pays d'Europe.
C. de réaliser son rêve d'une vie plus facile.

3 Dans quel pays se sont installés les trois intervenants ? (1,5 pts)
Pierre : …
Rachid : …
Marina : …

4 Dans quel domaine travaillent-ils dans leur nouveau pays ? (1,5 pts)
Pierre : …
Rachid : …
Marina : …

5 Par rapport à leur intégration dans leur nouveau pays, notez (5 pts)
- ce qui a étonné Pierre : …
- pourquoi Pierre est satisfait : …
- une difficulté de Rachid : …
- ce que Rachid apprécie chez les gens de son pays d'accueil : …
- une difficulté de Marina : …

6 Qu'est-ce que *Jobeuro* ? (0,5 pt)

Expression *orale* (10 points)

La France administrative : les départements

ÎLE-DE-FRANCE: petite couronne

VAL-D'OISE 95
SEINE-ST-DENIS 93
YVELINES 78
HAUTS-DE-SEINE 92
PARIS 75
Nanterre
Bobigny
VAL-DE-MARNE 94
Créteil
ESSONNE 91
SEINE-ET-MARNE 77

ROYAUME-UNI

Manche

BELGIQUE

LUXEMBOURG

ALLEMAGNE

NORD-PAS-DE-CALAIS
Lille
PAS-DE-CALAIS 62
Arras
NORD 59
Amiens
SOMME 80
AISNE
Laon 02
Charleville-Mézières
ARDENNES 08

HAUTE-SEINE-MARITIME 76
Rouen
Beauvais
OISE 60
PICARDIE
MEURTHE-ET-MOSELLE
Metz
MOSELLE 57
BAS-RHIN
Strasbourg
67

MANCHE
St-Lô
50
CALVADOS 14
Caen
NORMANDIE
ÉvreuxEURE 27
VAL-D'OISE
Cergy-Pontoise
Paris
ÎLE-DE-FRANCE
Versailles
YVELINES
Chartres
ESSONNE
Évry
SEINE-ET-MARNE
Melun
77
Châlons-en-Champagne
MARNE 51
CHAMPAGNE-ARDENNE
Troyes
AUBE 10
Chaumont
HAUTE-MARNE 52
Bar-le-Duc
MEUSE 55
MOSELLE
Nancy 54
LORRAINE
VOSGES
Épinal 88
ALSACE
Colmar
HAUT-RHIN 68

FINISTÈRE
29
Quimper
St-Brieuc
CÔTES-D'ARMOR 22
BRETAGNE
MORBIHAN 56
Vannes
ILLE-ET-VILAINE
Rennes 35
MAYENNE
Laval 53
ORNE
Alençon 61
SARTHE
Le Mans 72
LOIR-ET-CHER
Blois 41
Orléans
LOIRET 45
CENTRE
Tours
INDRE-ET-LOIRE 37
INDRE
Châteauroux 36
Bourges
CHER 18
Auxerre
YONNE 89
NIÈVRE
Nevers 58
BOURGOGNE
CÔTE-D'OR 21
Dijon
SAÔNE-ET-LOIRE 71
Mâcon
FRANCHE-COMTÉ
Besançon
DOUBS 25
Vesoul
HAUTE-SAÔNE 70
Belfort 90
TERRITOIRE DE BELFORT
JURA 39
Lons-le-Saunier
SUISSE

PAYS DE LA LOIRE
LOIRE-ATLANTIQUE 44
Nantes
Angers
MAINE-ET-LOIRE 49
DEUX-SÈVRES 79
VIENNE 86
Poitiers
Niort
POITOU-CHARENTES
VENDÉE 85
La Roche-sur-Yon
La Rochelle
CHARENTE-MARITIME 17
CHARENTE 16
Angoulême
HAUTE-VIENNE 87
Limoges
CREUSE 23
Guéret
LIMOUSIN
CORRÈZE 19
Tulle
ALLIER
Moulins 03
Clermont-Ferrand
PUY-DE-DÔME 63
AUVERGNE
AIN
Bourg-en-Bresse 01
LOIRE 42
St-Étienne
RHÔNE 69
Lyon
38
Chambéry
HAUTE-SAVOIE
Annecy 74
SAVOIE 73
RHÔNE-ALPES
ITALIE

océan Atlantique

Bordeaux
GIRONDE 33
DORDOGNE
Périgueux 24
CANTAL 15
Aurillac
HAUTE-LOIRE 43
Le Puy-en-Velay
07
Valence
ISÈRE
Grenoble 05
DRÔME 26
HAUTES-ALPES
Gap
Privas
ARDÈCHE
LOT 46
Cahors
LOT-ET-GARONNE 47
Agen
AQUITAINE 40
Mont-de-Marsan
LANDES
TARN-ET-GARONNE 82
Montauban
MIDI-PYRÉNÉES
12
Rodez
AVEYRON
LOZÈRE 48
Mende
GARD 30
Nîmes
VAUCLUSE
Avignon 84
PROVENCE-ALPES-DE-HAUTE-PROVENCE
Digne-les-Bains 04
ALPES-MARITIMES
Nice 06

TARN
Albi 81
GERS 32
Auch
Toulouse
HAUTE-GARONNE 31
HÉRAULT
Montpellier
LANGUEDOC-ROUSSILLON
AUDE 11
Carcassonne
BOUCHES-DU-RHÔNE 13
Marseille
CÔTE D'AZUR
VAR 83
Toulon

PYRÉNÉES-ATLANTIQUES 64
Pau
Tarbes
HAUTES-PYRÉNÉES 65
ARIÈGE 09
Foix
Perpignan
PYRÉNÉES-ORIENTALES 66

ANDORRE

ESPAGNE

mer Méditerranée

Bastia
HAUTE-CORSE 2B
CORSE
Ajaccio 2A
CORSE-DU-SUD

100 km

— limite de région
▢ capitale régionale
— limite de département
64 numéro de département
● préfecture de département

Les pays francophones

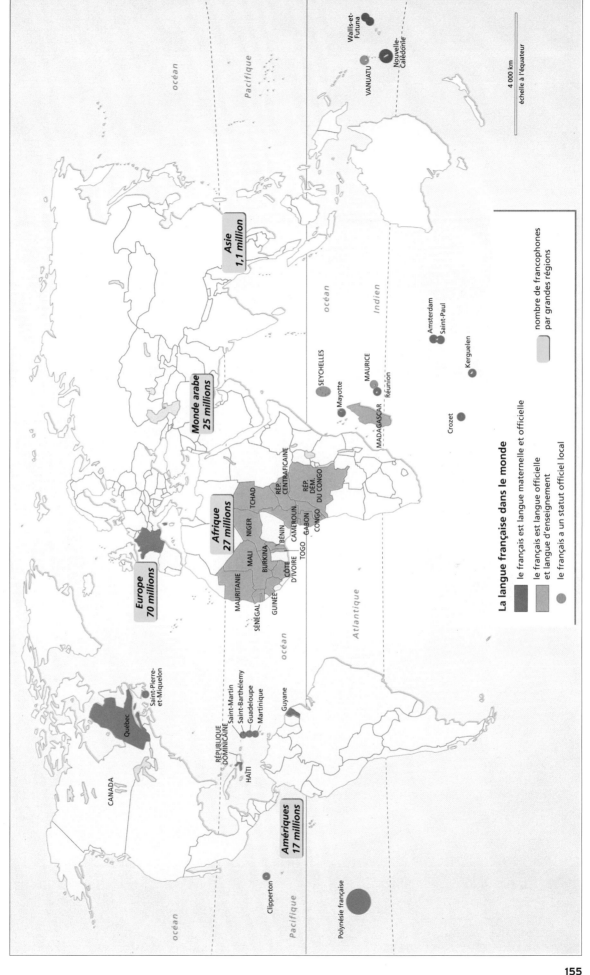

Wallis-et-Futuna

VANUATU

Nouvelle-Calédonie

océan Pacifique

4 000 km
échelle à l'équateur

Asie
1,1 million

Monde arabe
25 millions

océan Indien

Amsterdam
Saint-Paul

Kerguelen

SEYCHELLES

MAURICE
Réunion

Mayotte

Crozet

Afrique
27 millions

RÉP.
CENTRAFRICAINE

TCHAD

RÉP.
DÉM.
DU CONGO

NIGER

CAMEROUN
BÉNIN
GABON
TOGO
CONGO

MALI
BURKINA

CÔTE
D'IVOIRE

MAURITANIE

GUINÉE

SÉNÉGAL

MADAGASCAR

Europe
70 millions

Atlantique

Saint-Pierre-
et-Miquelon

Saint-Martin
Saint-Barthélemy
Guadeloupe
Martinique

Guyane

RÉPUBLIQUE
DOMINICAINE

HAÏTI

Québec

CANADA

Amériques
17 millions

Clipperton

océan
Pacifique

Polynésie française

La langue française dans le monde

le français est langue maternelle et officielle

le français est langue officielle
et langue d'enseignement

le français a un statut officiel local

nombre de francophones
par grandes régions

Abécédaire culturel

A

Apparence

Les Français mesurent en moyenne 1 m 75 et les Françaises 1 m 62 ce qui les situe dans la moyenne européenne (les Européens les plus grands sont les Néerlandais : hommes : 1 m 80 ; femmes : 1 m 68). En un siècle, les Français **ont grandi de 10 cm**. Leur poids augmente aussi : 77 kg pour un homme, 64 kg pour une femme. Les femmes françaises, bien qu'elle ne soient pas les plus petites, sont **les plus minces** des Européennes, avec les Italiennes. 12 % des enfants de 5 à 12 ans sont obèses, contre 6 % en 1980.

C

Cafés

Lieu d'échanges et de rencontres, le café a évolué avec son temps. On trouve dans les grandes villes des **cafés-librairies**, des **cafés-philo** et, un peu partout, des **cybercafés** pour l'utilisation d'Internet. Les cafés-concerts ont disparu, les cafés-théâtres sont redevenus de simples théâtres où l'on ne consomme plus que du spectacle. Le « **petit bistrot du coin** » existe toujours (à Paris, le prix des consommations varie selon que vous êtes au comptoir, en salle ou en terrasse) ; les **cafés-brasseries**, originaires d'Alsace et du Nord de la France où l'on brassait la bière, sont des cafés-restaurants où l'on peut manger à toute heure.

Caricaturistes

On trouve de nombreux caricaturistes dans la **presse écrite** journalière et périodique. Ils illustrent différents articles par des dessins faisant ressortir les défauts, mais aussi principalement les traits de caractère les plus spécifiques à un individu, une organisation ou une situation.

À l'heure actuelle, **Plantu** est un des plus célèbres caricaturistes français. Il vient de fêter ses 15 000 dessins publiés et les 30 ans de sa collaboration avec le quotidien *Le Monde*.

Carte de séjour

Tout ressortissant de nationalité étrangère, s'il s'établit sur le sol français plus de trois mois, **doit posséder une carte de séjour** délivrée par la préfecture du lieu de résidence. La procédure varie en fonction de la nationalité. Trois cas : les ressortissants de l'Union européenne, les étrangers venant de pays ayant signé des accords avec la France (Algérie, Tunisie) et le régime général. Les préfectures ont des sites pour informer le public sur les pièces à fournir.

Chanson

Inventeurs du music-hall, les Français ont créé une tradition de chanson littéraire - poétique, satirique ou dramatique - dont Edith Piaf, Charles Trenet, Georges Brassens, Barbara, Jacques Brel, Serge Gainsbourg et Léo Ferré comptent parmi les plus illustres représentants. Depuis les années 50, on peut dire que l'on retrouve deux grandes tendances dans la chanson française :

> **la chanson facile,** plutôt insouciante (Sheila, France Gall, Antoine...), avec des artistes très médiatiques (Claude François, Dalida, Mireille Mathieu, Sylvie Vartan, Johnny Hallyday...) et des artistes de la variété actuelle (Jenifer, Garou, Star Academy...).

> **la chanson engagée** ou simplement plus adulte : Charles Trenet, Boris Vian, Juliette Gréco, Serge Gainsbourg, Jacques Brel, Georges Brassens, Claude Nougaro, Léo Ferré, Barbara... puis dans les plus récents, l'affirmation d'artistes comme : Mylène Farmer, Téléphone, Jacques Higelin, Bernard Lavilliers, Renaud, Alain Souchon, Francis Cabrel... jusqu'à Mathieu Chédid, Vincent Delerm, Bénabar et Cali...

Cinéma

La plupart des Français, quand ils sortent, vont au cinéma. Chaque semaine, les Parisiens ont le choix entre plus de 400 films. La plus grande salle est celle du Grand Rex : 2 650 fauteuils contre 30 places seulement pour la plus petite salle de la capitale. Il y a 380 salles de cinéma dans la capitale dont 89 sont classées salles "d'art et d'essai". **Premier pays producteur en Europe**, la France produit presque trois films tous les cinq jours, dont deux tiers avec des financements purement nationaux.

> HISTOIRE DU CINÉMA FRANÇAIS

Après avoir montré leur cinématographe au monde, **les frères Lumière** organisent une première projection publique en 1895 à Paris.

Georges Méliès, l'un des premiers réalisateurs français de cinéma, devient le premier poète de l'art nouveau.

Au début des années 30, le cinéma devient parlant.

Les acteurs sont les rois de la fête : Raimu, Fernandel, Jean Gabin et Michèle Morgan qui forment le couple cinématographique français par excellence.

Au début des années 50, l'acteur Gérard Philipe entraîne tous les cœurs derrière lui dans *Fanfan la tulipe* ; Truffaut devient un metteur en scène connu et défend une « starlette » que tout le monde attaque : Brigitte Bardot qui devient en 1956 la plus grande star du cinéma français avec *Et Dieu créa la femme* de Roger Vadim.

C'est la révolution de **la Nouvelle Vague** avec Truffaut et Godard. La décennie qui suit est moins aventureuse.

Les acteurs populaires sont des quadragénaires, voire des quinquagénaires : Philippe Noiret, Michel Piccoli, Yves Montand. Tous trois tournent avec la bien-aimée des Français : Romy Schneider.

Les années 70 révèlent un couple de stars : Isabelle Adjani et Gérard Depardieu.

Aujourd'hui, les réalisateurs travaillent beaucoup sur l'image et son esthétique. Les jeunes se sont trouvé une idole en Luc Besson, dont ils ont vu *le Grand Bleu* une dizaine de fois. Le film *Amélie Poulain* de Jean-Pierre Jeunet a rencontré un succès international.

SUBWAY de Luc BESSON

Commerce en ligne

Il est en plein boom. On compte environ **12 millions d'acheteurs en ligne**. Ils achètent surtout pendant la période de Noël. Chaque jour, le site d'eBay France enregistre un peu plus de 100 000 visites.

À chaque instant sur ce site, plus de 600 000 objets sont offerts aux internautes dans 2 000 catégories différentes qui vont des vins à la bibliophilie en passant par les automobiles.

Commerce équitable

Ce commerce vise à donner aux clients les meilleures garanties sur l'origine et la qualité des produits, tout en accompagnant les petits producteurs dans une **démarche de développement durable**. La société Alter Eco, par exemple, en plus du prix minimum payé aux paysans, verse une prime de développement aux coopératives. Grâce à cette prime, à des commandes régulières et à un partenariat à long terme, elles peuvent réaliser leurs propres projets sociaux et communautaires.

D

Dépenses

Chaque ménage français dépense en moyenne, par jour, 15 euros pour la nourriture, 23 euros pour le logement, 10 euros pour les transports, 6 euros pour les loisirs, 4,50 euros pour les diverses assurances, 2,50 euros pour l'habillement et 1 euro pour le téléphone. Le budget moyen est de **109,50 euros par jour pour un ménage**.

la nuit américaine

un film de
françois truffaut
avec
jacqueline bisset
nathalie baye
alexandra stewart
jean-pierre léaud

Oscar® 1973
Meilleur Film
Étranger

Développement durable

Au titre de la politique de l'environnement, le ministère de l'Écologie et du Développement durable créé en 1970 :
- est responsable des actions de protection de la nature, des paysages et des sites ;
- veille à la protection de la biodiversité ;
- veille à la protection du littoral et de la montagne ;
- assure la police et la gestion de la chasse et de la pêche en eau douce ;
- assure la protection, la police et la gestion des eaux ;
- définit et met en œuvre les actions relatives à la préservation de la qualité de l'air et à la lutte contre l'effet de serre et les changements climatiques ;
- veille à la réduction des nuisances sonores ;
- assure la politique en matière de sûreté nucléaire ;
- est responsable du développement des énergies renouvelables et de la politique en matière d'urbanisme.

> **LES VILLES :** La ville française de **Lille** est une des villes les plus propres de France. Pour limiter le nombre de voitures, c'est la première au monde à avoir mis au point un métro automatisé à fréquence élevée, capable de transporter chaque année quelque 80 millions de passagers. La ville a développé aussi l'utilisation du biogaz pour alimenter une partie de ses bus. Les bus roulant au gaz ne sont pas seulement moins polluants, ils permettent également de recycler les déchets organiques, ce qui offre une source inépuisable d'énergie non fossile.

> **LES DÉCHETS :** En 13 ans, depuis le lancement du tri des déchets par une société privée Eco-emballage, le résultat de la collecte sélective est globalement positif en France : **88 % des Français ont modifié leurs habitudes** et trient leurs déchets mais un quart des ordures atterrit encore dans la mauvaise poubelle, surtout dans les grandes villes (Paris et Lyon notamment).

> **L'ÉNERGIE :**
Le pétrole : la France importe du pétrole en provenance de la mer du nord et du Proche Orient.
L'électricité : la France produit 78 % d'énergie nucléaire, 11 % d'énergie hydraulique ou éolienne, 11 % d'énergie d'origine thermique. Elle en exporte également.
Le charbon : la France produit du charbon vite absorbé par les centrales électriques et la sidérurgie.
Le gaz : la consommation de gaz naturel se répartit entre l'industrie et le résidentiel. Peu de véhicules sont équipés au gaz, environ 1 bus sur 3 seulement.
Les énergies renouvelables : environ 60 % de l'énergie consommée en France chaque jour provient de sources énergétiques renouvelables. La France est la première consommatrice d'appareils de chauffage au bois en Europe.

> **LA POPULATION :** Selon une enquête publiée par Ipsos, quelque 2 millions de Français ont déserté les espaces urbains au cours des cinq dernières années pour s'installer dans des communes de moins de 2 000 habitants.
Un mouvement qui devrait se confirmer dans les cinq ans à venir avec un flux de 2,4 millions de **néo-ruraux** supplémentaires.

> **L'HABITAT :** Le gouvernement français aide les particuliers depuis le 1er janvier 2005 s'ils achètent des équipements utilisant des sources d'énergie renouvelable : chauffage au bois avec inserts, foyers fermés, poêles, cuisinières ou chaudières, panneaux solaires pour la production d'eau chaude et d'électricité... Les utilisateurs bénéficient d'un **crédit d'impôt** de 40 %. Les demandes de panneaux solaires ont ainsi doublé en un an.

> **LES VERTS :** L'écologisme, ou mouvement écologiste, qu'il soit de droite ou de gauche, est incontestablement de plus en plus reconnu dans notre société comme l'atteste le relatif succès des Verts en Europe.
Les sondages, depuis quelques années, classent l'environnement (selon les lieux et moments) au 1er, 2e ou 3e plan des préoccupations des Français avec le chômage et la lutte contre l'insécurité.

Logotype de la Charte du Développement durable cf: www.ecologie.gouv.fr

Diplômes

Les diplômes sont **nationaux** et ne dépendent ni du lieu de l'obtention ni de l'établissement qui les délivre.
Au-delà du bac (général, technologique, professionnel) ou d'un équivalent, les diplômes se divisent en 3 catégories :

- **les diplômes des grandes écoles**
(2 ans de classes préparatoires après le bac, entrée sur concours + 3 ans d'école) ;
- **les diplômes universitaires** : licence (3 ans après le bac), Master (5 ans), Doctorat (8 ans), système dit LMD, en harmonie avec les cursus européens,
- **les diplômes des formations courtes**
comme le BTS ou le DUT.

GRANDES ÉCOLES 3 ans	DOCTORAT	3 ans
	MASTER 2 - recherche (ex. DEA) - professionnel (ex. DESS)	4 ans
	MASTER 1 (ex. maîtrise)	
	LICENCE	6 ans
CPGE 2 ans	DEUG ou DEUST 2 ans		DUT 2 ans	BTS 2 ans

CPGE : classes préparatoires aux grandes écoles
DEUG / DEUST : diplôme d'études universitaires générales / scientifiques et techniques
DUT : diplôme universitaire de technologie
BTS : diplôme de technicien supérieur

Droit

Le mot désigne d'abord ce qui est permis dans une société, puis ce qui est exigible par les citoyens (les « droits » du citoyen) et, par extension, il signifie **l'ensemble des règles qui codifient les rapports en société**, donc la ou les lois. On parle de « droit coutumier » quand la justice est rendue selon l'habitude (la coutume) dans un pays ou une région, souvent de tradition orale, et on parle de « droit écrit » quand les lois ont été transcrites et rédigées. Les études juridiques s'appellent en France les études de droit, d'où l'expression « faire son droit » pour dire qu'on étudie la loi. Les lieux de cet enseignement dans les universités sont les **facultés de droit**.

E

Embauche

La loi sur l'égalité des chances du 31 mars 2006 préconise des C.V. sans photo, voire anonymes, afin de préserver, à compétences égales, les chances d'un candidat appartenant à une « minorité visible ». Des sanctions pénales sont prévues si une discrimination à l'embauche est prouvée. Cependant, cette instauration du C.V. anonyme ne sera pas appliquée par manque de décret d'application, alors qu'une enquête récente montre que les recruteurs, bien avant les compétences, sélectionnent prioritairement l'apparence (le look), la voix, la manière de s'exprimer et… la couleur de la peau.
Il est nécessaire d'accompagner son C.V. d'une lettre de motivation manuscrite, bien qu'avec l'usage de l'ordinateur les pratiques commencent à changer.

Erasmus

Les étudiants peuvent, après leur première année universitaire, effectuer une partie de leurs études dans un autre établissement européen (les 25 pays de l'UE + la Bulgarie, la Roumanie et la Turquie), pendant 3 mois minimum et 1 an maximum. Les études effectuées sont prises en compte pour l'obtention du diplôme dans l'université d'origine, grâce au système de crédits et au « contrat d'études » signé par l'étudiant avec les deux universités concernées avant son départ. La demande doit être faite auprès de l'université d'origine qui sélectionne les candidats. Une « bourse communautaire » peut être attribuée.

Esclavage

La réduction en esclavage, au profit du vainqueur, des peuples soumis par la guerre est une pratique très ancienne dans l'histoire du monde.
L'expansion économique de l'Europe après les grandes découvertes (XVIe siècle) est liée à l'exploitation, par l'esclavage, de la force de travail des indigènes d'abord, puis par **l'importation de populations** vendues ou enlevées sur les côtes de l'Afrique. La commercialisation des marchandises et des esclaves aux Amériques a apporté la prospérité, en France, de grands ports comme Bordeaux, Nantes, le Havre…
En 1794, après de nombreuses révoltes, l'esclavage est aboli par la Révolution française, qui a, dans son assemblée, des représentants des Antilles. Devenu Premier Consul en 1799, Napoléon rétablit l'esclavage et il faudra attendre la IIe République (1848) pour une **abolition définitive** plaidée par le député Victor Schœlcher.

Étranger

Ce mot a **deux sens** :
1. Personne dont la nationalité n'est pas celle d'un pays donné.
2. Personne qui ne fait pas partie ou n'est pas considérée comme faisant partie du groupe (familial, social...).
Une personne qui n'appartient pas à la même région qu'une autre peut-être considéré comme un étranger, même si elles ont toutes les deux la même nationalité.

F

Faits divers

Après la découverte de l'imprimerie par Gutenberg en 1462, les faits divers sont publiés sur des feuilles volantes et lues à haute voix par des colporteurs. Puis au XVIIe siècle, le ton devient plus sérieux. Ils sont publiés dans les « gazettes » qui s'adressent à un nouveau public : des gens qui savent lire. L'expression « fait divers » date du XIXe siècle et qualifie toutes **les informations dites « inclassables »**. Le fait divers se présente comme une histoire étonnante, cocasse, qui doit pouvoir être appréciée par tous, sans savoir particulier ; mais le mot à l'heure actuelle a perdu son identité.

Féminisme

Dès la Révolution, le mouvement des femmes pose ses bases, avec notamment les **clubs de femmes révolutionnaires** et en 1791 la Déclaration des Droits de la femme et de la citoyenne d'Olympe de Gouges. Les périodes du Consulat, de l'Empire et de la Restauration monarchique retirent aux femmes les droits qu'elles avaient historiquement conquis et le **Code Napoléon** (1804) les réduit à l'état de mineures, dépendantes de leur père puis de leur mari. Les luttes continuent cependant, en particulier pendant la Révolution de 1848, et, en 1870 (proclamation de la IIIe République), l'Association pour le Droit des femmes est créée. Le premier **congrès féministe** a lieu en 1892.
Un des droits fondamentaux, le droit de vote, est l'objet de longues luttes, mais il faudra attendre 1944 pour que les femmes françaises l'obtiennent. La publication en 1949 du *Deuxième sexe* de Simone de Beauvoir marque une étape importante dans le féminisme mondial. Le MLF (mouvement de libération de la femme) naît en 1970 ; la pression féministe permet de faire reconnaître pour les femmes « la libre disposition de leur corps ».
Aujourd'hui en France une femme gagne encore en moyenne 20 % de moins qu'un homme pour un travail égal et les tâches ménagères sont effectuées à 70 % par les femmes ainsi que les tâches éducatives au foyer qui sont prises en charge à 60 % par les femmes.

Festival

Il y a environ 1 800 festivals en France dont la majorité se déroulent l'été. **Les plus célèbres** sont le festival d'Aix-en-Provence, pour la musique classique, le festival d'Avignon pour le théâtre, le festival de Cannes pour le cinéma, le festival d'Angoulême pour la bande dessinée, les Francofolies de La Rochelle pour la musique et la chanson francophone, le festival de Montpellier pour la danse.

Affiche du Festival de Cannes en 2000 et 2005

Feuilleton

Le feuilleton est l'ancêtre de la « série » télévisée. Les premiers grands journaux du XIXe siècle, financés par la publicité, cherchaient à élargir leur lectorat et proposaient **un tiers de feuille**, le « feuilleton », à des écrivains pour faire paraître leurs romans en fragments. Balzac, Alexandre Dumas, Émile Zola et beaucoup d'autres ont d'abord publié leur œuvre sous cette forme. Les épisodes se terminaient par un « suspense » qui donnait envie d'acheter le journal du lendemain.

Francophonie

La francophonie désigne l'ensemble des États et gouvernements ayant **la langue française en partage**. Aujourd'hui, il y a environ 150 millions de francophones dans le monde. Pour certains, le français est leur langue maternelle (c'est le cas en France et dans ses départements et territoires d'outre-mer, au Québec, dans la principauté de Monaco et, en partie, en Belgique et en Suisse notamment). D'autres apprennent le français à l'école, comme en Afrique du Nord, en Afrique subsaharienne ou au Luxembourg. Dans des pays, comme le Liban, le Vietnam, la Roumanie, il y a d'importantes minorités francophones.

Attention : on confond parfois la francophonie en tant que concept avec l'Organisation Internationale de la Francophonie, organisation politique, économique et culturelle, qui regroupe un certain nombre de pays qui ne sont pas pour autant ceux où le français est très utilisé ou reconnu officiellement.

Le terme francophonie a été utilisé à l'origine de façon purement descriptive par les géographes, le mot ayant été « inventé » par Onésime Reclus (1837-1916) qui publia avec son frère Élisée l'ouvrage *La France et ses colonies* (1889). Ce n'est qu'après la seconde guerre mondiale, à partir d'un numéro spécial de la revue *Esprit* en 1962 que la **« conscience francophone »** s'est développée, en particulier sous l'impulsion du poète et homme politique sénégalais Léopold Sédar Senghor.

Le 20 mars est consacré *Journée internationale de la Francophonie*.

Genres littéraires

> **LE CONTE** : récit souvent **merveilleux** destiné à distraire. Il peut être synonyme de « fable » quand il contient une morale. Le mot a vite signifié aussi « histoire invraisemblable et mensongère », comme dans l'expression : des contes à dormir debout.

> **LA NOUVELLE** : **court récit de fiction** constituant un tout et dont l'intérêt est souvent concentré dans la « chute ». Les Français et francophones sont moins producteurs de nouvelles que les Anglo-saxons, par exemple, sauf dans le genre fantastique, comique ou absurde. Parfois, s'il s'agit de nouvelles « morales », on associe la nouvelle au conte.

> **LE ROMAN** : à l'origine (au Moyen-Âge), c'est un long texte en langue française (« romane ») où dominent les aventures fabuleuses et l'amour courtois. Puis, dès le XVIe siècle, le mot désigne une **œuvre d'imagination** qui présente et fait vivre des personnages dans un milieu donné, en s'attachant à leur histoire, leurs aventures et leur psychologie (à la différence du **récit** qui relate seulement des faits). Le genre s'est beaucoup développé en France au XIXe siècle avec de grands romanciers : Stendhal, Balzac, Alexandre Dumas, Victor Hugo, Flaubert, Zola… **Le nouveau roman**, apparu dans les années 1950-60 rejette la psychologie pour privilégier les descriptions objectives ou la présentation d'un point de vue « de l'intérieur » du roman. Michel Butor, Alain Robbe-Grillet, Nathalie Sarraute, Claude Simon et, indirectement, Marguerite Duras avec son style particulier, qualifié « d'écriture blanche », font partie de ce mouvement.

> **LA POÉSIE** : ce genre littéraire, le plus ancien, qui peut aller d'un texte court à une œuvre de milliers de vers, se distingue par le travail sur la **mélodie**, les sons, le rythme et les formes, très codifiées jusqu'au milieu du XIXe siècle (à cette époque Baudelaire inaugure le « poème en prose » et Rimbaud le « vers libre »). Genre essentiellement **oral**, le poème (pièce de poésie) peut être scandé, dit à haute voix et, souvent, chanté ou accompagné de musique. Beaucoup de **compositeurs de la chanson** francophone sont qualifiés de « poètes » dans les anthologies (Georges Brassens, Léo Ferré en France ; le belge Jacques Brel ; Gilles Vigneault ou Félix Leclerc au Québec).

> **LE THÉÂTRE :** ce genre, qui commence par la représentation des mystères religieux sur le parvis des églises au Moyen-Âge se caractérise par un **dialogue** écrit, avec des personnages. Le texte est le support d'une **représentation** (mise en scène). Les indications de mise en scène s'appellent les didascalies.

On situe l'anoblissement du genre théâtral (jusque-là distraction populaire) à l'époque classique, quand Louis XIV, lui-même amateur et acteur, a reconnu le théâtre comme spectacle digne de l'aristocratie, en particulier la tragédie, souvent inspirée du théâtre grec. Les grands noms du théâtre français sont : Corneille et Racine (tragédie), Molière (comédie). Le XVIIIe siècle a produit un théâtre de contestation sociale avec Marivaux, *Le Jeu de l'amour et du hasard*, puis Beaumarchais, *Le Barbier de Séville*, *Le Mariage de Figaro*. Le XIXe siècle a connu de grands auteurs romantiques (Alfred de Musset, Victor Hugo) et historiques (Edmond Rostand avec *Cyrano de Bergerac*). Le théâtre moderne a été qualifié de « théâtre de l'absurde », apportant un regard très critique, après les guerres en Europe, sur l'absurdité du monde (Albert Camus, puis Eugène Ionesco, Samuel Beckett...).

Au-delà des auteurs, **les metteurs en scène** ont gagné la reconnaissance du public (Jean Vilar dans les années 1950, aujourd'hui Jérôme Savary, Alfredo Arias, Peter Brook ou Ariane Mnouchkine dans des styles très différents).

LE MALADE IMAGINAIRE
Comédie de MOLIÈRE
Huile sur toile, 1861

LE THÉÂTRE DE
LA COMÉDIE-FRANÇAISE
Vue extérieure
de la salle Richelieu
© Claude Gafner

LES GALERIES LAFAYETTE

Grands magasins

Un grand magasin est un magasin disposant d'une grande surface de vente, généralement disposée sur plusieurs étages, implanté en **centre ville** et proposant à la vente un vaste assortiment de marchandises exposées dans des rayons spécialisés.

Les grands magasins sont apparus au **XIXe siècle**. Le premier du genre fut *le Bon Marché* fondé à Paris en 1852 par Aristide Boucicaut, qui inspirera à Émile Zola son roman *Au Bonheur des Dames*.

En France, les deux magasins les plus importants sont : *les Nouvelles Galeries* et *Monoprix*.

À Paris, on trouve : les *Galeries Lafayette*. Elles sont situées dans le IXe arrondissement, boulevard Haussmann. Aujourd'hui, elles reçoivent plus de 20 millions de visiteurs par an, soit environ 55 000 par jour. Au total, c'est la plus grande surface de vente du monde occidental et le plus important magasin européen par le chiffre d'affaires.

Le Printemps a été fondé à Paris en 1865 par Jules Jaluzot. Ce magasin, également situé boulevard Haussmann, abrite une coupole en vitrail de style Art Nouveau, installée en 1923. En 1975, la façade et la coupole du bâtiment ont été classés comme monuments historiques.

Le Bon Marché est situé dans le VIIe arrondissement, rue de Sèvres. Il est devenu le magasin de luxe de la rive gauche.

Le Bazar de l'Hôtel de Ville (BHV) est situé rue de Rivoli près de l'Hôtel de Ville dans le Ier arrondissement.

La Samaritaine est aussi située rue de Rivoli et est fermée actuellement pour rénovation.

I

Immigré

C'est une personne qui est venue de l'étranger par rapport au pays qui l'accueille. Les immigrés sont souvent des personnes venues de pays peu développés pour s'installer dans un pays industrialisé. Ils se sont expatriés pour des raisons souvent **économiques** ou quelquefois **politiques**. On les appelle aussi les travailleurs émigrés.

Internet

Près d'un Français sur deux allume un ordinateur tous les jours et un tiers se connecte à Internet quotidiennement. **Un quart des Français** communiquent par mél tous les jours. Les usages d'Internet les plus fréquents sont la recherche d'information, les services bancaires, la messagerie et la radio.

J

Justice

Chaque citoyen de plus de 18 ans a un **casier judiciaire** où sont consignées les éventuelles condamnations. Pour exercer certaines professions (fonctionnaire, enseignant...), il est demandé de fournir un extrait de casier judiciaire vierge (c'est-à-dire sans condamnation).

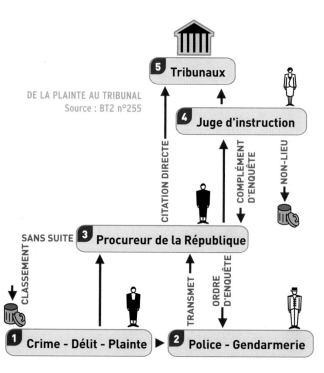

DE LA PLAINTE AU TRIBUNAL
Source : BT2 n°255

L

Lecture

On recense en France 420 manifestations différentes pour la promotion du livre et de la lecture. La semaine « Lire en fête » en octobre (qui a remplacé « La fureur de lire ») incite à la lecture dans les établissements scolaires, les bibliothèques, etc. Un salon du livre a lieu chaque année à Paris en mars, ainsi qu'un salon du livre pour la jeunesse à Montreuil, en Seine-Saint-Denis, fin novembre. De nombreux **prix littéraires** sont décernés fin octobre. Parmi les plus prestigieux : le Goncourt, le Renaudot, le prix Médicis (+ le Médicis étranger), le prix de l'Académie française. La poésie n'est pas oubliée avec l'opération *Printemps des poètes* qui a lieu en mars dans toute la France.

M

Manifestation

Le mot exprime à l'origine une expression visible d'un élément abstrait (signe religieux, émotion...) et garde le sens de la présentation d'un **événement collectif** ou public. Ainsi, on parle de manifestation culturelle lors d'un festival par exemple. En 1865, le mot est choisi pour signifier « démonstration collective, publique et organisée d'une opinion ou d'une volonté » et désigne les grands rassemblements de protestation contre une décision ou un dirigeant politique.
L'ampleur des manifestations est un signe du mécontentement « de la rue » contre les pouvoirs organisés et peut entraîner des émeutes. Le « dialogue social » étant très conflictuel en France, les manifestations sont devenues un **moyen d'expression courant des citoyens**.

Marchés

Les marchés sont depuis toujours des lieux d'échanges de marchandises mais aussi d'idées. Ils structurent le territoire et animent la vie sociale des **villes et villages**. Très attractifs pour les marchands comme pour les clients, ces commerces de grande proximité contribuent au dynamisme économique d'un quartier ou d'une région.
Le contact direct avec les clients est l'un des grands avantages de la vente sur les marchés pour les commerçants dits non sédentaires. L'autre avantage majeur est une bonne valorisation des produits, qui se traduit par une meilleure rentabilité. Ainsi les poissonniers et les crémiers par exemple sont plus nombreux à exercer sur les marchés qu'en boutiques.

À Paris, en 1860, 51 lieux d'accueil pour le commerce non sédentaire existaient déjà. Avec la création de nouveaux marchés et l'ouverture de certains d'entre eux l'après-midi, la ville de Paris compte désormais 91 marchés, y compris les puces et les marchés spécialisés. Il y a 68 marchés alimentaires découverts, dont trois biologiques. Ils offrent aux Parisiens une grande variété de produits frais.

Au 13 marchés couverts, s'ajoutent les marchés spécialisés en fleurs, oiseaux ou vêtements, les marchés aux puces, brocantes, déballages et vide-greniers qui se sont multipliés ces dernières années. Traditionnellement, le week-end du 1ᵉʳ mai est celui de tous les records pour les brocantes, puces, déballages et vide-greniers. Au total, pendant ce week-end, on recense plus d'un millier d'événements du genre en France.

Sur les marchés, de nombreux **camelots**, marchands ambulants, vendent des marchandises à bas prix et savent captiver l'attention du client grâce à leur « **boniment** » (manière de parler haute en couleurs) quand ils font la démonstration et vantent les qualités de leurs produits.

Moyens de paiement

Environ un tiers des paiements se font par **carte bancaire**, pour un montant moyen de 46 euros. Un peu moins d'un tiers des transactions se font encore par **chèque** pour un montant moyen de 594 euros, le plus bas d'Europe. 62 % des Européens possèdent une carte de paiement.

Musée

La France compte 1 188 musées. Paris est la ville de France qui en compte le plus, 53 au total. Du musée d'Art contemporain au musée de la Poupée en passant par le musée Rodin, il y en a pour tous les goûts. Parmi les 15 musées nationaux, les plus visités sont le **Louvre** qui détient le record des fréquentations avec environ 15 600 entrées quotidiennes puis viennent le centre Georges Pompidou, la Cité des Sciences et de l'Industrie, le Grand Palais, le musée d'Orsay et le musée d'Art moderne.

O

O.N.G.

Organisations non gouvernementales, ce sont souvent des organisations humanitaires d'ordre sanitaire ou éducatif (Médecins sans frontières, Médecins du Monde, ATD Quart Monde...). L'expression O.N.G. est apparue en 1946 et est aujourd'hui parfois remplacée par les sigles O.S.I. ou A.S.I. (organisations ou associations de solidarité internationale). **Elles ne disposent pas** en France de **définition juridique spécifique** ni d'une reconnaissance de l'État. Elles sont gérées comme des associations et sont donc considérées comme des organisations de vie associative privées, développant sans but lucratif (sans but de bénéfices) une activité internationale consacrée à la solidarité avec envers des populations défavorisées.

P

Peinture

LES GRANDS MOUVEMENTS

> LES MOUVEMENTS PRÉCURSEURS DE L'IMPRESSIONNISME

Entre 1820 et 1850, la peinture française a connu de prestigieux mouvements artistiques, avec d'abord *le romantisme* (Géricault, Delacroix), puis *le réalisme* (Courbet et Millet) et *le naturalisme* avec les peintres de l'École de Barbizon (le Douanier Rousseau et Corot). Puis, sous l'influence des paysagistes britanniques comme Turner, **le paysage** devient un genre à part entière dans la peinture française, dont Corot est le représentant le plus illustre. Courbet, Corot et Delacroix représentent alors l'avant-garde de la peinture française et vont constituer les modèles dont tous les impressionnistes s'inspirent à leurs débuts.

> L'IMPRESSIONNISME

Une nouvelle peinture, qui prendra le nom d'impressionnisme en 1874, va voir le jour en France, entre 1860 et 1890. Le peintre Manet déclare : « Je peins ce que je vois et non ce qu'il plaît aux autres de voir ». Cette phrase résume la revendication de l'artiste à donner sa **vision personnelle**, celle de sa propre subjectivité.

Les futurs impressionnistes vont introduire des procédés picturaux nouveaux : l'utilisation de tons clairs, la division des tons (un orange, par exemple, est représenté par la juxtaposition de deux couleurs pures le rouge et le jaune), l'obtention de la forme et du volume par les touches et les couleurs, l'utilisation de l'épaisseur... Le courant impressionniste est donc bien à l'origine d'une **grande révolution artistique**.

Si aujourd'hui les impressionnistes sont au firmament de l'art pictural, il est important de rappeler à quel point leur peinture fut incomprise, rejetée et honnie à leur époque.

En vingt-cinq ans, de 1860 à 1886, au cours du siècle où la photographie a été inventée, la peinture impressionniste a quitté la représentation strictement figurative pour inventer un nouveau mode de représentation artistique qui allait marquer le commencement de la peinture moderne non figurative.

Les œuvres des grands peintres réputés impressionnistes sont en réalité diverses et bien différentes entre elles. S'il y a bien un style « impressionniste » - dont Pissarro, Monet, Sisley sont les représentants les plus typiques -, chaque peintre suit sa propre recherche, son propre cheminement individuel.

> LE FAUVISME

Le fauvisme, mouvement pictural français, s'affirme au Salon d'automne de Paris en 1905 et s'éteint dès 1907. Les peintres désirent alors séparer la couleur de sa référence à l'objet et libèrent sa **force expressive**. Ils réagissent de manière provocatrice contre les sensations visuelles de l'impressionnisme et répondent avec violence au défi de la photographie.

L'inspiration des arts africains et océaniens marque l'esthétique fauve. De rares marchands soutiennent les « fauves », tandis que la critique et le public leur montrent beaucoup d'hostilité.

Henri Matisse (1869-1954) est considéré comme le chef de file du mouvement. Il entrechoque les tons purs pour opposer les plans. Il abandonne ensuite le style esquissé pour l'arabesque et la subtilité des accords colorés.

Les autres peintres qui s'inscrivent dans le fauvisme sont Georges Rouault (1871-1958), Maurice de Vlaminck (1876-1958) et Georges Braque (1882-1963), le dernier à entrer dans le groupe en 1906.

> LE CUBISME

Ce mouvement artistique s'est développé des années 1900 jusqu'au début de la guerre, en 1914. Le terme cubisme est revendiqué par Georges Braque et Pablo Picasso.

Ce mouvement change et bouleverse l'approche de la réalité, qui jusque-là se basait sur la perspective unique. Il fait appel au spectateur qui doit faire un effort pour compléter ce qui est représenté car **les formes sont symboliques**. Le graphisme cherche à faire comprendre l'objet, non par son enveloppe externe mais par ce qu'il est. C'est une approche graphique particulière, le peintre faisant l'économie des couleurs qui ne sont pas éclatantes mais plutôt sombres.

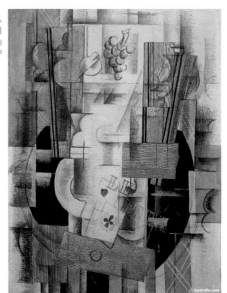

GEORGES BRAQUE, 1913
CENTRE POMPIDOU
© ADAGP

Police

La Police assure l'application des règlements et le respect de l'ordre public.

On compte différents corps de Police :

> LA POLICE URBAINE qui exerce sur la voie publique dans les villes.

> LA POLICE NATIONALE, les Renseignements Généraux (centralisant les informations pour la sécurité intérieure), la Direction de Surveillance du Territoire (DST, qui lutte contre les manœuvres d'espionnage et d'ingérence venues de l'extérieur), la police judiciaire (crimes et délits), la police de l'air et des frontières (qui contrôle la circulation des personnes) et les CRS, Compagnies Républicaines de Sécurité (constituant une réserve spéciale en cas de calamités publiques, pour le secours en montagne et la répression d'émeutes) dépendent toutes du **ministère de l'Intérieur**.

> LA GENDARMERIE NATIONALE est une force militaire qui dépend du **ministère de la Défense** et qui est chargée entre autres des contrôles routiers et des enquêtes de crimes et délits en zone rurale.

Pourboire

Somme d'argent remise, à titre de gratification, par le client à un travailleur salarié, **en plus** de son salaire. En France, **le service de 15 % est compris** dans les restaurants et les cafés ; le pourboire vient donc en plus et est laissé à l'appréciation du client. Il est d'usage d'en donner aux employés de certaines professions : serveurs, chauffeurs de taxi, coiffeurs, livreurs, ouvreuses de salles de spectacle privées.

Presse

> PRESSE QUOTIDIENNE

On distingue la **presse quotidienne** (**les quotidiens**), imprimée sur du papier bon marché, de la **presse magazine** (**publications périodiques**), plus luxueuse et plus illustrée. Au sein des quotidiens, il est important de distinguer la **presse quotidienne nationale**, diffusée sur tout le territoire (*Le Monde*, *Libération*, *Le Figaro*), de la **presse quotidienne régionale**, qui traite de l'actualité locale et nationale. Cette distinction est importante car les enjeux de ces deux types de presse écrite ne sont absolument pas les mêmes. L'une se bat pour garder son indépendance à l'égard du monde politique (presse quotidienne nationale), l'autre se bat pour survivre et doit donc veiller à ne pas perdre son indépendance à l'égard des publicitaires (presse quotidienne régionale).

Depuis quelques années, la presse quotidienne nationale et régionale est en recul. Ce phénomène s'est accentué avec l'apparition de la presse d'information gratuite.

> PRESSE GRATUITE D'INFORMATION

Ces journaux s'appellent communément **des gratuits**. La presse gratuite est avant tout une presse diffusée publiquement à grande échelle par un financement entièrement publicitaire. Ces médias d'information sont distribués gratuitement, généralement de la main à la main ou en présentoirs aux abords des bouches de métro, des gares, c'est-à-dire des endroits citadins de passage.

> PRESSE MAGAZINE

Si la presse quotidienne se porte mal, la presse magazine est **florissante**. Elle a connu une grande diversification qui lui permet d'être plus ciblée, de favoriser la fidélisation de ses lecteurs et de mieux résister à la concurrence des autres **médias** (dont les médias électroniques). En effet, chaque jour, 30 millions de personnes, soit environ 60 % des Français, lisent au moins un magazine. La lecture des magazines se fait essentiellement à domicile et occasionnellement chez des parents ou des amis, sur le lieu de travail ou dans une salle d'attente.

R

Radio

La radio est le **média préféré** des Français. Ils l'écoutent en moyenne 2h52 par jour, en semaine, principalement pour la musique (60 %), puis pour les informations (52 %), les émissions d'humour et les jeux (20 %) ; pour les émissions interactives (où les auditeurs peuvent intervenir) (16 %), les émissions culturelles (11 %), les émissions politiques (9 %) françaises et francophones. Ils écoutent la radio chez eux ou en voiture.

Les radios francophones publiques sont constituées de l'association des quatre diffuseurs publics francophones : Radio France, Radio Suisse Romande, Radio Canada et la Radiotélévision belge de la communauté française. Elles constituent un lieu privilégié de rencontres, d'échanges et surtout de création. Elles rassemblent plus de 20 stations de radio et ont près de 75 millions d'auditeurs potentiels.

Régions

Longtemps pays très centralisé, la France a entamé un **processus de décentralisation** depuis les années 70. La région comme division administrative est créée en 1972 et la loi de 1982 lui donne un statut d'autonomie financière et décisionnelle dans les choix économiques et l'aménagement du territoire. 26 régions ont été créées en France métropolitaine et DOM-TOM

Roman policier

Le genre du roman policier, le « polar », est ancien en France et commence au milieu du XIXᵉ siècle avec les romans d'Émile Gaboriau. Le début du XXᵉ siècle est marqué par le personnage de *Fantômas*, créé par Pierre Souvestre et Marcel Alain qui est paru en feuilleton et dans lequel le personnage principal est un malfaiteur terrible et inquiétant. Fantômas a été adapté au cinéma par Louis Feuillade. On peut citer, pour les années 1930 à 1960, à part Georges Simenon, Louis C. Thomas, ou Pierre Boileau et Thomas Narcejac (*Sueurs froides*, devenu *Vertigo* scénarisé par Alfred Hitchcock, *Les Diaboliques*...). On assiste à un **renouveau du genre** depuis les années 80 avec Fred Vargas ou Jean-Claude Izzo qui reprennent la figure emblématique d'un commissaire de police plus « humain » que policier.

La lecture en général, concurrencée par les nouveaux loisirs électroniques, est en recul. À une exception près : les romans policiers dont les ventes sont en **constante expansion**. 18 millions de volumes vendus par an en France, un livre sur cinq... Désormais, toutes les grandes maisons d'édition littéraire ont au moins une collection policière. Une enquête réalisée pour le ministère de la Culture sur les raisons de cet engouement a montré que les lecteurs recherchent une lecture distrayante, qui n'exige aucun bagage culturel et dont les codes de récit sont clairs et stables. Ils apprécient particulièrement les récits de vie quotidienne, « réelle », qui présentent un reflet de la vie sociale contemporaine.

S

Science-Fiction française

Vers 1950, les œuvres de **Jules Verne** (réunies sous le titre *Voyages extraordinaires*, écrits entre 1863 et 1897) cessent d'être considérées comme une littérature pour la jeunesse et apparaissent comme des textes précurseurs de **l'anticipation scientifique** (exemple : *De la Terre à la Lune*, *20 000 lieues sous les mers*, *Voyage au centre de la Terre*...). En même temps on redécouvre les romans de J.-H Rosny aîné, ancien disciple de Zola, qui se fonde sur les découvertes de la paléontologie pour réinventer l'histoire de l'humanité, de ses origines jusqu'à une fin catastrophique où l'homme est détrôné par une espèce « supérieure » (*La Guerre du feu*, 1911 ; *Les Navigateurs de l'infini*, 1925). Ainsi, avant que la science-fiction ne devienne une spécialité anglo-saxonne, particulièrement américaine (roman, cinéma, télévision, bande dessinée), la littérature française a révélé les possibilités romanesques d'un nouvel imaginaire, stimulé par les découvertes scientifiques.

C'est surtout après 1945 que se développe le genre, distingué par des écrivains reconnus comme René Barjavel (*Ravages*, 1943), André Maurois (*Les Mondes impossibles*, 1947) ou Pierre Boulle (*La Planète des singes*, 1963) qui proposent, au-delà de la simple anticipation scientifique, une mythologie du monde moderne tout en intégrant des rêves universels : l'utopie sociale, l'âge d'or, la conquête de l'immortalité.

En Belgique, Jean Ray et Jacques Sternberg sont les deux grandes références de la science-fiction moderne, qui garde chez eux des liens très forts avec le genre dit « fantastique ».

Parmi les auteurs contemporains, on peut citer Gérard Klein (*Le Long Voyage*, 1964-1988), Jean-Christophe Grangé (*Les Rivières pourpres*, porté au cinéma avec grand succès en 2000 par Mathieu Kassovitz) et un auteur très apprécié du grand public Bernard Werber (*La Trilogie des fourmis*, 1991-96 ; *L'Empire des Anges*, prix Jules Verne 2000).

Soldes

Ce sont des marchandises vendues légalement à un prix inférieur au prix normal ou fixé. Les soldes se font généralement **deux fois dans l'année** : deux semaines en **janvier** pour les soldes d'hiver et deux semaines en **juillet** pour les soldes d'été. Ces deux périodes attirent beaucoup de clients étrangers et le chiffre d'affaires des grands magasins, en particulier, augmente beaucoup. Depuis quelques années cependant, la part des consommateurs déclarant attendre les soldes pour faire leurs achats est passée de 72 % à 62 %. Cette moindre affluence s'explique en partie par le vieillissement de la population. L'âge venant, on évite la foule !

Stage

Période de **formation professionnelle** dans un service d'une entreprise, effectuée généralement pendant les études secondaires ou universitaires. Cette période d'études pratiques est imposée pour les métiers manuels, mais est aussi **souvent obligatoire** pour accéder à certaines professions libérales ou publiques : avocat, professeur...

La loi du 31 mars 2006 prévoit pour les apprentis en formation professionnelle le paiement d'une « gratification financière » qui n'a cependant pas le caractère d'un salaire. Les autres stages en entreprise, scolaires ou universitaires, ne sont généralement pas rémunérés. Mais, selon la même loi, leur durée ne peut pas excéder six mois et, si elle est supérieure à trois mois consécutifs, ils doivent faire l'objet d'une « gratification ».

Système scolaire

Environ 15 millions
de jeunes scolarisés

ÉCOLES, COLLÈGES, LYCÉES	12 126 000
DONT DANS LE PRIVÉ	2 011 000
ÉTUDIANTS (600 000 en 1968)	2 209 000
APPRENTIS	605 000

T

Transports en commun

L'organisation des transports en commun est répartie entre différentes autorités :
- **L'État** organise les transports d'intérêt national, notamment par l'intermédiaire de la Société Nationale des Chemins de Fer (SNCF) et du Réseau ferré de France.
- **Les régions** s'occupent des trains express régionaux (TER) et de quelques lignes routières.
- **Les départements** gèrent les réseaux interurbains.
- **Les communes** ont la responsabilité des transports urbains.

> **LES GARES :** De la majestueuse gare de Lyon à Paris à la simple petite halte de campagne, les gares de France sont, depuis le milieu du XIXᵉ siècle, l'un des principaux repères de la vie quotidienne des Français. Chacune porte le témoignage d'une époque, d'une période historique, d'un style architectural, d'un mode de vie dont elle exprime les valeurs ou évoque le souvenir. Gares d'autrefois devenues des temples du voyage moderne, anciens édifices reconvertis en habitation, en mairie ou en musée ; ou audacieuses créations architecturales modernes liées au développement du TGV, toutes constituent un **patrimoine social et culturel inestimable**.
La gare de Tours a été construite en 1898 dans le style Art déco. Pour réaliser ce bâtiment, l'architecte Victor Laloux s'est inspiré de l'architecture gréco-romaine.
Sur l'ensemble de sa façade se retrouvent des motifs couramment utilisés dans les constructions gréco-romaines (feuilles d'acanthes, têtes de lion, caducée d'Hermès...). Dans cet édifice, Victor Laloux a réalisé la transposition d'une architecture de pierre en fer. Victor Laloux a été également l'architecte de la gare d'Orsay, devenue musée en 1986.

Tribunal

> **LE TRIBUNAL** est le lieu de jugement des affaires judiciaires. Les principaux tribunaux sont :
- le tribunal administratif pour les litiges avec l'État ;
- le tribunal de commerce pour les affaires commerciales et la liquidation des entreprises ;
- le tribunal des prud'hommes pour les conflits du travail ;
- le tribunal civil pour les conflits familiaux (divorces...) ;
- le tribunal pénal pour les délits et crimes, divisé en 3 cours ;
- le tribunal de police pour les amendes et peines accessoires ;
- le tribunal correctionnel pour les délits risquant la prison ;
- la cour d'assises pour les crimes.

Un tribunal spécial est prévu pour les mineurs de moins de 16 ans : le tribunal pour enfants.
L'armée a son propre tribunal : le tribunal militaire.

> **LES PROCÈS** ont lieu dans l'enceinte de chaque tribunal et sont **publics**. Dans certains cas : procès de mineurs, terrorisme, cas de violences extrêmes pouvant émouvoir le public et créer du désordre, ils se déroulent « à huis clos » (portes fermées). Un procès comporte la présentation des faits qui sont reprochés à l'accusé, l'audition des experts et des témoins, le réquisitoire du procureur et la plaidoirie du défenseur. Après quoi la cour (magistrats et jury en cour d'assises) délibère et énonce le verdict, puis la peine.
La **peine de mort** a été **abolie** en France le 9 octobre 1981, peu après l'arrivée au pouvoir de François Mitterrand en tant que président de la République, sur proposition de l'avocat Robert Badinter. La dernière exécution par la guillotine eu lieu en 1977 et le dernier condamné à mort a été gracié en 1980.
Dans les pouvoirs spéciaux du président de la République demeure un pouvoir « régalien » (pouvoir du roi) : **le droit de grâce**. La peine est commuée ou supprimée, mais le condamné n'est pas innocenté. En revanche, **l'amnistie** « blanchit » les contrevenants ou délinquants de leur faute.

LE TRIBUNAL
DE GRANDE
INSTANCE DE PARIS

U

Uniforme

Le nom a d'abord désigné le costume militaire.
Dès 1830, il signifie tout vêtement obligatoire dans la vie professionnelle. L'uniforme civil se porte pour identifier des fonctions (agents des services publics, magistrats, pilotes...), pour signaler l'appartenance à un groupe (chaînes de restaurants, magasins...) ; il se porte également pour des raisons d'**hygiène** (commerces alimentaires...), de **tradition** (garçons de café) ou parfois pour des raisons de « **distinction** » (l'habit vert des Académiciens français).
Les étudiants de certaines grandes écoles (Polytechnique, qui dépend du ministre de la Défense ou Les Arts et Métiers) portent un uniforme. Cet usage est supprimé pour les écoliers et les lycéens depuis les années 60.

Université

La grande majorité des universités (86) sont **publiques**. Elles sont ouvertes aux étudiants **titulaires du bac** qui doivent s'inscrire dans leur académie (division administrative de l'enseignement) d'origine.
Les universités privées sont confessionnelles (7 catholiques et 3 protestantes). On compte 4 universités totalement privées.
Pour tous les publics et tous les âges, se sont créés depuis le XIXe siècle, en partenariat avec les grandes universités, des cycles de cours et de conférences ouverts à tous. C'est le principe des universités populaires, que l'on retrouve par exemple à l'Université de tous les savoirs ou dans les universités inter-âges.

V

RÉFÉRENDUM SUR
L'EURO EN SUÈDE

Vote

Le vote en France est un devoir des citoyens, mais il n'est pas obligatoire. À 18 ans, on s'inscrit sur les listes électorales de sa mairie pour participer aux élections.
Les Français sont appelés à participer à 6 élections directes pour élire leurs représentants :
- **les députés au Parlement européen**, tous les 5 ans par listes ;
- **les députés à l'Assemblée nationale**, tous les 5 ans, vote majoritaire par nom de candidat ;
- **les conseillers locaux** : **municipaux** (commune), **généraux** (département), **régionaux** (région), par listes, qui élisent ensuite les présidents des conseils (général et régional). Les conseillers sont renouvelés tous les six ans ;
- depuis 1962, **le président de la République** est également élu au suffrage universel direct, à la majorité absolue (+ de 50 % des votes exprimés). Le mandat de 7 ans (septennat) est passé, depuis 2002, à un mandat de 5 ans (quinquennat).

PRÉCIS GRAMMATICAL

LES PRONOMS

1. LES PRONOMS RELATIFS SIMPLES

La proposition relative est introduite par un pronom relatif qui remplace un nom ou un groupe nominal de la proposition principale. Ce nom ou groupe nominal est appelé antécédent.
*Exemple : Ce film raconte l'histoire d'un jeune homme **qui** quitte l'Irlande à la fin du XIXᵉ siècle.* ➔ Le pronom relatif *qui* remplace le groupe nominal antécédent *un jeune homme*.

La forme du pronom relatif dépend de sa fonction dans la proposition relative.

L'antécédent est : \ Le pronom relatif est :	Sujet	Complément d'objet direct	Complément de lieu et complément de temps	Complément d'objet indirect introduit par *de*
une(des) personne(s)	qui	que		dont
une(des) chose(s) ou un(des) être(s) inanimé(s)			où	

Exemples :
- *Les vacances, ce sont des moments **qu'**on attend avec impatience, **dont** on rêve toute l'année mais **qui** semblent toujours trop courts !*
- *Le bureau **où** vous devez déposer votre dossier se trouve au premier étage.*
- *Je me souviens très bien du jour **où** nous sommes arrivés à Paris.*
- *Il nous a présenté la jeune fille **dont** il est amoureux.*

2. LES PRONOMS RELATIFS COMPOSÉS

L'antécédent est : \ Le pronom relatif est :	Complément d'un verbe suivi des prépositions *avec, par, pour, sans, ...*	Complément d'un verbe suivi des prépositions *à, grâce à, ...*	Complément d'un verbe suivi des groupes prépositionnels *près de, à côté de, à cause de, ...*
une(des) personne(s)	avec qui, sans qui **ou** avec lequel sans laquelle par lesquels pour lesquelles	à qui, grâce à qui **ou** auquel à laquelle grâce auxquels auxquelles	près de qui, à côté de qui **ou** près duquel à côté de laquelle près desquels à cause desquelles
une(des) chose(s) ou un (des) être(s) inanimé(s)	par lequel avec laquelle pour lesquels sans lesquelles	auquel à laquelle grâce auxquels auxquelles	près duquel à côté de laquelle près desquels à cause desquelles

Exemples :
- *Je vais vous présenter les personnes **avec qui** (**avec lesquelles**) vous allez travailler.*
- *Les gens **à côté de qui** (**à côté desquels**) nous étions assis n'ont pas cessé de discuter pendant tout le spectacle.*
- *Le loisir **auquel** je me consacre le plus ? La lecture !*

3. LA MISE EN RELIEF

La mise en relief permet d'insister sur un élément de la phrase. D'un emploi très fréquent à l'oral, elle peut être exprimée par la phrase relative et le pronom neutre *ce*.

L'antécédent est : / Le pronom relatif est :	Sujet	Complément d'objet direct	Complément d'objet indirect introduit par *de*	Complément d'un verbe suivi des prépositions *à, avec, pour, sans, ...*
le pronom neutre *ce*	qui	que	dont	quoi

Exemples :
- *Dans son nouveau poste, **ce qui** lui plaît, ce sont ses responsabilités mais **ce qu'**elle n'apprécie pas, ce sont les horaires tardifs. En tout cas, **ce dont** elle est sûre, c'est qu'elle va tout faire pour réussir.*
- *Ce **à quoi** je tiens par dessus tout, c'est ma tranquillité !*

4. LES PRONOMS PERSONNELS

Pour les personnes			
Pronoms sujet	**Pronoms complément d'objet direct**	**Pronoms complément d'objet indirect**	**Pronoms utilisés après une préposition**
je	me	me	moi
tu	te	te	toi
il	le (l')	lui	lui
elle	la (l')		elle
nous	nous	nous	nous
vous	vous	vous	vous
ils	les	leur	eux
elles			elles

Exemples :
- *Vous avez rencontré la nouvelle assistante de direction ? Que pensez-vous **d'elle** ?*
- *Je **la** trouve très sympathique.*

- *J'ai envoyé un mél à Paul et Sonia : je **les** ai invités pour samedi prochain. J'espère que ça ne **t'**ennuie pas ?*
- *Non, au contraire. Mais tu as pensé à **leur** expliquer comment venir chez **nous** ?*

Pour les choses					
Pronoms sujet	**Pronoms complément d'objet direct**	**Avec une expression de quantité (article partitif, adverbe, ...)**	**Avec un verbe construit avec la préposition *de***	**Pour remplacer un complément de lieu**	**Avec un verbe construit avec la préposition *à***
il elle ils elles	le (l') la (l') les	en			y

Exemples :
- *Généralement, je ne prends pas de café, mais si tu m'**en** prépares un, je **le** boirai volontiers.*

- *Tu veux aller au restaurant ?*
- *D'accord, on **y** va.*

- *Je peux t'emprunter la voiture ?*
- *Oui, je n'**en** ai pas besoin ce matin.*

Le, *en* et *y* remplacent aussi un groupe de mots ou une phrase complète.
*Exemple : C'est vrai que tu m'avais demandé de passer à la banque. Excuse-moi, je n'**y** ai pas pensé.*

Les pronoms compléments se placent **devant** :
- un verbe conjugué à un temps simple. *Exemple : Je **lui** pose une question.*
- l'auxiliaire d'un verbe conjugué à un temps composé. *Exemple : Il ne **m'**a rien expliqué.*
- un verbe conjugué à l'impératif négatif. *Exemple : Ne **le** dites à personne !*
- l'infinitif quand il y a un verbe + infinitif. *Exemple : Elle va **vous** recevoir dans un instant.*

Les pronoms compléments se placent **derrière** :
- un verbe conjugué à l'impératif affirmatif. *Exemple : Dites-**lui** qu'elle peut entrer.*

Ordre des doubles pronoms		
me te nous vous **+**	le (l') la (l') les	*Votre caméscope est en panne ? Prenez le mien, je **vous le** prête !*
m' / t' lui / l' nous **+** vous leur / les	en	*Vous aimez les loukoums ? C'est promis je **vous en** rapporterai la prochaine fois que j'irai à Istanbul.*
le la **+** les	lui leur	*Il connaît la nouvelle. C'est son frère qui **la lui** a apprise.*
m' / t' / l' nous **+** vous les	y	*Je crains d'oublier mon rendez-vous avec monsieur Dupuy. N'oubliez pas de **m'y** faire penser !*

LES INDÉFINIS

Utilisation	Adjectifs indéfinis	Pronoms indéfinis	Pronoms ou adverbes de lieu
Quantité nulle	aucun(e) nul(le)	aucun(e) nul(le)	nulle part
Quantité indéterminée au singulier	un(e) autre	quelqu'un	quelque part
Quantité indéterminée au pluriel	certain(e)s d'autres plusieurs quelques	certain(e)s d'autres plusieurs quelques-un(e)s	
Totalité	chaque tout(e), tous, toutes	chacun(e) tout, tous, toutes	partout
Un choix indifférent	n'importe quel/quelle n'importe quels/quelles	n'importe qui n'importe quoi n'importe lequel/laquelle n'importe lesquels/lesquelles	n'importe où

*Exemple : **Chaque** jour, je me rends à mon travail. Généralement, je prends le métro, mais **certains** jours, quand j'ai le temps, je préfère marcher. J'en profite pour m'arrêter devant **quelques** vitrines de magasins.*

Dans la phrase, la place de l'adverbe est variable. Il se place généralement :
- après un verbe conjugué à un temps simple.
  *Exemple : Nous vous le recommandons **vivement**.*
- entre l'auxiliaire et le participe d'un verbe conjugué à un temps composé.
  *Exemple : Les spectateurs ont **longuement** applaudi.*
- devant un adjectif.
  *Exemple : Nous avons vu un spectacle **absolument** merveilleux.*
- devant un autre adverbe.
  *Exemple : Les comédiens jouaient **vraiment** bien.*

	Adjectifs	Adverbes
Cas général : **féminin de l'adjectif + suffixe -ment**	long → long**ue** sérieux → sérieu**se** doux → dou**ce** habituel → habituel**le**	longuement sérieusement doucement habituellement
Cas particuliers	Adjectifs terminés par -*ant* : suffis**ant** cour**ant**	Le suffixe est -*amment* : suffis**amment** cour**amment**
	Adjectifs terminés par -*ent* : évid**ent** fréqu**ent**	Le suffixe est -*emment* : évid**emment** fréqu**emment**
	Adjectifs terminés par -*é, -i, u* : ais**é** vra**i** absol**u**	Adjectifs masculins + -*ment* : aisément vraiment absolument
Quelques formations irrégulières	bref gai gentil précis profond	brièvement gaiement gentiment précisément profondément

LA COMPARAISON

1. LE COMPARATIF

	Formes			Exemples
Avec un adjectif **Avec un adverbe**	plus aussi moins	**+**	adjectif ou adverbe	**+** que	- *L'autocar coûte **moins** cher **que** le train et il est **aussi** confortable.* - *La moto va **plus** vite **que** le vélo.*
Avec un nom	plus de autant de moins de	**+** nom	**+** que	- *Elle a **autant de** chance de réussir **que** moi.*
Avec un verbe	verbe	**+**	plus autant moins	**+** que	- *Nous voyageons **moins qu'**eux.*

Attention : bon(ne)(s) → meilleur(e)(s)
         bien → mieux

Pour nuancer la comparaison, on emploie : **un peu** + plus/moins/mieux ; **beaucoup** + plus/moins/mieux
*Exemple : Noémie travaille **beaucoup mieux** que son amie Carole.*

Pour marquer une progression, on utilise : **de plus en plus ; de moins en moins**
*Exemple : J'ai beau répété mon morceau de piano, j'ai l'impression que je le joue **de moins en moins** bien.*

2. LE SUPERLATIF

	Formes			Exemples
Avec un adjectif	le la les	**+** plus moins	**+** adjectif	- *Vous voulez voir ce manteau ? C'est le modèle **le plus** léger et **le moins** cher de la collection.*
Avec un adverbe	le	**+** plus moins	**+** adverbe	- *Corinne est une collègue très timide : c'est elle qui prend **le moins souvent** la parole en réunion.*
Avec un nom	le	**+** plus de moins de	**+** nom	- *Je déteste faire mes courses le samedi : c'est le jour où il y a **le plus de** monde dans les magasins.*
Avec un verbe	verbe **+**	le plus le moins		- *Régis a un appétit incroyable ! C'est lui qui mange **le plus** !*

LE VERBE

1. TEMPS SIMPLES ET TEMPS COMPOSÉS

- Les temps simples : présent, imparfait, passé simple, futur simple, conditionnel présent, subjonctif présent.
- Les temps composés : passé composé, plus-que-parfait, futur antérieur, conditionnel passé, subjonctif passé.

Formation des temps simples	Exemples
Radical + terminaisons spécifiques à chaque temps	Prendre : Il prend, il prenait, il prit, il prendra, il prendrait, qu'il prenne

	Formation des temps composés : *être* ou *avoir* + participe passé	Exemples
Avec *être*	• 15 verbes : *aller, arriver, descendre, entrer, monter, mourir, naître, partir, passer, rentrer, rester, retourner, sortir, tomber, venir.* • les verbes pronominaux.	- *Ils **sont rentrés** chez eux.* - *Il **est tombé**.* - *Elle **s'est levée** tôt.*
Avec *avoir*	• Tous les autres verbes. • Les verbes *passer, monter, descendre, sortir, retourner* se conjuguent avec l'auxiliaire avoir quand ils ont un COD.	- *Elle **a gagné** la course.* - *J'**ai sorti** le chien.* - *J'**ai retourné** ma veste.*

Accord du participe passé	Exemples
Pour les 15 verbes conjugués avec *être* → accord avec le sujet.	- *Elle **est venue**.* - *Ils **sont restés**.*
Pour les verbes conjugués avec *avoir* → accord avec le complément d'objet direct (COD) si celui-ci est placé devant le verbe.	- *Tu peux me rendre les livres que je t'**ai prêtés** si tu les **as lus** ?* (que et *les* représentent *les livres* et sont COD de *prêter* et de *lire*)
Pour les verbes pronominaux : → accord avec le sujet - si le verbe n'existe qu'à la forme pronominale : *s'absenter, s'évanouir*, ... - si le verbe n'est pas réfléchi (l'action ne se rapporte pas au sujet) : *s'apercevoir, se taire*, ... → accord avec le COD (même règle qu'avec *avoir*) pour les autres verbes.	- *Nous **nous sommes absenté(e)s**.* - *Ma mère **s'est évanouie**.* - *Elle **s'est aperçue** de son erreur.* - *Ils **se sont tus**.* - *Elle **s'est lavée**.* (se est COD de *laver*) - *Ils **se sont vus**.* (se est COD de *voir*)

LE PASSÉ COMPOSÉ   *être* ou *avoir* **au présent** + participe passé

On utilise le passé composé pour exprimer :	Exemples
• un fait ponctuel du passé. • un fait qui a une durée limitée dans le passé. • une succession de faits dans le passé. • un fait du passé qui explique un résultat, une situation présente.	- *Nous sommes partis samedi dernier.* - *J'ai dormi dix heures de suite.* - *Il a ouvert la porte et il est sorti.* - *Je suis ravi(e) car j'ai réussi mon examen.*

L'IMPARFAIT

Formation : radical + terminaisons	Exemples
• Le radical de l'imparfait est le même que celui de la première personne du pluriel (nous) du présent. • Les terminaisons : **-ais, -ais, -ait, -ions, -iez, -aient**.	- *Elles **venaient** souvent me voir.* - *Nous nous **comprenions** bien.*

On utilise l'imparfait pour :	Exemples
• décrire une situation passée. • exprimer une habitude du passé. • exprimer une action en train de s'accomplir. • donner des précisions sur le décor, les circonstances d'un événement.	- *À sept ans, j'étais assez petite.* - *Enfant, il pleurait souvent.* - *Je lisais quand on a sonné.* - *La salle de spectacle était bruyante, les gens riaient.*

LE PLUS-QUE-PARFAIT   *être* ou *avoir* **à l'imparfait** + participe passé

On utilise le plus-que-parfait pour :	Exemples
• parler d'un fait antérieur (accompli) à un autre fait passé.	- *Il n'a pas reçu la lettre que je lui **avais envoyée**.* - *J'ai visité le Louvre car je n'y **étais** encore jamais **allé(e)**.*

LE PASSÉ SIMPLE

Formation : radical + terminaisons	Exemples

• Le radical est assez irrégulier.
• Les terminaisons :
  › **-ai, -as, -a, -âmes, -âtes, -èrent** (verbes en-er)
  › **-is, -is, -it, -îmes, -îtes, -irent**
  › **-us, -us, -ut, -ûmes, -ûtes, -urent**
Verbes irréguliers : avoir (*j'eus*), être (*je fus*), tenir (*je tins*), venir (*je vins*), faire (*je fis*)
	- *Elle **arriva** tôt.*
	- *Il **partit** vite. Je **pris** le train.*
	- *Nous **pûmes** travailler. Il **sut** venir.*

On utilise le passé simple pour exprimer :	Exemples
• un fait ponctuel du passé. • un fait qui a une durée limitée dans le passé. • une succession de faits dans le passé.	- *Ils se rencontrèrent à un bal.* - *Ils vécurent dix ans au palais.* - *Il la regarda, elle lui sourit.*

Le passé simple est réservé à la langue écrite. Il est utilisé dans les textes littéraires, les biographies, les récits historiques.

3. LES TEMPS DU FUTUR

LE FUTUR SIMPLE

Formation : radical + terminaisons	Exemples
• En général, le radical est l'infinitif. Quelques verbes ont des radicaux irréguliers. • Les terminaisons : **-ai, -as, -a, -ons, -ez, -ont**.	- *Nous **arriverons** à l'heure.* - *Vous **ferez** ce qu'il a dit.* - *Je **viendrai** avec toi.*
On utilise le futur simple pour :	**Exemples**
• formuler une prévision. • formuler une promesse. • exprimer un ordre. • indiquer un programme. Voir *L'expression de l'hypothèse* ⌧	- *Il ne fera pas beau demain.* - *Je t'assure que je viendrai demain.* - *Vous n'entrerez pas !* - *Vous commencerez à 10 heures.*

LE FUTUR ANTÉRIEUR   *être* ou *avoir* **au futur simple** + participe passé

On utilise le futur antérieur pour :	Exemples
• parler d'un fait antérieur (accompli) à un autre fait futur.	- *Il te pardonnera quand tu te seras excusé.*

4. LE CONDITIONNEL

LE CONDITIONNEL PRÉSENT

Formation : radical + terminaisons	Exemples
• Le radical est celui du futur simple. • Les terminaisons : **-ais, -ais, -ait, -ions, -iez, -aient**.	- ***Auriez**-vous l'heure ?*
On utilise le conditionnel présent pour :	**Exemples**
• demander poliment. • exprimer un souhait. • donner un conseil. • faire une suggestion. • donner une information non confirmée. Voir *L'expression de l'hypothèse* ⌧	- *Voudrais-tu m'aider ?* - *Je voudrais rencontrer Mme Olin.* - *Tu devrais arrêter de fumer.* - *Que dirais-tu de partir en week-end ?* - *Le film sortirait le 15.*

LE CONDITIONNEL PASSÉ   *être* ou *avoir* **au conditionnel présent** + participe passé

On utilise le conditionnel passé pour :	Exemples
• atténuer une demande. • exprimer un reproche. • exprimer un regret. • donner une information non confirmée. Voir *L'expression de l'hypothèse* ⌧	- *Tu n'aurais pas pris mon stylo ?* - *Tu aurais dû en parler.* - *J'aurais aimé que tu sois là.* - *Le Président serait parti en secret.*

5. LE SUBJONCTIF

LE SUBJONCTIF PRÉSENT

Formation : radical + terminaisons	Exemples

• Le radical :
  - Pour **je, tu, il**(**elle**) et **ils**(**elles**) : radical de la 3ᵉ personne du pluriel (**ils**) du **présent** de l'indicatif.
  - Pour **nous** et **vous** : même radical qu'au **présent** de l'indicatif.
• Les terminaisons : **-e, -es, -e, -ions, -iez, -ent**.
Quelques verbes irréguliers : aller (*aille*), avoir (*aie*), être (*sois*), faire (*fasse*), pouvoir (*puisse*), savoir (*sache*), vouloir (*veuille*).
	- *Il faut que tu **sortes**.*
	
	- *Il veut que vous le **suiviez**.*
	- *Elle aimerait que nous **venions** avec elle*

LE SUBJONCTIF PASSÉ   *être* ou *avoir* **au subjonctif présent** + participe passé

On utilise le subjonctif après :	Exemples

• un verbe **+ que** qui exprime :
  - une nécessité.
  - un sentiment.
  - une volonté.
  - un jugement.
  - une possibilité.
  - une opinion incertaine, un doute.
• certaines conjonctions de subordination.
	- *Il est important que vous veniez.*
	- *Je suis triste qu'il n'ait pas réussi.*
	- *Elle désire que tu le fasses.*
	- *C'est bizarre qu'il ne dise rien.*
	- *Il est possible qu'il soit arrivé.*
	- *Je doute que tu aies raison.*
	- *Il a appelé pour que nous allions le chercher à la gare.*

Le fait exprimé par le verbe au subjonctif présent est simultané ou postérieur à celui exprimé par le verbe introducteur.
Le fait exprimé par le verbe au subjonctif passé est antérieur à celui exprimé par le verbe introducteur.

LE SUBJONCTIF DANS LES PROPOSITIONS RELATIVES

On utilise le subjonctif dans une relative après :	Exemples
• certains verbes (*chercher, désirer, vouloir*...) qui indiquent que l'existence de l'objet recherché est incertaine. • *le plus, le moins, le seul, l'unique, le premier, le dernier*.	- *Il cherche un appartement qui ne soit pas trop cher.* - *C'est le plus beau chat que je connaisse.*

6. LE PARTICIPE PRÉSENT ET LE GÉRONDIF

Formation du participe présent : radical + *-ant* Formation du gérondif : *en* + participe présent	Exemples
• Le radical du participe présent est le même que celui de la première personne du pluriel (*nous*) du présent. • Le participe passé et le gérondif sont invariables.	- ***attendant*** - ***en attendant***

On utilise le participe présent pour :	Exemples
• exprimer une cause.	- *N'étant pas parisienne, je ne connais pas tous les quartiers.*
• caractériser (il remplace une relative introduite par *qui*).	- *Je cherche quelqu'un sachant parler russe.*

On utilise le gérondif pour exprimer :	Exemples
• la simultanéité.	- *Il parle en dormant.*
• la manière.	- *Il est sorti en criant.*
• la condition.	- *En courant, j'arriverai à l'heure.*

L'action exprimée par le gérondif est faite par le sujet du verbe principal.

L'EXPRESSION DE LA DURÉE

En + indication chiffrée	Pour indiquer le temps nécessaire pour faire quelque chose.	- *J'ai repeint la cuisine **en** deux jours.*
Pendant + nom **Pendant que** + indicatif	Pour indiquer une durée limitée.	- ***Pendant** les vacances, j'irai skier.* - ***Pendant que** mon ami sera chez moi, nous pourrons discuter.*
Pour + indication chiffrée	Pour indiquer une durée prévue.	- *Il part à l'étranger **pour** trois mois.*
Dans + indication chiffrée	Pour situer un moment dans le futur (par rapport au présent).	- *Nous arriverons **dans** deux jours.*
Il y a + indication chiffrée	Pour situer un moment dans le passé (par rapport au présent).	- *Je l'ai vu **il y a** deux jours.*
Depuis + nom **Depuis que** + indicatif **Il y a** + indication chiffrée + **que** + indicatif	Pour indiquer l'origine d'une situation actuelle.	- *Elle travaille **depuis** trois semaines.* - ***Depuis que** je travaille, je me sens bien.* - ***Il y a** deux jours **que** je l'attends.*

L'EXPRESSION DE L'HYPOTHÈSE

Proposition hypothétique	Expression de la conséquence	
Si + présent L'hypothèse est située dans le présent et est *possible*.	La conséquence est exprimée au **présent**, à l'**impératif** ou au **futur**.	- *Si tu **as** le temps, **viens** avec moi.* - *Si vous **aimez** ce plat, je vous **donnerai** la recette.*
Si + passé composé L'hypothèse est située dans le passé et est *possible*.	La conséquence est exprimée au **présent**, au **passé composé** (valeur d'accompli) ou au **futur**.	- *S'il **a gagné**, il **doit** être heureux et il **a** sûrement **fait** la fête.* - *Si tu **as fini** cet exercice, je **vais** t'**expliquer** la suite.*
Si + imparfait L'hypothèse est située dans le présent et est *irréelle*.	La conséquence est exprimée au **conditionnel présent**.	- *Si je **pouvais**, j'**habiterais** sur une île !* - *Si Internet n'**existait** pas, que **ferions**-nous ?*
Si + plus que parfait L'hypothèse est située dans le passé et est *irréelle*.	La conséquence est exprimée au **conditionnel présent** ou au **conditionnel passé**.	- *Si tu **avais** moins **mangé**, tu ne **serais** pas malade !* - *Si j'**avais su**, je ne **serais** pas **venu** !*

PRÉCIS GRAMMATICAL

LA FORME PASSIVE ET *SE FAIRE*

Formation : *être* + participe passé	Exemples
C'est le temps du verbe *être* qui indique le temps du verbe passif.	- *Nous **sommes appelés**.* (présent) - *Elle **a été blessée**.* (passé composé) - *Vous **serez prévenus**.* (futur)

Formation : *se faire* + infinitif présent	Exemples
C'est le temps du verbe *se faire* qui indique le temps du verbe passif.	- *Elle **se fait** construire une maison.* (présent) - *Je **me suis fait** voler mon portefeuille hier.* (passé composé)

LE DISCOURS RAPPORTÉ

Changements syntaxiques	
Discours direct	**Discours rapporté**
« Je ne veux pas partir ! » « Est-ce que tu viens avec moi ? » « Qu'est-ce que vous voulez ? » « Qu'est-ce qui se passe ? » « Appelle-moi demain »	- *Je te dis **que** je ne veux pas partir.* - *Il veut savoir **si** tu viens avec **lui**.* - *Elle demande **ce que** nous voulons.* - *Tu peux me dire **ce qui** se passe.* - *Elle me demande **de** l'appeler demain.*

Concordance des temps si le verbe introducteur est au passé		
Discours direct		**Discours rapporté**
« Je lui téléphone ce soir ! » « Est-ce que tu viendras ? »	Présent → imparfait Futur → conditionnel présent	- *Il m'a dit qu'il lui **téléphonait** ce soir.* - *Il m'a demandé si je **viendrais**.*
Aux temps composés, c'est l'auxiliaire qui se transforme selon les indications précédentes : « Je **vais** partir. » → Elle a dit qu'elle **allait** partir. / « Il **a** prévenu ? » → Elle a demandé s'il **avait** prévenu.		

LES DIFFÉRENTS TYPES DE PHRASES

1. LA PHRASE INTERROGATIVE

	Question intonative	Question standard avec *est-ce-que*	Question avec inversion
Question totale	- Vous voulez venir ? - Ils ont compris ?	- Est-ce que vous voulez venir ? - Est-ce qu'ils ont compris ?	- Voulez-vous venir ? - Ont-ils compris ?
	- Il y a quelqu'un avec vous ?	- Est-ce qu'il y a quelqu'un avec vous ?	- Y a-t-il quelqu'un avec vous ?
	- Cette place est libre ?	- Est-ce que cette place est libre ?	- Cette place est-elle libre ?
Question partielle	- Vous demandez qui ? - Tu voulais quoi ? - Pourquoi Tom ne vient pas ? - Il est parti où ? - Les élections auront lieu quand ?	- Qui est-ce que vous demandez ? - Qu'est-ce que tu voulais ? - Pourquoi est-ce que Tom ne vient pas ? - Où est-ce qu'il est parti ? - Quand est-ce que les élections auront lieu ?	- Qui demandez-vous ? - Que voulais-tu ? - Pourquoi Tom ne vient-il pas ? - Où est-il parti ? - Quand les élections auront-elles lieu ?

2. LA PHRASE NÉGATIVE

	Place de la négation	Exemples
Verbe à l'infinitif	Les deux éléments de la négation se placent devant le verbe.	- *Prière de **ne pas** fumer !* - *Elle nous a dit de **ne pas** attendre.*
Verbe conjugué à un temps simple	La négation encadre le verbe.	- *Il **n'**y a **plus** de métro après une heure.* - *Vous **ne** viendrez **pas** nous voir ?* - *Elle **ne** voulait **jamais** sortir avec nous.*
Verbe conjugué à un temps composé	La négation encadre l'auxiliaire.	- *Nous **n'**avons **pas encore** visité le Louvre.* - *Vous **n'**aviez **pas** terminé ?*
Rien ***Personne*** ***Aucun(e)***	Sujet	- ***Rien ne*** *me plaisait.* - ***Personne n'**est venu.* - ***Aucun** retard **ne** sera accepté.*
	Complément	- *Je **n'**ai **rien** acheté.* - *Nous **n'**entendons **personne**.* - *Ils **n'**ont vu **personne**.* - *Je **ne** connais **aucun** voisin.*
Ne... ni...ni	Omission de l'article indéfini ou partitif.	- *Je **n'**aime **ni** la musique techno **ni** le rap.* - *Je **ne** bois **ni** thé **ni** café.*
Combinaisons de négations	jamais plus **+** rien personne aucun(e)	- *Nous vivons dans un quartier tranquille : il **ne** se passe **jamais rien**.* - *Tout le monde est parti ? Je **ne** vois **plus personne**.* - *Nous **n'**avons **jamais** eu **aucun** problème.*

3. LA PHRASE NOMINALE

Beaucoup de titres (d'articles de presse, de romans, de films) sont des phrases nominales.

Phrase complète	Phrase nominale
Les travaux sur l'autoroute A4 sont finis : la circulation a repris normalement.	*Fin des travaux sur l'autoroute A4 : reprise de la circulation.*

Formation des noms	Exemples
Noms formés à partir d'un verbe : • -eur, -euse • -teur, -trice • -tion • -ment	*prendre → preneur* *inspecter → inspecteur* *polluer → pollution* *allonger → allongement*
Noms formés à partir d'un adjectif : • -eur • -té, -ité, • -esse • -ance/ence • -ie • -isme	*blanche → blancheur* *beau → beauté / célèbre → célébrité* *souple → souplesse* *prudent → prudence / constant → constance* *démocratique → démocratie* *socialiste → socialisme*

PRÉCIS GRAMMATICAL

1. L'EXPRESSION DE LA CAUSE ET DE LA CONSÉQUENCE

	Verbes	Conjonctions + phrase subordonnée à l'indicatif	Prépositions + nom	Mots de liaison
Cause	être causé par être dû à	parce que comme étant donné que puisque	à cause de en raison de grâce à à la suite de	en effet
Conséquence	provoquer entraîner	c'est pour cette raison que c'est pourquoi si bien que de sorte que tellement **+** adjectif / adverbe **+** que tellement de **+** nom **+** que verbe **+** tellement **+** que		donc c'est pourquoi par conséquent d'où alors

Exemples :
- *Il était **tellement** fatigué **qu'**il ne pouvait plus marcher.*
- ***En raison de** travaux, l'autoroute A3 est fermée à la circulation. Cette fermeture **a entrainé** des problèmes de circulation.*
- *Mon collègue Jean a démissionné. **En effet**, sa femme a été mutée en province.*
- *Il a raté son train ; **c'est pourquoi** il est arrivé en retard.*

2. L'EXPRESSION DU BUT

	Verbes	Conjonctions + phrase subordonnée au subjonctif	Prépositions
But	chercher à viser à	pour que afin que de manière que de façon que de sorte que	pour + infinitif ou nom afin de de manière à dans le but de

Exemples :
- *J'ai cherché des informations sur Internet **pour** préparer notre voyage au Népal.*
- *Nous rentrerons de week-end plus tôt **afin d'**éviter les embouteillages.*
- *Je vous donne des exercices **pour que** vous puissiez vous entraîner.*
- *Cette loi **vise à** rétablir les droits des minorités.*

3. L'EXPRESSION DE L'OPPOSITION ET DE LA CONCESSION

	Locution verbale + infinitf	Conjonctions	Prépositions + nom	Mots de liaison
Opposition		alors que tandis que **+** indicatif	contrairement à à l'opposé de	au contraire en revanche par contre (oral)
Concession	avoir beau	bien que encore que **+** subjonctif même si **+** indicatif	malgré en dépit de	mais pourtant cependant quand même toutefois

Exemples :
- *Elle a des résultats scolaires impressionnants ! **Pourtant**, elle n'étudie pas énormément.*
- *Les Chinois mangent avec des baguettes **contrairement aux** Français qui utilisent un couteau et une fourchette.*
- ***Bien qu'**il ait neigé cette nuit, elle est partie faire son jogging matinal.*

TRANSCRIPTIONS DES ENREGISTREMENTS

dont les textes ne figurent pas dans les dossiers.

Dossier 1 page 14
Activité 3
a. Moi, on vient de me proposer de prendre le poste de directeur commercial de ma boîte. Jusqu'à présent, je n'avais pas de relations directes avec nos clients, je ne faisais pas tellement attention à mon look.
b. Après ma grossesse, je me suis trouvée fatiguée, j'avais grossi, les cheveux ternes, enfin bref et aujourd'hui j'ai envie aussi de me retrouver et de retrouver mon envie de plaire... enfin, à mon mari !
c. Je vais commencer à chercher un boulot, je viens d'avoir mon diplôme... j'ai fait plusieurs stages en entreprise et je vois bien qu'il faut faire des efforts pour avoir la tête de l'emploi.
d. J'ai craqué pour un homme très séduisant et... séducteur ! J'ai l'impression qu'il a repéré mes petits défauts physiques et ça me gêne.
e. Moi, j'ai envie de continuer à me sentir bien dans ma peau et en ce moment j'ai du temps.
f. J'en ai marre, moi, des costumes-cravate, des chemises bleues ! J'en porte depuis vingt ans et puis je m'aperçois que le gris-noir et les couleurs froides, ce n'est plus tendance !
g. Tous les jours, je me dis « mais qu'est-ce que je vais me mettre ? » Ça fait rigoler tout le monde à la maison...

Dossier 1 page 17
Activité 6
1. - Vous avez vu pour Corinne ? C'est drôlement bien pour elle. De toute façon elle mérite une promotion, hein ?
- Oui... enfin, elle aurait pu nous le dire ! On déjeune avec elle tous les jours, quand même !
2. - Ah, la petite Chevalier va passer adjointe au commercial. Elle est très compétente mais ce que je trouve discutable c'est qu'il n'y ait pas eu d'appel d'offre interne pour ce poste.
- Vous êtes un peu injuste, là... c'est la meilleure dans son service et depuis que Maillard est parti c'est elle qui faisait tout le travail.
- C'est vrai, mais je désapprouve la procédure ; on devrait toujours annoncer un poste à pourvoir.
3. - Qu'est-ce que tu en penses, toi, de Corinne Chevalier ? Ça va être notre chef.
- C'est une fille que je respecte beaucoup et de toutes ses qualités, celle que j'admire le plus c'est sa franchise. Par exemple, elle te dira « Monsieur Lambert je vous trouve fumiste, vous êtes incapable de faire un travail sérieux ! »
- Tu vois, ce que je te reproche, c'est que tu ne m'apprécies pas à ma juste valeur !

Dossier 1 page 19
Activité 6
1. Écoutez, personnellement, je n'avais jamais remarqué que nos politiques avaient des petits défauts physiques. Ça veut bien dire qu'on ne les dévisage pas tant que ça nos politiques ! Mais il est vrai que les feux de la popularité sont devenus hyper exigeants. Les politiques, tout comme les stars, sont devenus esclaves du code... être jeunes... rester mince... avoir le teint bronzé. En fait, je crois qu'ils ne peuvent pas y échapper. Alors, on ferait peut-être pareil à leur place.
2. Pour moi, c'est simple ! On ne lisse pas son visage sans lisser son discours. Alors, si les hommes politiques font autant attention à leur apparence, c'est pour cacher la misère. Ça veut dire qu'il n'y a plus de profondeur, plus d'idées et que tout reste en surface.
3. Alors là, ils ont parfaitement raison ! Surtout finalement que ce ne sont que des petits détails de leur physique. Comme ils passent souvent à la télé et qu'ils sont pris sans arrêt en photo, autant qu'on les voie sous leur meilleur jour. C'est vrai que je n'aimerais pas avoir un représentant de la France qui soit moche ou mal habillé !
4. Ce n'est pas étonnant, les visages des politiques n'ont pas plus d'originalité que leurs discours. Ils sont devenus aussi virtuels que leur engagement, aussi lisses que leurs projets. C'est la fin d'une politique de débats et de projets pour la société.
5. Ce qui me semble important, c'est qu'ils sont soucieux de leur image et ça s'explique. Ils le font parce qu'ils savent très bien que les électeurs ne donneront pas leur voix à quelqu'un sur qui ils se projettent négativement. On préfère toujours les gens beaux. Ça a toujours été comme ça mais maintenant on n'a plus de moyens pour le faire. C'est tout !

Dossier 1 pages 20-21
Activités 4 et 5
- Ils se sont rencontrés sur Meetic, écoutez-les témoigner. Hélène, 40 ans, architecte, va se marier avec Greg, 45 ans.
- Je suis tellement heureuse de me marier et d'avoir rencontré l'homme de ma vie. Je trouve incroyable qu'il corresponde si bien à ce que j'attendais. Enfin, je regrette seulement de ne pas être allée sur Meetic plus tôt.
- Jacques, 47 ans, ingénieur, a rencontré Valérie, 33 ans.
- Moi je craignais que les relations restent très superficielles. Mais j'ai eu envie de faire des efforts, j'ai persévéré et voilà ! J'ai été très surpris que nous ayons réussi à nous connaître si bien par Internet.
- Sébastien, 29 ans, conseiller en relations publiques.
- J'ai horreur de parler aux gens sans les voir, mais j'ai voulu essayer. En fait, j'ai été très déçu que la plupart des filles ne m'aient pas donné de rendez-vous.

Dossier 1 page 22
Sur tous les tons
1. Il faudrait que vous commenciez le plus tôt possible.
2. Vous devriez faire de la gymnastique.
3. Alors, faites quelque chose pour améliorer votre look !
4. Il faut que tout soit prêt pour vendredi au plus tard.
5. Ce serait la meilleure façon d'améliorer la cohabitation entre fumeurs et non-fumeurs.
6. Vous auriez quand même pu m'en parler avant !
7. Si j'étais vous, j'adopterais une attitude moins froide avec votre directrice.
8. Mettez vos compétences en valeur !

9. Je regrette de vous dire que vous manquez de professionnalisme !
10. Il faudrait que vous confirmiez vos propos par écrit.
11. Vous pourriez avoir la gentillesse de m'apporter un café ?
12. Vos propositions sont claires et documentées, je vous félicite.

Bilan pages 24-25
Document 1
De la même façon qu'ils sont plus sensibles aux produits d'hygiène et de beauté, les hommes d'aujourd'hui sont davantage concernés par la mode vestimentaire que par le passé. Les grands magasins ont ainsi ouvert ou transformé des espaces qui leur sont désormais destinés. Des magazines masculins sont apparus et consacrent de nombreuses pages à la mode. Par ailleurs, l'usage de modèles de lunettes différents selon les moments de la journée ou les tenues se répand chez les hommes. Ils privilégient désormais des montures de lunettes sophistiquées et en matériaux légers.
Document 2
- Isabelle, vous avez signalé dans votre C.V. que vous pratiquiez régulièrement la natation. Que pensez-vous que cela puisse vous apporter dans votre profession ?
- Pour moi, c'est très important parce que je me sens bien dans mon corps quand je nage régulièrement. Et puis, c'est très utile pour mon métier d'hôtesse, ça me détend, ça me rend plus disponible pour les autres.
- Mais, vous dites que vous l'avez pratiquée en compétition, c'est ça ?
- Oui, mais j'ai abandonné parce que ça me prenait trop de temps. Cela entraînait des contraintes pas très compatibles avec un emploi.
Document 3
- Tu as vu le nouveau stagiaire ?
- Oui... je crois. C'est Éric, le petit brun avec une verrue sur le nez ?
- Comment ça ? Il n'est pas si petit, je n'ai pas remarqué de verrue et il est plutôt gentil, non ?
- Ben, écoute Martine, c'est pas mon genre...
- Je vois que ta première impression a été plutôt négative.
- Tu sais souvent, c'est la bonne, en tout cas pour moi. Et toi, qu'est-ce que tu en penses, alors ?
- Je le trouve mignon. Et coopératif... il a fait tout le paquet de photocopies que tu avais laissé sur mon bureau pour le service clients...
Document 4
Ne manquez pas notre soirée exceptionnelle de rencontres sponsorisée par notre boutique Mariage. Peut-être y trouverez-vous le partenaire de votre vie ! Vous pouvez aussi passer par le stand de relooking mis gratuitement à votre disposition dans notre magasin à cette occasion. Nous espérons vous y retrouver, nombreux et nombreuses, entre 18 heures et 21 heures, le 14 février.

TRANSCRIPTIONS

Dossier 2 page 30
Activité 2
- Allô, Delphine ?
- Oui, c'est moi. Bonjour Coralie !
- Oui, alors, je t'appelle parce que j'en ai un peu marre de pousser mon caddy au supermarché tous les vendredis. Je sais que tu fais tes courses en ligne. Là, je suis devant mon ordinateur et je voudrais bien que tu m'expliques.
- Bien sûr, c'est vraiment pas compliqué. Déjà, tu vas sur le site Achatop et tu cliques sur « Inscription ». Là, tu entres tes coordonnées, nom, prénom, adresse, adresse électronique...
Et là, on va te demander un nom d'utilisateur et un mot de passe. Tu les saisis.
- Alors, jusque-là, je te suis. Et après ?
- Alors après, tu entres dans les différents rayons, tu verras, y en a plusieurs, boucherie, crèmerie, etc. Une fois que tu es dans le rayon, les produits apparaissent, tu vois ? Pour mettre un produit dans ton panier, tu cliques sur le produit et sur « Ajouter dans mon panier ».
- D'accord. Et si je veux plusieurs bouteilles de jus de fruits par exemple ?
- Eh bien t'as un bouton « plus » et un bouton « moins ». Tu peux t'aider de ces boutons-là ou alors tu cliques deux fois sur « ajouter dans mon panier » si tu veux deux bouteilles par exemple.
- D'accord. Bon et après ?
- Alors, quand t'as fini, tu as un bouton « achetez » à droite de l'écran, tu cliques dessus. Là, on te propose plusieurs créneaux horaires. Tu choisis et voilà ! Le tour est joué ! Ce n'est vraiment pas sorcier ! Ah, oui, je te conseille aussi de mettre le site dans tes favoris car à mon avis, tu ne pourras plus t'en passer après !
- Merci, je m'y mets tout de suite.
- Si t'as un problème, tu me rappelles. T'hésites pas hein ?

Dossier 2 page 31
Activités 6 et 7
Afin de caractériser les différentes attitudes des consommateurs vis-à-vis du prix, une agence de sondage a réalisé une enquête.
Il y a les chasseurs de bas prix, à peu près 14 % des consommateurs. Il sont convaincus qu'il n'existe pas de différences de qualité entre les différentes gammes de produits, alors ils privilégient les bas prix, ils profitent des offres promotionnelles. Ce sont ceux qui fréquentent régulièrement les magasins de *hard discount*. Il s'agit en général de foyers qui présentent des difficultés financières.
Les solos, environ 10 %, eux, sont indifférents aux prix et sont de moins en moins exigeants sur la qualité. Ce sont principalement des personnes vivant seules et dans des grandes villes.
Ceux qu'on appelle les experts sont plus nombreux, 27 %. Ce sont de jeunes adultes ou des couples avec enfants. Ils cherchent à limiter leurs dépenses. Alors, ils profitent des bonnes affaires, sans négliger cependant la qualité des produits.
Les écolos, 32 %, sont en augmentation. Ils ne comparent plus les marques et leur consommation devient plus « morale ». Ils n'hésitent pas à dépenser un peu plus et à acheter des produits à la fois écologiques et qui soutiennent une cause humanitaire, les produits du commerce équitable par exemple.
Enfin, les indifférents, 6 %. Ils ne regardent pas forcément les prix et se désintéressent des nouveautés et même des grandes surfaces. Cette classe regroupe surtout des retraités, très peu portés sur le prix. Ce sont avant tout des personnes âgées.

Dossier 2 page 32
Activités 1 et 2
- Je fais une enquête pour le journal *100 millions de consommateurs* sur les habitudes d'achat des Français. Vous, par exemple, quel était votre dernier achat ? Où l'avez-vous acheté ? Pourquoi ?
- Alors, moi, je me suis acheté un beau costume, le premier de ma vie, pour commencer mon stage. Où ? Eh bien, c'est simple, je vais toujours dans un grand magasin parce qu'il y a beaucoup plus de choix. Et, j'ai pu essayer autant de costumes que j'ai voulu.
- Je me suis offert un sac de voyage. J'ai fait plusieurs magasins. On se rend nettement mieux compte des prix. J'en ai finalement trouvé un qui était dans mes prix dans une petite boutique de produits dégriffés. Comme ça, j'étais sûre de la qualité. Je ne supporte pas la camelote.
- Moi, je n'aime pas beaucoup faire les magasins alors, j'achète de plus en plus sur catalogue ou sur Internet. Le dernier achat que j'ai fait, c'était... du linge de toilette, c'est ça, des serviettes de bain. Je suis allé voir les catalogues sur Internet, on va bien plus vite, c'est souvent un peu moins cher et c'est pas aussi compliqué qu'on le dit.

Dossier 2 page 35
Activité 5
Nous avons posé la question à quelques passants : « Avez-vous l'habitude d'acheter sur Internet ? ». Écoutez-les.
- Une fois par mois, minimum, oui. Je consomme beaucoup de maquillage comme ça, ça m'arrive. C'est sécurisant d'une certaine manière, c'est pratique aussi mais le lèche-vitrine est très agréable quand même.
- Oui, mon mari le fait. Pas moi. Ça s'est toujours bien passé, il n'y a pas eu de problème. Non, il n'y a pas eu de soucis.
- Non, j'ai voulu, figurez-vous, mais j'ai un peu peur avec les codes bancaires, vous savez. Il faut faire très attention à ça quand même.
- J'ai fait des réservations d'hôtel en général et des achats de DVD. J'ai deux sites en général où je fais des achats par Internet. Mais ça se passe très bien, je n'ai aucune appréhension avec ce genre de règlement.
- Ça m'est arrivé. C'était une question pratique. Je fais ma commande et puis je reçois le colis à la maison, ça m'évite de me déplacer. Mais je trouve que rien ne remplace quand même la chaleur qu'ont les vendeurs dans les centres commerciaux ou même au centre ville.
- Deux fois par an ou deux-trois fois par an quand on cherche un truc bien précis.

Dossier 2 page 35
Rendez-vous alterculturel
À l'époque où j'étais étudiante, j'ai passé une année en Suède et je dois dire que j'ai été assez frappée par l'autonomie financière des étudiants et assez envieuse même je dois dire.
En fait, ils ont un système de bourse et d'emprunt qui leur permet de financer eux-mêmes leurs études, c'est-à-dire frais de scolarité, hébergement, restauration, etc. Alors une partie de cet argent est en fait une bourse, donc donnée par le gouvernement et ils n'ont pas à rembourser cet argent, mais l'autre est un prêt du gouvernement et à rembourser pendant 25 ans,
donc c'est vrai que c'est assez long. Ce qu'il faut savoir également c'est que s'ils ratent leurs examens un semestre, en fait ils perdent leur bourse pour le semestre suivant. Je trouve que ça a le mérite d'être un système quand même très responsabilisant. En tout cas, beaucoup plus qu'en France, où souvent ce sont les parents qui payent les études.
Par ailleurs, entre le lycée et les études, beaucoup de jeunes Suédois prennent souvent une année sabbatique pour découvrir le monde, comme ils disent, et, cette année-là, ils se la payent en travaillant, souvent en Norvège d'ailleurs parce que les salaires sont plus élevés qu'en Suède, et quand ils ont suffisamment d'argent ils vont faire leur fameux tour du monde. Et je trouve que c'est une bonne manière d'affronter tôt les réalités de la vie et de mesurer, en tout cas, à quoi sert l'argent.

Dossier 2 page 36
Activités 1, 2 et 3
- Allô, je voudrais parler à Archéo 06 à propos de son annonce sur eBay.
- C'est moi-même, bonjour !
- Bonjour ! On vient de m'apprendre que mon enchère pour l'annonce n° 54 380 a été acceptée.
- Il s'agit d'une statuette égyptienne, n'est-ce pas ?
- Oui, une tête de femme d'une hauteur de 15 cm, je crois. En fait, je me suis trompée en tapant ma surenchère. Par erreur, j'ai mis un zéro de trop. Je voulais donc savoir s'il était possible de baisser le prix. Je suis très intéressée par cette statuette, mais je ne peux pas mettre 250 euros. Je n'ai malheureusement pas les moyens.
- Non mais attendez, vous voulez que je passe de 250 euros à 25 euros ? Ce n'est pas possible, c'est une statuette de valeur. C'est une pièce assez rare en bois d'ébène qui date du début du XXe siècle. Elle est en parfait état. J'ai le certificat d'origine. Je peux difficilement vous la vendre 10 fois moins cher.
- Dans ce cas, je suis vraiment désolée mais je ne vais pas pouvoir l'acheter. C'est trop cher.
- Mais vous savez que vous êtes liée par un contrat avec votre vendeur, à partir du moment où vous avez lancé votre enchère. Bon, ce que je peux faire, c'est vous faire un prix. Au lieu de 250 euros, je peux vous la faire à 150. Mais c'est mon dernier prix. Et vous faites vraiment une affaire !
- Bon, j'avais pas l'intention de mettre autant mais bon, je vous l'achète.
- Bien, je vous l'envoie en colissimo recommandé. Ça vous coûtera 10 euros de plus.

Dossier 2 page 37
Activité 5
- Tu as déjà acheté sur un site de vente aux enchères ? J'ai entendu dire qu'il fallait s'en méfier.
- Je vais souvent sur eBay. J'achète des bouquins ou des vêtements. Mais tu as raison il faut être très méfiant et respecter certaines règles de base.
- L'autre jour, une collègue m'a raconté qu'elle s'était fait arnaquer sur eBay justement. C'est elle qui m'a recommandé de ne pas trop faire confiance. La fille lui a vendu des boucles d'oreilles, soi-disant en or. Elle lui avait juré que c'était bien de l'or dans son annonce puis sur ses méls ! Ma collègue est allée voir deux bijoutiers. Ils lui ont assuré qu'elles étaient en toc ! On l'a escroquée de 180 euros. Je lui ai dit de porter plainte. Je t'assure, tu devrais te méfier, Émilie !
- Mais, c'est ce que je fais. Ma copine Fabienne m'a expliqué que je paierais l'objet seulement à la livraison. Comme ça, il n'y a pas de problème ! Je te promets que je ferai attention.

Dossier 2 page 38
Sur tous les tons

Allez-y Mesdames, regardez, fouillez, c'est pas la peine d'essayer, c'est taille unique ! Vous inquiétez pas, vous avez toutes des corps de stars. Allez-y, dans le chemisier. Aaah, la jolie jeune fille qui veut se faire belle pour son amoureux ! Combien elle en prend la p'tite demoiselle ? Dix ? Non, pas dix ? Un seul ? C'est pas possible ! Pour deux, je vous fais un prix, allez 20 euros les deux, c'est rien ! Allez, deux ? Alors deux chemisiers pour 20 euros. C'est donné ! Emballé ! Dépêchez-vous, faites des affaires ! Profitez-en ! Y'en aura pas pour tout le monde ! Allez, allez, mes petites dames...

Bilan pages 40-41
Document 1

Avec mes potes, on a appris à « gratter » sur tout ! J'ai bricolé ma chambre et je l'ai meublée pour zéro euro. Et puis, pour manger, je vais au marché vers 13 heures, quand il se termine et j'ai tout pour trois fois rien. J'achète jamais de CD, je télécharge tout sur le net. Comme ça, j'arrive à peu près à finir le mois.

Document 2

Pendant tout le mois de septembre, profitez de notre offre exceptionnelle : 9 euros au lieu de 39 pour le plus petit téléphone mobile au monde dont le prix défie toute concurrence ! Sous son design esthétique se cachent beaucoup de fonctions avancées qui satisferont largement vos plus grandes exigences. Il contient appareil photo, vidéo et lecteur MP3 ! La remise est immédiate si vous souscrivez à un forfait.

Document 3

- Salut Claire.
- C'est toi, Victor ? Tu as une drôle de voix ! Qu'est-ce qui t'arrive ?
- Tu sais, ça faisait longtemps que je cherchais à acheter une guitare sur eBay. Eh ben, ça s'est mal passé et je crois que je me suis fait arnaquer !
- Ah bon, raconte.
- Eh ben, je l'ai achetée le 31 décembre et mon compte a été débité de 150 euros le 2 janvier alors que le colis n'est arrivé que le 19 !
- Ça commençait mal !
- Oui et c'est pas fini ! Elle est arrivée dans un état ! La caisse était carrément fendue. Tu imagines ma tête. Alors, j'ai écrit tout de suite au vendeur qui m'a réclamé des photos et depuis, silence radio. Ça fait plus d'un mois maintenant et pourtant je l'ai relancé plusieurs fois. Je lui ai demandé qu'il m'en renvoie une autre sans frais, ce serait la moindre des choses !
- Là, je crois que tu rêves ! Tu t'es fait avoir ! Je t'avais pourtant dit de te méfier !

Document 4

Aujourd'hui, un Français sur quatre achète sur le Net et recherche le juste prix. Et les achats en ligne ne cessent d'augmenter. Les produits culturels et les voyages sont les champions des achats en ligne. On assiste à un autre phénomène en progression : le marchandage. En effet, sur le terrain, les clients ont de plus en plus tendance à discuter les prix. Ils ont appris à comparer et à faire jouer la concurrence et Internet contribue à amplifier ce phénomène.

DOSSIER 3

Dossier 3 page 46
Activités 1, 2 et 3

1. À 15 ans, en feuilletant un livre de photos, j'ai été ébloui par la puissance des constructions de l'architecte Le Corbusier. J'ai eu un vrai coup de foudre... et j'ai donc fait des études d'archi. Puis, j'ai eu une longue période de doute : j'ai étudié la peinture, la philo et après la musique. C'est par le biais de la musique que j'ai réalisé un premier bâtiment, une école de musique. À la question « Comment concrétiser un rêve ? », je réponds que c'est avec son capital de souvenirs, d'émotions et d'expériences de vie.

2. J'ai toujours su que je voulais être pâtissière. Quand j'étais petite, ma mère avait un restaurant et je l'aidais souvent en cuisine. C'était merveilleux ! J'ai d'abord fait un BEP de pâtisserie que j'ai suivi contre l'avis de mes professeurs parce que pour eux, ce diplôme ne valait rien. Mais c'est faux ! Aujourd'hui, je suis dans une école spécialisée qui prépare aux différents métiers de la restauration. J'apprends un métier et en plus c'est ma passion ! C'est très manuel et à un certain niveau ça peut devenir artistique. J'arrive à réaliser des gâteaux incroyables !

3. J'ai d'abord travaillé comme animatrice de jeunes, et au départ, j'avais tout pour faire une carrière tranquille de professeur de français : licence puis maîtrise, ça s'appelait la maîtrise à l'époque et concours de l'enseignement. Mais je voulais voir du pays, voyager, connaître d'autres mondes. Et puis, j'ai fait la connaissance de mon futur mari... dans un aéroport ! Il m'a emmenée au Canada, à Montréal, en voyage de noces mais il n'avait pas pris de billets de retour... En fait, on y est restés. J'ai suivi une formation d'un mois sur la création d'entreprise et on a fondé une entreprise de tourisme : une expérience unique ! Après, je n'ai plus arrêté de voyager.

Dossier 3 page 47
Activités 6 et 7

- Allô, Denise ? C'est moi, Christine. Écoute, tu te souviens de Macha, la femme formidable qu'on avait rencontrée à Kiev ? J'ai sa fille à la maison. Elle fait son inscription à la fac. Tu peux nous aider, toi qui travailles au rectorat ?
- Oui, je vais essayer...
- Alors, Katia a déjà une licence de sociologie, tu crois qu'elle peut entrer en master ?
- Ben, c'est une commission de la fac qui doit décider si les études correspondent. Il faut qu'elle demande un dossier de validation d'études dans la fac où elle veut aller et qu'elle décrive le contenu de ses études. Elle parle bien français ?
- Très bien. Je suis étonnée même, elle est jamais sortie d'Ukraine. Pourquoi ?
- Parce que son niveau linguistique est pris en compte.
- Et pour la carte de séjour, qu'est-ce qu'il faut faire ? Elle a déjà un visa long séjour. Bon, elle a pu l'obtenir avec sa pré-inscription en fac et son justificatif de ressources. Même que c'est dur pour Macha de lui assurer un minimum de 460 euros par mois !
- Le visa porte bien la mention « étudiant » ?
- Oui, oui, j'ai son passeport sous les yeux.
- Bon ben... alors maintenant prenez un rendez-vous à la DEVE pour faire sa carte de séjour. Ils lui donneront la liste des papiers à apporter à la préfecture.
- Et après ?
- Après... tu me rappelles ! Bisous !

Dossier 3 page 50
Activités 1 et 2

- Alors, le goût de la lecture chez les jeunes : certains aiment, d'autres sont beaucoup plus réticents. Voici des points de vue croisés sur la lecture avec Anissa, élève de seconde au lycée Alfred Nobel à Clichy sous-bois et puis Thomas, il est en quatrième au collège Victor Hugo à Noisy-le-Grand.
- Certains humains se droguent comme moi, mais cette drogue est vraiment spéciale. Elle se nomme la lecture. Savez-vous d'où vient cette soif de lecture ? En fait, j'ai commencé à lire à 8 ans, avec une histoire du Roi Lion. Mon frère, lui, il me disait que j'avais tort de lire, c'était trop barbant, fallait pas lire, puis en fait j'ai réalisé que non, c'était pas le cas. À chaque fois qu'on lit, on est transporté dans un autre monde, on vit l'histoire, c'est, c'est bien. J'ai appris aussi que les livres pouvaient être magiques et qu'ils peuvent nous envoyer dans bien des dimensions. D'ailleurs je trouve bizarre qu'il y ait des gens qui lisent pas.
- Franchement moi la lecture, c'est pas mon truc. J'ai du mal à finir un bouquin et même à en commencer un. Y a des livres que je lis, comme des témoignages de meuf et tout, des histoires vraies. J'aime bien parce que c'est des histoires qui me parlent de notre génération. Mais... je mets grave du temps à les lire. C'est vrai que j'aurais aimé avoir le vrai goût de la lecture, de lire souvent parce que je sais que la lecture, elle apporte un truc en plus. C'est agréable d'entendre des jeunes parler de politique, de trucs médiatiques et qu'ils utilisent des longues phrases bien structurées avec des expressions convaincantes. Quand j'entends ça, je suis fière !

Dossier 3 page 51
Rendez-vous Alterculturel

Pascale : Le premier cours que j'ai donné à la fac, au Japon, a été pour moi quelque chose de très perturbant. Donc, j'avais à faire à des étudiants qui avaient déjà fait six mois de cours et je pensais qu'ils avaient quand même un minimum de moyens pour pouvoir s'exprimer, se présenter et poser des questions. Et en fait, j'ai commencé à leur faire des signes pour qu'ils me posent des questions et il n'y avait aucune réponse. Ils me regardaient dans les yeux en se demandant ce que je racontais parce que c'était vraiment le silence total, un silence mortel qui a duré pendant deux heures. Et c'était vraiment très perturbant parce que je gesticulais dans tous les sens et j'essayais d'attirer leur attention, de leur faire sortir quelques mots, les quelques mots qu'ils pouvaient dire en français. Et rien du tout, mais vraiment rien, aucun mot. Oui, un regard perplexe pendant deux heures. Il faut savoir que cette façon interactive d'enseigner au Japon n'existe pas. Pour eux, c'est avant tout enseigner la langue, enseigner la grammaire. C'est la méthode grammaire-traduction : on passe forcément par le japonais pour expliquer le français. Ils ne sont pas du tout habitués à faire parler les étudiants. C'est un enseignement très traditionnel, très académique et donc les étudiants ne sont absolument pas habitués à prendre la parole en français et à s'exprimer dans une langue étrangère.

Yoshio : En arrivant dans une université française, ce qui m'a frappé surtout, c'était les frais de scolarité dérisoires. Parce que dans mon pays, les frais de scolarité sont très élevés. Une autre chose qui m'a marqué c'est qu'il y a des professeurs qui ont plus de personnalité au Japon, c'est-à-dire qu'il y a des professeurs qui sont en quelque sorte animateurs et qui attirent vraiment l'attention des étudiants, pas forcément en rapport avec les matières enseignées. Tandis qu'en France, les professeurs sont très sérieux, académiques.

TRANSCRIPTIONS

Dossier 3 page 53
Activité 4
- Et vous, que pensez-vous de l'augmentation des droits d'inscription ?
1. Personnellement, je suis pour, contrairement à la plupart de mes copains. L'inscription, c'est pas ça qui est cher !
2. Moi je trouve que c'est injuste et qu'au lieu de faire payer les étudiants, on ferait mieux de supprimer tous les gaspillages.
3. Ce n'est pas la peine, ça ne changera rien. L'université sera toujours déficitaire, contrairement à ce qu'on nous raconte.
4. C'est pas une solution. Par contre, faire une sélection au mérite, ça oui, ça dégagerait de la place !

Bilan pages 56-57
Document 1
J'ai passé un bac professionnel en « aménagement et travaux paysagers ». Alors avec mon bac, je me suis lancé tout de suite dans la vie active. J'ai d'abord été pris en tant que saisonnier, puis j'ai été embauché définitivement aux Jardins Publics de la ville. C'était bien d'avoir un bac professionnel parce que, moi, ça m'a ouvert cette porte. Mais pour moi, c'était très important de mettre mes compétences au service des autres, alors j'ai commencé, il y a deux ans, à former bénévolement des jeunes travailleurs handicapés comme paysagistes, comme ça, pour le plaisir.
Document 2
Après mon bac, j'avais une idée très floue de mon avenir, je voyais des maths, de l'informatique mais rien de très précis. Par contre j'étais sûre que je ne voulais pas faire une grande école, c'est trop de stress. Alors j'ai fait la fac et j'ai obtenu un master en informatique. Et, j'ai eu de la chance : mon diplôme en poche, j'ai tout de suite été embauchée par une société de services et ma toute première mission a été de modéliser un moteur pour un constructeur automobile. J'ai vu naître le projet et j'ai contribué à sa réalisation, c'était un vrai plaisir.
Document 3
Tout petit déjà, je montais et je démontais des mécaniques. Je voulais être mécanicien automobile, mais comme aujourd'hui on ne répare plus les moteurs. J'étais pas très bon au collège, mais quand je suis arrivé en section professionnelle, j'ai découvert que j'adorais fabriquer des pièces métalliques. C'était comme faire de la sculpture. J'ai enchaîné les diplômes sans difficulté : bac professionnel et puis brevet de technicien supérieur. Là, j'ai même pas eu à chercher du travail, j'ai tout de suite été pris par Airbus chez qui je travaille toujours. Ça tombait bien, j'ai toujours adoré les avions.

DOSSIER 4

Dossier 4 page 62
Activités 2 et 3
La presse, les jeunes l'aiment un peu, beaucoup, à la folie, pas du tout. L'institut de statistiques Ipsos a réalisé un sondage chez les jeunes et a composé cinq familles de lecteurs de presse.
Tout d'abord, les intellos. Ils sont 18 % environ et ont entre 22 et 25 ans. Certains sont encore étudiants, d'autres déjà cadres ou bien entrés dans une profession libérale. Ils aiment lire, ont généralement de nombreux centres d'intérêt et apprécient la politique. Ils achètent beaucoup de magazines économiques et de loisirs et ils lisent régulièrement les quotidiens.
Les « bof », eux, sont 16 %. Ils n'aiment pas beaucoup lire, achètent peu ou pas du tout la presse. Ils ne sont pas abonnés et ne l'ont jamais été auparavant. Ils se font une idée souvent négative de la presse. Leurs centres d'intérêt vont plutôt vers les sports et les loisirs.
Les négatifs, maintenant. Ils sont 17 %. Alors eux, ils sont très jeunes, généralement lycéens et ils n'aiment pas lire. Forcément, ils ont une opinion négative de la presse. Pour eux, ce n'est ni un moyen de s'informer, ni un moyen de s'instruire ou de se divertir. Bien sûr, ils n'ont jamais été abonnés et n'achètent quasiment jamais de journaux.
Il y a 16 % de groupies. La famille « groupies » est majoritairement composée de jeunes femmes qui achètent souvent la presse sur les sujets qui les passionnent. Pour elles, la lecture est une véritable détente. Elles sont consommatrices de journaux féminins, bien sûr, et de journaux *people*.
La dernière famille est celle des accrocs. Ils sont 17 %, comme les négatifs. Ils ont en moyenne plus de 18 ans, habitent plutôt les grandes villes et disposent d'un budget presse supérieur à la majorité des jeunes. Plus de 10 euros par mois environ. Ils aiment beaucoup lire. Ils sont très éclectiques dans leur choix et ils attribuent à la presse de nombreuses valeurs positives. Pour eux, c'est un moyen de s'instruire et de s'enrichir et un vrai moment de plaisir.

Dossier 4 page 64
Activités 1 et 2
Il est 8 heures, les titres du journal, Agnès Fillon.
Adoption par l'Assemblée de la loi sur l'égalité des chances qui ne fait pas que des heureux ; le premier secrétaire du Parti socialiste sera notre invité à 8h20.
Jusqu'où ira le pétrole ? L'augmentation à 70 $ le baril entraîne une hausse générale du prix de l'essence.
Enterrement de la loi sur l'interdiction de fumer dans tous les lieux publics : la France fait figure de mauvaise élève en Europe.
Proche-Orient : quel espoir de paix ? Ce sera l'objet de notre chronique à 8h50.
Tournage d'un film pour le centenaire de Samuel Beckett, l'écrivain dramaturge irlandais qui a longtemps vécu en France.
Le foot, pour finir, transfert possible de Ribéri à Lyon.

Dossier 4 page 67
Activité 4
1. Ça me fait rigoler ! J'ai lu que le virus est détruit à partir d'une température de 60°C. Et comme j'ai pas l'habitude de manger mon poulet cru, hein... Je ne vois pas pourquoi on affole les populations.
2. Écoutez, moi en tout cas, je suis bien content qu'on ait enlevé le poulet du menu de la cantine de mes enfants. Parce que, après la vache folle, la grippe aviaire... J'estime que toutes les précautions doivent être prises. Ce sont des maladies tellement effrayantes, les journaux en parlent tous les jours !
3. Pour moi rien n'a changé. En plus j'adore le poulet. À mon avis, il faut surtout pas faire attention à ce qu'on raconte. On a déjà vécu ce genre de psychose. Les journalistes en font beaucoup trop !
4. Après ce qu'ont vécu les éleveurs de la région où on a trouvé le premier canard mort, je vais y réfléchir à deux fois avant de déclarer un animal malade, si ça arrive. J'ai pas envie d'avoir toutes les chaînes de télé dans ma cour. Je pense que tout ça, c'est beaucoup de bruit pour rien !

Dossier 4 page 67
Activité 5 et 6
- Bonjour et bienvenue sur les ondes de la Radio Suisse romande, de Radio Canada, de France-Inter et de la RTBF. Pour commenter l'actualité de cette semaine : Gladys B. depuis Lausanne, Joanne A. qui est à Montréal, Philippe D. à Paris et c'est Arnaud R. qui vous présente cette émission depuis Bruxelles.
Avant de parler de la semaine écoulée, projetons-nous, une fois n'est pas coutume, dans la semaine à venir, une semaine qui s'annonce chargée sur le plan social avec au programme, chez vous en France, les syndicats qui s'apprêtent à frapper fort lors d'une journée d'action le 4 octobre prochain.
Chez nous en Belgique, deux mots d'ordre de grève ont également été lancés. Le syndicat socialiste appelle à se croiser les bras le 7 octobre, le syndicat chrétien lance un appel similaire pour le 10 octobre.
Au Québec rien ne va plus dans les négociations entre le gouvernement et ses syndiqués, Joanne A.
- C'est la guerre des chiffres et le gouvernement a adopté la ligne dure. L'offre est de 3,25 milliards de dollars et elle ne bougera pas d'un poil devant les demandes syndicales évaluées à près de 7 milliards de dollars.
- On votait en Suisse dimanche dernier sur l'extension de la libre circulation aux nouveaux pays de l'Union européenne. Résultat, c'est un oui clair et net et est-ce que l'on peut en déduire, Gladys B., que les Suisses sont de plus en plus Européens ?
- Alors là, nuance, nuance. Les Suisses sont de plus en plus Européens par la force des choses. Avec 56 % de votes positifs, les Suisses ont fait preuve dimanche dernier de maturité politique mais il faut bien le dire, ils ont aussi préservé leurs intérêts politiques et économiques.
- Au Canada, la Colombie britannique pourra désormais poursuivre les compagnies de tabac pour récupérer les sommes dépensées en frais de santé reliés au tabagisme. Un jugement qui risque d'allumer toutes les autres provinces canadiennes : Joanne A.
- Ainsi en a décidé la Cour Suprême.

Dossier 4 page 67
Rendez-vous Alterculturel
- Michael, vous vivez en France depuis plusieurs années et vous aimez vous informer. Si vous deviez donner trois mots pour marquer les différences entre la presse française et celle de votre pays, qu'est-ce que vous diriez ?
- La première chose, c'est « diffusion », parce qu'on cite toujours la formidable diffusion de la presse anglaise, mais il faut dire que c'est une presse de caniveau qui se vend à des millions d'exemplaires, avec du football, des commentaires *people* et des faits divers. Pour la presse dite sérieuse, et c'est le deuxième mot « le sérieux », c'est très comparable à la France.

Maintenant, si je compare cette presse-là, je donnerai le troisième mot « opinion ». Je trouve qu'il y a trop d'opinions et pas assez de faits dans la presse française. Surtout, pas assez de ce que nous appelons l'investigation. C'est-à-dire que les journaux en France se contentent de commenter, selon leur tendance, sans questionner les faits de façon indépendante.

Dossier 4 page 70
Sur tous les tons
- J'voulais faire une surprise pour l'anniv. de mon copain, alors, j'ai vu la vache dans la rue et je me suis dit que ça lui ferait bien plaisir d'avoir une vache comme ça parce que mon copain il est sculpteur alors...
- C'est-y pas malheureux, on laisse même pas les animaux tranquilles ici. J'l'avais repérée, moi la vache, j'l'avais même appelée Marguerite, j'y causais quand je passais, elle était bien là et pis...
- Meuh, j'y comprends plus rien ! Ça fait trois fois qu'on me déménage dans cette ville. D'habitude, c'est pas comme ça. Meuh. Finalement, c'était dans le petit jardin à Montmartre que j'étais le mieux et pis les gens, ils étaient vachement sympas.
- Dis donc, la vache raconte pas... Quand j'ai vu la vache arriver dans mon jardin, j'y croyais pas. Là, il a fait fort mon pote. C'était pour mes cinquante berges mais quand même. Et puis alors, elle s'est tout de suite bien adaptée...
- Ils ont appelé vers 10 heures du matin pour dire qu'y avait une vache qui avait disparu. J'avoue que sur le moment j'ai rien compris. On en entend de belles mais alors ça... Enfin, bon j'ai aussitôt alerté tous les commissariats.
- Moi, j'ai l'habitude de dormir à côté de ce petit jardin, surtout quand il fait pas trop froid comme ça. Je me réveille, je vois une vache à côté de moi, mais elle disait rien. J'ai dit : tiens, je vais y traire du lait ça va changer un peu du pinard.

Bilan pages 72-73
Document 1
Les célèbres tableaux d'Edvard Munch *Le Cri* et *La Madone*, volés il y a deux ans, ont été retrouvés dans un lieu resté secret. Ces deux tableaux, chefs-d'œuvre du maître norvégien de l'expressionnisme, avaient été volés en plein jour dans le musée Munch à Oslo. Deux individus armés étaient entrés dans le musée et avaient décroché les tableaux sous le regard terrifié de dizaines de visiteurs. Le chef de la police d'Oslo a expliqué qu'ils étaient sûrs à 100 % que les tableaux retrouvés étaient les originaux et qu'ils étaient beaucoup moins abîmés que ce que l'on craignait. Il n'a pas précisé dans quelles conditions ni où les deux tableaux avaient été découverts. Il a en revanche affirmé qu'aucune rançon n'avait été payée et qu'aucune arrestation n'avait eu lieu. Le musée Munch, dont le dispositif de sécurité avait été vivement critiqué après le vol, a rouvert ses portes en juin après d'importants travaux qui ont quasiment transformé l'établissement en bunker.

Document 2
L'immigration est l'un des moteurs de la croissance soutenue dont bénéficie l'Espagne depuis plusieurs années, 3,6 % par an en moyenne depuis 1995. Sur la décennie étudiée, l'Espagne est le pays de l'Union européenne à avoir accueilli le plus grand nombre d'étrangers, 3,3 millions, devant l'Allemagne, l'Italie et la Grande-Bretagne. La France se situe loin derrière. Cette immigration vient du Maroc, d'Amérique latine et, plus récemment, d'Europe de l'Est, en particulier de Roumanie. Madrid a en effet supprimé le 1er mai toute restriction à l'arrivée de salariés venant des nouveaux membres de l'Union européenne.

Document 3
Le premier des quatre vols de l'Airbus A380 destinés à tester les conditions de confort des passagers du plus gros avion de ligne au monde a décollé lundi peu avant 10h de l'aéroport de Toulouse avec, à bord, 474 salariés volontaires de l'entreprise. Après un décollage dans un ciel bleu d'azur, le géant des airs a effectué un demi-tour pour survoler la ville avant de poursuivre son ascension en direction du sud. Les « cobayes » de ce premier vol se sont présentés à l'enregistrement dès 8h. Ce premier vol Toulouse-Toulouse, d'une durée de 7 heures, sera suivi de 3 autres vols de 7 à 14 heures, dont un vol de nuit.

DOSSIER 5

Dossier 5 page 80
Activités 2 et 3
a. - J'ai si peur d'avoir un trou de mémoire et d'oublier mon rôle !
- T'inquiète pas ! C'est toujours comme ça avant la première représentation.
b. - Nous avons rassemblé les blessés dans l'école.
- Allez, gardez le moral, l'équipe est en route !
c. - J'angoisse pas pour l'écrit, mais alors, pour l'oral...
- Courage, c'est un mauvais moment à passer. Tu y arriveras !
d. - Vous venez manifester devant la fac avec nous ?
- Bien sûr, on vous soutient, c'est notre avenir aussi !
e. - On apportera de quoi manger et des tentes pour camper devant la mairie.
- Merci, merci de nous soutenir !
- C'est normal, on est avec vous pour la régularisation des sans-papiers.
f. - Laure, tu vas gagner !
- J'espère bien, mais c'est une sacrée compétition !
- T'es la meilleure ! Tu nous rapporteras une belle médaille !

Dossier 5 page 81
Activités 5 et 6
Au Cambodge, aujourd'hui, des enfants ont besoin de votre générosité. Aujourd'hui, Lien souffrant d'une grave malformation cardiaque doit être opérée en urgence ! Vous pouvez l'aider en participant à la chaîne de solidarité « Pour Lien ».
En donnant quelques euros, vous sauverez sa vie...
Envoyez vos dons à *Enfance malade*, 405, Boulevard Brune, Paris cedex 17.
N'oubliez pas de joindre vos coordonnées. L'association *Enfance malade*, faisant partie de la Charte de Déontologie des Organisations Humanitaires, vous rendra compte directement de l'usage de votre argent.

Dossier 5 page 83
Activités 5 et 6
- Aux questions : Qu'est-ce qui vous mobilise et qu'est-ce vous faites pour agir ? les Français ont répondu à notre enquêteur. Écoutez-les.
1. Je crois qu'il faut continuer à lutter pour l'égalité des sexes au travail, les salaires sont encore inégaux et les accès aux postes de responsabilité très rares pour les femmes. C'est totalement injuste ! Aux élections, moi, je vote toujours pour une femme, enfin quand il y en a une !

2. Je trouve qu'il y a trop de gens qui n'ont rien à manger. On les voit à la télé et tout ça, et je trouve ça triste. Quand les magasins font la journée de la banque alimentaire, j'achète des produits avec mon argent de poche et je leur donne.
3. Moi j'ai créé une association pour défendre la mixité sociale dans mon quartier. Les loyers deviennent tellement chers que beaucoup de gens sont obligés de partir. Résultat : y'a plus que des bureaux et des appartements de standing. Quand j'ai démarré mon assoc', j'étais toute seule, maintenant on est 158.
4. Moi, je n'ai pas de famille. Depuis plusieurs mois, je réfléchis à parrainer un enfant du Tiers Monde. Ça veut dire envoyer régulièrement de l'argent pour l'école, la santé et pouvoir suivre son parcours, mais c'est un engagement à long terme, hein...
5. Moi, je milite dans les associations anti-racistes et je participe à tous les forums possibles en Europe ! Je trouve les mouvements d'extrême droite très dangereux. Il faudrait les interdire ! Et puis, j'irai jusqu'à occuper le Parlement européen s'il le faut !

Dossier 5 page 83
Rendez-vous Alterculturel
L'événement qui m'a le plus marqué les dernières années, bien sûr, il y a eu des élections, des chocs électoraux, mais en réalité il faut remonter à 1981 pour, non pas une élection, mais une décision, une loi qui est passée en octobre 1981 et qui pour moi est la chose la plus importante, depuis si longtemps, c'est l'abolition de la peine de mort. Ça, vraiment, ça m'a beaucoup impressionnée et je me souviens qu'il y avait eu des débats dans la presse. Les gens ont été très impressionnés aussi. On avait pensé que ça passerait par un referendum, c'est-à-dire qu'on demanderait l'opinion des gens. Et je crois que c'était bien d'en faire une décision réellement de l'Assemblée nationale, qui a, il faut le souligner, à l'initiative de Robert Badinter, ministre de la Justice, à qui je rends hommage, décidé d'abolir cette peine. D'autant plus que, si on se souvient bien, les dernières exécutions en France ont eu lieu dans les années 70 et il me semble que le dernier condamné a été exécuté par la guillotine en 1977. Et ça n'est pas si loin finalement. Alors que je crois que... c'était quelque chose qui, moi, m'a beaucoup impressionnée et m'a beaucoup soulagée.

Dossier 5 page 84
Activité 2
- Qu'est-ce qui vous rassemble ici ? Dans quel but manifestez-vous ?
- On en a marre du froid, on n'en veut plus ! Je suis là pour qu'on en finisse !
- Contre l'hiver, contre le froid... pour qu'on l'enterre ! ! Pour le retrait de l'anticyclone ! À bas la dépression !
- Et, vous, Monsieur, en quoi êtes-vous concerné ?
- Écoutez, nous sommes venus ici, au nom de nombreuses associations, de façon à faire pression sur le gouvernement pour que l'hiver soit déclaré illégal ! Trois mois que ça dure ! C'est une manœuvre en vue des élections. On cherche à frigorifier les citoyens, on vise ainsi à les empêcher de penser et tout cela afin que le gouvernement puisse faire la pluie et le beau temps. Ce sont des procédés scandaleux !
- Vous, Madame, vous êtes d'accord ?
- Moi, je ne suis venue manifester que par hasard. Je passais par hasard. Mais tout le monde manifeste contre tout alors, pourquoi pas objectif « retrait du froid »... D'ailleurs, c'est vrai, on en a marre ! Vous savez qui sont ces gens ?
- Oui, des représentants de l'Association des Amis d'Alphonse Allais.

Dossier 5 page 86
Sur tous les tons
1. On n'acceptera plus jamais ça !
2. Respectez le droit, respectez la loi !
3. Tous ensemble, tous ensemble, tous !
4. On est les champions, on est les champions, on est, on est, on est les champions !
5. Aujourd'hui dans la rue, demain on continue.

Bilan pages 88-89
- Florine, vous participez activement à une association d'échanges entre la Haute-Normandie et un petit village du Bénin. Comment cela a-t-il commencé ?
- Alors, pour des raisons personnelles, il y a 20 ans, j'ai voulu parrainer un enfant et je me suis occupée d'un enfant béninois. Je suis allée rencontrer mon « filleul » sur place et là je suis tombée amoureuse du pays. L'expérience était très positive, alors j'ai créé une association pour inciter au parrainage et créer des liens entre le village où j'habite, Vattetot-sur-mer, et le village béninois où se trouvait l'orphelinat. Après, j'ai eu mes propres enfants, mais le parrainage s'est maintenu.
- Et l'association a continué ?
- Oui, mais pendant quelques années, ça a été difficile, en fait, il y a eu des problèmes. Puis l'association a été relancée en 2001, après la rencontre avec un médecin, un ethno-psychiatre, qui travaille à Paris, originaire d'un village très isolé du Bénin, à 700 km de Cotonou. On est entrés dans une association plus grande, Perma Nord-Bénin, et là on a un peu changé nos premiers objectifs pour nous centrer sur des échanges culturels avec la Haute-Normandie, des échanges qui s'organisent depuis cette rencontre.
- Très bien. Et alors, quelles sont les actions que vous réalisez ?
- Alors, des jeunes Béninois sont venus passer l'été en Normandie ; la réalisatrice Ariane Doublet est allée au Bénin tourner un film documentaire ; nous avons organisé une semaine de « conteurs africains » dans le cadre de notre bibliothèque, pendant laquelle nous avons invité des conteurs célèbres.
- Ah, oui, vous travaillez depuis longtemps comme bibliothécaire ?
- Je ne suis pas exactement bibliothécaire, je suis « médiateur du livre » depuis sept ans. Je me déplace dans différentes institutions de la région pour faire découvrir les livres et la lecture à tous les publics.
- Et, vous avez des projets, Florine ?
- Oui, bien sûr. Perma Nord-Bénin prépare l'envoi de mallettes pédagogiques avec des documents sur la France et nous espérons avoir une mallette pour donner une idée de nos traditions et de nos habitudes en Normandie. Et dans quelques mois, des jeunes de la Maison de la culture vont partir au Bénin, chargés de livres : nous prévoyons l'ouverture d'une bibliothèque !

DOSSIER 6

Dossier 6 page 93
Activité 3
Bonjour, dans le cadre de notre émission *La culture pour tous*, nous allons aujourd'hui commenter deux tableaux pour nos auditeurs.
Avec ce tableau, le peintre a fait scandale en 1905. C'est le portrait de sa femme, assise, le buste de profil, la tête de trois quarts, le bras ganté sur le dossier de la chaise, coiffée d'un immense chapeau à la mode du jour. Une fantastique explosion de couleurs avec ce chapeau à plumes multicolores posé sur une chevelure brique, couronnant un visage marbré de vert, de rose et de jaune ! Ce tableau a été exposé au célèbre Salon d'automne en 1905. À cette occasion, le journal *Le Matin* a écrit : « On a jeté un pot de couleur à la face du public ! ». Le peintre a en effet choqué en utilisant du rouge, du vert et du jaune pour peindre le visage. Du coup, la femme du peintre n'a pas osé visiter l'exposition. Le peintre s'est défendu en disant que le choix de ses couleurs est basé sur le sentiment, sur l'expérience de sa sensibilité. Le destin du fauvisme s'achèvera deux ans après le scandale du Salon d'automne de 1905. Chacun des fauves se dirigera vers d'autres horizons plus personnels.
Ce spectaculaire tableau de 1925 est un tableau cubiste qui représente un marbre vert et des fruits posés sur un linge blanc. Les couleurs sont limitées à une palette de bruns, de verts, de jaunes et de gris, relevés par le bleuâtre des raisins. Les objets sont traités en gros plan et occupent la toile en son centre. Ils donnent le sentiment d'être proches du spectateur. La structure et la construction des objets sont plus importantes que la couleur. On peut voir que ce tableau maîtrise parfaitement l'espace.

Dossier 6 page 94
Activités 2 et 3
1. Toute l'actualité du livre, c'est sur France info et dans le *Magazine littéraire* !
Aujourd'hui, nous recevons Josiane Balasko pour son livre passionnant et original, *Parano express*, publié chez Fayard.
2. Mesdames et messieurs, la pièce de ce soir, divertissante et pleine d'images de notre temps vous est présentée par la troupe du Val-de-Marne. Nous vous souhaitons une excellente soirée dans la salle Molière et vous prions d'éteindre vos portables pendant toute la durée du spectacle.
3. Venez tous assister aux Dixièmes Internationales de la guitare à l'hôtel de Magny à Montpellier. Cette manifestation, unique en Europe, nous dévoile l'infinie richesse de cet instrument. La guitare sous toutes ses formes : celles de ses histoires, celles de ses paysages, celles de ses cultures.
4. Plic Ploc ! Plein de gouttes et plein de notes. Les enfants, venez tous assister à ce spectacle inoubliable au cirque de l'Imaginaire, sous notre chapiteau et... n'oubliez pas d'inviter vos parents !

Dossier 6 page 98
Activité 1
Nous sommes allés à la sortie d'une projection du film *Indigènes* de Rachid Bouchareb. Ce film récompensé à Cannes nous montre enfin le rôle des soldats nord-africains engagés dans l'armée française pendant la deuxième guerre mondiale. Écoutez les commentaires des spectateurs.
- C'est très bien de commémorer le souvenir de ces combattants, je pense, de remettre un petit peu les pendules à l'heure pour l'histoire. J'ai beau être étudiant en histoire, on m'a pas fait étudier la présence de ces coloniaux dans notre armée... Enfin on met toujours en avant que la France a été libérée par les Américains... Je pense que c'est bien aussi de montrer cette part de l'histoire.
- Moi, ça m'a permis de comprendre un peu plus l'histoire aussi. L'histoire, c'était pas trop mon fort non plus à l'école... et ça permet de comprendre un petit peu plus ce qui s'est réellement passé à l'époque.
- C'est honteux qu'on ait pas récompensé ces gens-là... maintenant il est bien temps... J'ai lu beaucoup de choses là-dessus... et je savais bien qu'on avait mis les gens d'Afrique du Nord et d'ailleurs... des tirailleurs, qu'on appelait des tirailleurs sénégalais, et autres... on les appelait tous des tirailleurs sénégalais bien qu'ils viennent d'ailleurs... ils avaient tous été mis en première ligne... Tous les coups durs c'était pour eux... C'est affreux à voir... parce qu'on voit la guerre... On en sort pas indemne...
- Déjà c'est un beau film et puis je pense que c'est un trait de l'histoire qui est remis à la surface qui avait été effacé, tout du moins dont on s'est pas occupé pendant des années, et je pense que ça eu le mérite de remettre les points sur les i, puisqu'il me semble que le gouvernement français a octroyé ou tout du moins est en train d'octroyer les pensions qui ont été gelées en 59, donc je pense que ça a le mérite d'exister et il fallait que ça se sache...
- Je pense que c'est un film assez dur et qui a le mérite pour des générations plus jeunes de mettre sur le devant, des choses qu'on a tendance à oublier, qu'on a pas, nous, vécues.

Dossier 6 page 99
Activités 5, 6 et 7
Bonsoir à tous, bienvenue en public au studio 101 pour notre émission *Les trois coups* consacrée ce soir à l'actualité théâtrale.
Nous allons commencer par ce spectacle, *Les Nuits blanches*, de Dostoïevski. Cette pièce est mise en scène et jouée par Xavier Gallet, vous la conseillez ? Christelle, c'est à vous !
- À non pas du tout, c'est trop compliqué.
- Et vous, Thomas, qu'est-ce que vous en pensez ?
- Oui, c'est très triste car l'acteur est formidable mais il n'est pas fait pour la mise en scène. Et puis il utilise la vidéo, c'est la mode au théâtre en ce moment mais là, c'est totalement inutile !
- Antoine, vous avez la parole.
- Je renouvelle mon admiration pour l'acteur, mais je crois comme Thomas qu'il n'est pas fait pour la mise en scène. C'est un spectacle purement cérébral pas très intéressant.
- Donc je sens que vous allez tous courir voir *Les Nuits blanches* à l'atelier. Un mot rapidement maintenant de ce très très très grand écrivain portugais qu'est Fernando Pessoa et dont Alain Olivier met en scène au Théâtre Gérard Philippe de Saint Denis *Le Marin* avec Anne Alvaro, Sylvie Pascaud. Franchement, je préfère que vous en disiez un mot rapidement vous-même, Clément ?
- Fuyez !
- Antoine ?
- Dormez !
- Thomas ?
- Non, moi je trouve ça intéressant, c'est très... c'est presque religieux, c'est un peu comme la messe quoi...
- Antoine ?
- Si vous le permettez... Je crois qu'il faut dire la vérité, Si on veut faire fuir les gens, si on veut brouiller les gens avec le théâtre, on leur montre ça, et ils n'y retournent

jamais.
- Écoutez, moi, je ne suis pas du tout de cet avis, le langage de Pessoa est extraordinaire. C'est très beau à entendre et à regarder.
- On a tout à fait le temps de conseiller différents spectacles. Eh bien on va faire un premier tour de table avec Christelle.
- J'en ai plusieurs.
- Ah bon ? On commence par un et on reviendra à vous après.
- Alors, par quoi vais-je commencer ? Je vais commencer par Richard de Marcy... Ça s'appelle *Les Vies courtes*, c'est un hommage à la francophonie, c'est plein de musique et de danse, c'est grave et c'est charmant.
- Thomas, un spectacle à conseiller ?
- Oui. Alors un conseil, mais il reste malheureusement peu de temps puisque le spectacle ne se donne que jusqu'au 1er avril. Il faudrait vraiment aller voir *Filomena Marturano*, une pièce d'Eduardo de Filipo qui est, comme vous le savez, cette pièce qui a donné lieu à *Mariage à l'italienne* qui était joué au cinéma par Mastroianni et par Sofia Loren mais là, eh bien, je ne crains pas de vous le dire, c'est beaucoup mieux qu'au cinéma et je pense que Christine Gagneux est absolument éblouissante, royale et meilleure que Sofia Loren, mais cent fois !
- Pour ma part, je suis beaucoup moins enthousiaste que Thomas. C'est un spectacle sympathique, sans plus.
- Mais non, voyons, vous ne pouvez pas dire ça ! C'est un spectacle extrêmement réjouissant...
- Je suis désolé de vous interrompre, mais malgré toute la sympathie que m'inspire la pièce, je ne trouve pas que ce spectacle soit meilleur que le film, c'est plutôt le contraire !
- Laissez-moi finir, Clément ! C'est un spectacle très drôle, tragique, grandiose et magnifique, que je recommande à tous nos auditeurs.
- Le titre ?
- *Philomena Marturano*.
- Tous ces conseils, vous les retrouvez évidemment sur le site de troiscoups@radiofrance.com. Merci beaucoup à tous pour cette émission.

Dossier 6 page 101
Activités 3, 4 et 5
- Allô, c'est toi, Sébastien ?
- Oui c'est moi, bonjour Marine. Qu'est-ce que tu deviens ?
- Je voudrais te demander des conseils. Tu sais, il y a ma grand-mère qui vient passer quelques jours et je lui ai promis de l'emmener voir un truc sympa. Il faudrait quelque chose qui ne soit pas trop violent, bien sûr, où il y ait de belles images, qui fasse rêver quoi... Dis-moi, tu connais un film ou une pièce de théâtre qui puisse lui plaire ? Et à moi aussi tant qu'à faire...
- Écoute, au cinéma, déjà, n'allez pas voir le *Da Vinci Code*. C'est le film le plus mou que j'aie jamais vu et les comédiens sont très mauvais. J'ai été super déçu, tu penses ! Par contre, vous pourriez aller voir *Quand j'étais chanteur* avec Gérard Depardieu. C'est un des films les plus émouvants que j'aie vus ces temps-ci. Et cela pourrait plaire à ta grand-mère ! C'est la rencontre d'un chanteur de bal et d'une jeune femme. En tout cas, moi, ça m'a bien plu.
- Et au théâtre, tu connais quelque chose qui convienne aux septuagénaires ? Non, je plaisante, car en fait elle est très jeune d'esprit.
- Au théâtre, j'ai vu une reprise de la comédie musicale *Les Misérables* par de jeunes étudiants. C'est très pêchu, avec une belle mise en scène classique. En plus, c'est un des rares spectacles qui soit au profit d'une œuvre de bienfaisance, c'est pour les jeunes handicapés. Ou alors, il y a *Dis à ma fille que je pars en voyage*. C'est une pièce

à voir. J'en suis sorti complètement bouleversé. Par contre le sujet est peut-être un peu sévère. C'est l'histoire de deux femmes qui se rencontrent en prison.
- Excuse-moi, mais là ça ne me dit rien du tout. Le thème ne me tente pas trop. J'ai plutôt envie d'aller voir le film *Quand j'étais chanteur*. Ça a l'air bien et en plus je suis sûr que ça va plaire à mamie.

Dossier 6 page 102
Sur tous les tons
1. À quel âge avez-vous commencé à peindre ?
2. Vous allez exposer combien de tableaux ?
3. Vous peignez pour vous détendre ?
4. Vous mettez combien de temps pour peindre une toile de cette taille ?
5. Vous allez exposer toute votre œuvre ?
6. Dans votre famille, il y avait un peintre de grand talent ?
7. Vous avez rencontré Picasso ?

Bilan pages 104-105
- Bonjour Élisa, Il s'est passé quinze ans depuis le premier album où vous chantiez avec votre mère. Vous ne vouliez plus chanter ?
- Non, en fait, ça s'est réveillé doucement. J'ai d'abord enregistré avec ma mère à quatorze ans, puis à seize et ça me semblait évident que je ne pouvais rien faire sans elle. J'ai quand même réalisé que j'avais du plaisir à chanter, mais ça m'a pris du temps et j'avais besoin de trouver mon propre style !
- Vous pensez à monter sur scène, maintenant ?
- Oh oui, évidemment. Je vais chanter en direct dans une émission à la télévision. Je n'en ai jamais fait l'expérience, alors je n'ai aucun moyen de savoir si j'en suis capable. Mais je le fais quand même, je suis persévérante, vous savez, c'est mon point fort.
- Comment vivez-vous votre succès, Élisa ?
- Je ne peux jamais me reposer sur le sentiment d'avoir réussi. À chaque fois que je m'autorise à être contente de ce que j'ai fait, le lendemain, je me mets à douter. Parfois, c'est vraiment pénible.
- Quand avez-vous eu le sentiment d'apprendre vraiment ?
- Au théâtre. Mais, il m'a fallu longtemps avant de comprendre ce que savent tous les comédiens : « Plus on travaille une scène, plus on devient spontané ».
- Vous avez des modèles ?
- Oui. Et surtout des femmes. J'avais, moi, une culture de cinéma français classique... Mais j'ai découvert des actrices immenses aux États-Unis !
- En musique, quelles sont vos références ?
- Et bien, j'écoute toujours beaucoup de comédies musicales. J'ai été élevée avec ça. Et je suis très portée sur les musiques de films.
- Et maintenant, actrice ou chanteuse ?
- J'ai envie de continuer à chanter. Moi, je trouve que c'est difficile de combiner les deux.

Dossier 7 page 110
Activité 2
Bonjour à tous ! L'actualité de notre ville aujourd'hui. Tout d'abord une annonce à tous les habitants. Le Carrefour des citoyens se déroulera les mardi, mercredi, jeudi et vendredi de la semaine prochaine. Inscrivez-vous vite ! Un petit mot sur cette rencontre : le Carrefour des citoyens réunit entre 200 et 400 personnes chaque année. Il constitue un moment fort de dialogue et d'échange entre les habitants des quartiers, le Maire et les élus. C'est important d'y participer car c'est une occasion de faire le point sur toutes les questions qui concernent votre quartier.
Vous pourrez les poser et participer à des débats en présence du maire de Nantes, d'une élue représentant les habitants du quartier et du 1er adjoint au maire, délégué aux grands projets urbains et à la politique de la ville. Les thèmes traités iront de la transformation urbaine, à la qualité de l'environnement, en passant par la tranquillité publique. Le débat est ouvert à tous les Nantais ! Allez-y nombreux !

Dossier 7 page 111
Activités 5 et 6
- Bonjour à tous. Voilà l'heure du bilan des activités lancées par la ville ! Vous allez nous faire part de vos remarques et de vos nouvelles suggestions. Nous allons faire un tour de table. On va commencer par Monsieur Godard.
- Les tramways et les bus permettent de pouvoir aller à peu près partout sans voiture. Maintenant ça, c'est formidable mais ce qui m'interpelle, c'est qu'avec les travaux, ils ont démoli des vieilles maisons. Ça me fait mal au cœur et je dis que Nantes ne doit pas continuer de faire l'erreur de détruire systématiquement son patrimoine historique et architectural.
- Et vous, Madame Ferrand, vous voulez dire quelque chose ?
- Pour moi, dans le quartier, il faudrait encore faire rapidement quelque chose pour le bruit quasi permanent de la papeterie. Rien n'avance par rapport à ce qui était promis. Le directeur de la papeterie a changé et il conteste l'étude qui a été faite. On n'a même pas pu la lire ! On nous avait promis une machine moins bruyante mais rien de ce que nous avions demandé n'a été réalisé.
- Le point de vue des commerçants, Monsieur Duchêne ?
- Moi, en tant que représentant des commerçants de la zone sud de Nantes, je trouve que depuis deux mois nous avons une baisse de clientèle très importante. Forcément, on peut plus se garer nulle part. Il faudrait augmenter les places de stationnement et créer un nouveau parking en centre ville.
- La parole à la jeunesse ?
- Y'a un truc génial maintenant, c'est qu'on va pouvoir faire un tour dans la ville sur un éléphant en bois de 12 mètres de haut ! Et il paraît qu'on pourra monter à 35 dans l'éléphant ! Je suis sûr que ça va plaire aux touristes et qu'ils viendront du monde entier pour le voir !
- Oui, c'est vrai ; c'est bien de vouloir attirer les touristes dans notre quartier, mais je ne sais pas si l'éléphant c'est la meilleure idée, parce qu'il va marcher au gazoil, l'éléphant et en plus il va coûter deux millions d'euros, tout ça avec l'argent du contribuable bien évidemment. En plus, on m'a dit aussi que, grâce à un mécanisme, les gens qui se promèneront sur l'éléphant pourront provoquer quelques barrissements et des effets de poussière. C'est soi-disant pour ressentir les

vibrations que provoque un éléphant quand il crie !
Vous imaginez le bruit et les nuisances pour les riverains !
- Et, les étudiants ?
- Pour nous, ce qui est chouette c'est que maintenant on peut aller de l'université au centre ville à vélo. Il y a des pistes cyclables presque tout le long du parcours.

Dossier 7 page 112
Activité 3
1. La pollution due au transport serait responsable d'environ 25 % de la production de gaz à effet de serre, mais cette proportion serait très sous-estimée.
2. On aurait dû prendre des mesures avant, on n'en serait pas là maintenant !
3. Vous devriez mettre le verre dans les containers !
4. Il aurait fallu commencer à économiser nos ressources dès les années 60.
5. Tu pourrais fermer le robinet quand tu te laves les dents !
6. J'aimerais bien installer un système de récupération d'énergie solaire chez moi.
7. Dans un demi-siècle, les réserves de pétrole auront considérablement diminué, mais le charbon pourra le remplacer et satisfaire les besoins énergétiques des États-Unis.
8. Vous pourriez m'indiquer la déchetterie, s'il vous plaît ?

Dossier 7 page 113
Activité 4
- Tu sais que si ça continue comme ça, il n'y aura plus de gros singes sur la planète, je suis dégoûtée, c'est mon animal préféré !
- C'est pas étonnant, nos forêts disparaissent, alors des espèces disparaissent, c'est logique !
- Oui, mais tout ça, c'est de notre faute. Si nous consommions moins, nous conserverions notre forêt et les singes ne seraient pas chassés de leur habitat.
- C'est sûr, mais d'un autre côté, si les dinosaures n'avaient pas disparu, et bien les mammifères se seraient moins développés et leurs espèces ne seraient pas si variées. Et peut-être même que les singes n'auraient pas existé.
- Mais qu'est ce que tu racontes ! Comment tu fais pour être toujours aussi optimiste !
- Si tu ne me crois pas, lis cet article. Figure-toi que paradoxalement, une crise écologique peut avoir des conséquences positives, il ne faut donc pas toujours voir tout en noir !
- Je suis d'accord pour les animaux, ok, mais l'énergie ! Tu as vu le prix de l'essence ? Tu te rends compte, si on avait économisé le pétrole, on n'en serait pas là !
- Oui, mais si le prix du pétrole n'avait pas autant augmenté, on n'aurait pas développé les énergies renouvelables et propres et ça aurait été vraiment dommage !
- Oh, tu m'agaces avec tes « si » ! De toute façon, je n'aurai jamais le dernier mot avec toi !

Dossier 7 page 115
Activités 4 et 5
Bonjour, nous avons fait une enquête pour la gazette des Pyrénées afin de savoir ce que vous pensez de la réintroduction de l'ours dans notre région. Écoutez les réactions au micro de Jean-Baptiste Sergent.
1. Si on ne réintroduit pas les ours, on donne raison aux mauvais chasseurs qui les ont tués dans nos Pyrénées et aux bétonneurs qui veulent une montagne aseptisée, d'accord ?
2. C'est vrai, les bergers ont peur pour leurs moutons. Franchement je ne sais pas si l'ours attaque les

moutons, je pense plutôt que l'ours brun européen a peur de l'homme. C'est pas un grizzly ! Alors je suis d'accord, il faut reconstruire la bio diversité et arrêter d'éliminer des espèces entières juste parce qu'elles ne nous conviennent pas.
3. Je suis contre car les ours ne nourrissent personne et ne fournissent de travail à personne et s'ils bouffent les moutons des gens, ils n'auront plus de travail et donc pas d'argent.
4. S'il n'y a plus d'ours dans les Pyrénées, c'est tout simplement qu'il ne doit plus y en avoir. Il faut vivre avec son temps et ne pas aller contre l'ordre des choses ! De plus, il y a certainement plus urgent à faire avec l'argent du contribuable. Et puis, il faudrait penser quand même un peu à ces pauvres ours slovènes qui, eux, n'ont rien demandé !
5. Moi, je veux bien, mais si on repeuple nos montagnes avec des ours, il faut parquer les bêtes, et puis que le gouvernement aide les bergers pour assurer la permanence auprès des troupeaux, avec des chiens, et alors...
6. En matière d'écologie, il y a des choses plus importantes à régler que la réintroduction de ces pauvres bêtes dans les Pyrénées. La ministre doit vraiment s'ennuyer dans son petit bureau pour avoir ce genre d'idées. L'argent public devrait servir aux gens et à des choses plus utiles.
7. À l'école, on a appris que l'ours est omnivore. Donc sa nourriture c'est principalement des insectes, des plantes et des petits rongeurs, des souris ou des rats. C'est seulement si vraiment il ne trouve rien à manger et qu'il a très faim, qu'il s'attaque aux moutons, et puis j'adore les ours... et ça va sûrement attirer les touristes.

Dossier 7 page 115
Rendez-vous alterculturel
En Allemagne, on parle beaucoup des énergies renouvelables : l'énergie solaire et l'énergie éolienne. L'énergie solaire en particulier. Les habitants, qui veulent installer des plaques sur leur toit qui captent l'énergie solaire, sont subventionnés par l'État. Et l'État leur donne une participation, je crois, de 100 euros par mètre carré et ensuite l'habitant peut produire sa propre énergie qu'il peut vendre à l'État. Mes parents ont installé un système, on appelle ça photovoltaïque sur leur toit. Je crois qu'ils touchent environ 8 centimes par kilowatt, ce qui n'est pas beaucoup et vu le fait qu'il ne fait jamais beau en Allemagne, mais c'est déjà bien.
L'énergie éolienne est aussi très présente en Allemagne, je crois que c'est le 2ᵉ pays en Europe après les Etats-Unis au niveau de la quantité des parcs éoliens. C'est vrai que quand on traverse l'Allemagne, on les voit partout. C'est une très bonne alternative.
On parle aussi beaucoup de l'essence et du prix de l'essence, c'est un sujet très discuté. En Allemagne, l'essence est beaucoup plus chère que dans beaucoup de pays d'Europe. On a depuis quelque temps une taxe écologique de 15 % qui a baissé légèrement l'utilisation de la voiture. Mais ce qui est bien en Allemagne, c'est que les villes sont pensées pour les vélos. Tout le monde a son vélo et il y a des pistes cyclables partout.

Dossier 7 page 118
Sur tous les tons
1. Y a qu'à le dire, faut pas avoir peur !
2. Faut qu'on fasse plus attention !
3. T'as qu'à le faire, toi !
4. On a qu'à lui téléphoner, on en aura le cœur net !
5. Ben, y a plus qu'à trouver une solution !
6. Y z'avaient qu'à nous prévenir, c'est de leur faute !
7. Y faut qu'on soit plus vigilant !
8. Faut pas se laisser faire, na !
9. Vous n'aviez qu'à me le donner, je l'aurais pris !

Bilan pages 120-121
- Monsieur Ferrier, vous avez conçu et commencé à commercialiser une maison écologique, pouvez-vous nous la décrire ?
- Écoutez, c'est une maison simple qui évoque l'Europe du Nord. L'intérieur est très spacieux et lumineux. Mais surtout, c'est une maison plus saine, plus économe en énergie. C'est précieux dans un monde dans lequel forcément pétrole et gaz vont devenir de plus en plus coûteux. Elle est modulaire aussi, c'est-à-dire qu'on peut l'agencer comme on le désire.
- Quel est son prix ?
- Le prix, clés en main, est de 245 000 euros pour 210 m².
- Et quels matériaux utilisez-vous ?
- Les plus sains et les plus durables, en choisissant les matières premières localement, ce qui permet de faire des économies sur le transport.
- Et pour l'énergie ?
- Alors, là, on soigne particulièrement l'orientation et l'isolation de la maison. On installe un chauffage efficace et pour cela on a recours aux énergies renouvelables. On met par exemple des protections solaires qui évitent la climatisation en été et l'excès de chauffage en hiver. Pour l'eau, on installe des limiteurs de débit et des récupérateurs d'eaux de pluie, ce qui permet une économie d'eau de 10 % au minimum.
- Est-on en avance en France par rapport aux pays européens ?
- Non, en matière d'habitat écolo, on est en retard par rapport à l'Europe et au reste du monde. Il y a plus de quinze ans que les Allemands habitent des sortes de maisons Thermos, dans lesquelles on peut presque se passer de chauffage. Les Suisses ont un programme analogue baptisé Minergie. Tous deux sont vraiment à la pointe. Même les Japonais, les Brésiliens et les Chinois s'y sont mis ! En France, mis à part quelques immeubles collectifs bien pensés et quelques initiatives individuelles, on n'a pas grand-chose de concret à montrer. Mais ça va changer avec la certification HQE, haute qualité environnementale, de ces nouvelles maisons. On commencera à rattraper notre retard.

DOSSIER 8

Dossier 8 page 127
Activité 4
- Bonjour Monsieur, Police Nationale. Vous avez les papiers du véhicule ?
- Oui, voilà. Assurance, carte grise...
- Votre permis de conduire ?
- Attendez... Où est-ce que je l'ai mis ? Là... ? Ah, bien sûr, il est dans la boîte à gants.
- Le certificat d'assurance ?
- Il est là, à sa place, sur le pare-brise.
- Mmm... pas très lisible. Vous savez qu'il doit être mis bien en évidence.
- Écoutez, c'est pas de ma faute si... vous ne voyez pas bien !
- Contrôle d'identité... Vos papiers, s'il vous plaît !
- Mais...
- Vos papiers s'il vous plaît !
- Tenez...
- C'est bon. Circulez !

Dossier 8 page 129
Activité 5
1. - Madame, avez-vous exigé par lettre recommandée la pension alimentaire que votre mari n'avait pas payée ?

- Oui, Maître, je la lui ai réclamée plusieurs fois ! Il n'en a jamais payé un centime !

2. - Alors, vous ne voulez plus retourner au domicile conjugal et vous voulez demander le divorce, c'est bien ça ?
- C'est ça. Cette maison, je ne veux plus en entendre parler et si ma femme veut s'occuper des enfants, je les lui laisse et la maison avec tout ce qu'il y a dedans !

3. - Selon votre dossier, vous réclamez vos indemnités de licenciement à votre employeur et vous voulez le poursuivre au tribunal pour non paiement.
- Oui. S'il ne veut pas payer, je vais le faire, avec votre conseil, Maître. Parce que les indemnités, il doit me les payer !

4. - Bon, nous sommes d'accord : je plaide l'irresponsabilité de votre fils et j'insiste sur ses moments de crises incontrôlables.
- S'il vous plaît, Maître... c'était pas de sa faute, mais je le lui avais bien dit que ça finirait mal ! Son père et moi, on lui disait de se faire soigner... on lui a beaucoup parlé, vous savez... il disait qu'il y réfléchissait...

Dossier 8 page 130
Activités 2 et 3
- Je vous ai vu entrer le jeudi matin, vous et les huit autres jurés, dans cette salle d'assises. Qu'est-ce qui s'est passé dans votre tête lorsque vous avez rejoint cette salle d'assises bondée ?
- Ben, c'est vrai qu'on a eu, on a eu un trac monstre et puis il y avait un silence et, et tout le monde nous fixait et en fait nous on savait plus qui regarder, je crois qu'on baissait tous un petit peu la tête. On regardait tous, le bureau où on allait passer 6 mois à écrire et on était un peu dans le vide en se disant « Vivement que le président arrive ! Ça va détendre un peu... »
- Vous aviez la particularité d'être le juré assis le plus près de Maurice Papon. Vous le regardiez souvent pendant les audiences, pendant ces six mois, comment ça se passait ?
- Au début, quand les audiences ont commencé, j'osais pas, j'osais pas trop le regarder et puis au fur et à mesure des débats, effectivement, je le regardais. Quand il parlait en fait je me tournais vers lui. Il me fixait ; au départ je sais que je baissais les yeux quand il me fixait et puis au fur et à mesure des débats... il me fixait, ça me dérangeait plus, quoi.
- Ça vous a passionné, ces six mois ?
- Oh oui, ça, pour nous passionner, ça nous a passionnés oui, sinon je crois que... que même les... le Président a été étonné que les neuf jurés titulaires qui ont été tirés au sort au départ soient encore là le jour du verdict.

Dossier 8 page 131
Rendez-vous Alterculturel
Pour moi la différence la plus importante, c'est ce qu'on appelle la présomption d'innocence, concept essentiel dans le droit anglais : en principe il faut des preuves irréfutables, évidentes, pour inculper un individu et le mettre en prison.
La présomption d'innocence est un droit qui permet à une personne d'être considérée comme innocente en attendant que sa culpabilité soit reconnue ou non. Autrement dit, l'individu doit bénéficier d'un traitement qui se rapproche de celui d'un n'importe quel citoyen. C'est pourquoi, en Angleterre, on a vu en 1993 la Cour d'appel de Londres annuler purement et simplement un procès criminel parce que la télévision avait joué un rôle négatif en suggérant la culpabilité de l'accusé. Bien qu'il soit affirmé par la Déclaration universelle des droits de l'Homme, je crois que ce concept de présomption d'innocence n'est pas énoncé dans le Code pénal français.

Dossier 8 page 132
Activité 2
Le 14 octobre 1793 (à ce moment-là les troupes françaises se battaient aux frontières contre les armées royalistes), Marie-Antoinette, la « Veuve Capet », a comparu devant le Tribunal révolutionnaire. Deux avocats avaient été désignés la veille pour la défendre et ils ont dû improviser leurs plaidoiries. Au bout de deux jours d'audience (14 et 15 octobre), malgré leurs efforts, ils n'ont pas pu modifier la conviction du tribunal : Marie-Antoinette était condamnée à mort et l'exécution aurait lieu le lendemain.
Après une dernière nuit passée à la Conciergerie, elle a été emmenée à l'échafaud. Ce jour-là, sur la place de la Concorde, la foule était nombreuse. On rapporte qu'avant son exécution, elle s'est tenue très droite et digne, rejetant d'un coup de tête le bonnet qu'elle devait porter. Trois jours plus tard, Axel Fersen écrivait à sa sœur : « Elle ne vit plus, ma douleur est à son comble, je ne sais comment je vis encore ».
L'année suivante, les accusateurs de Marie-Antoinette étaient exécutés à leur tour...

Dossier 8 Page 134
Sur tous les tons
- Où étiez-vous entre 11h et midi mardi dernier ?
- À la boulangerie, j'achetais du pain.
- Vous avez mis une heure pour acheter une baguette ?
- J'ai un peu parlé avec la boulangère, on se connaît.
- Ah ! Eh bien elle ne s'en souvient pas du tout !
- Elle ne s'en souvient pas ?
- Non, alors je répète : où étiez-vous mardi dernier entre 11h et midi ?
- Je vous assure que je bavardais avec Madame Martin, même si elle ne s'en souvient pas ! !
- Ce n'est pas la peine d'insister !
- Mais je vous assure, j'étais à la boulangerie, À - LA - BOU - LAN - GE - RIE !

Bilan pages 136-137
- Vous partez à l'étranger cet été. Vous comptez faire des achats. Attention à ce que vous rapportez de votre voyage ! Attention aux produits alimentaires, aux textiles, aux bijoux et autres souvenirs de vacances. À tout moment vous pouvez être contrôlé par les services douaniers, dans les aéroports, aux frontières avec les pays non membres de l'Union européenne, mais aussi sur la route par des brigades de la douane « volante ». Les douaniers seront intraitables, en particulier sur les contrefaçons, même si vous protestez de votre ignorance. Edith Roblès, directrice adjointe des douanes.
- Dans certains cas, la bonne foi du passager est difficile à admettre. Rentrer d'Asie avec une montre Cartier payée 10 euros par exemple, on a du mal à croire que le voyageur ne le savait pas !
- Considérée comme une atteinte à l'économie nationale, la contrefaçon représenterait un manque à gagner de 6 milliards d'euros par an et, selon les statistiques, une entreprise sur deux s'estime actuellement touchée par ce problème. Edith Roblès.
- Il faut savoir aussi que certains de ces produits peuvent être dangereux pour le consommateur : des jouets inflammables ou des médicaments mal dosés ont eu des conséquences désastreuses.
- Pour toutes ces raisons, les sanctions ont été aggravées depuis 1994 : détenir, importer ou exporter un produit de contrefaçon constitue un délit passible de lourdes amendes douanières (de 150 à 300 000 euros) mais aussi de sanctions pénales (jusqu'à 3 ans de prison, dans certains cas).
Renseignez-vous également très précisément sur les produits *duty-free* vendus dans les boutiques hors-taxes des aéroports. Même au sein de l'Union européenne, les quantités sont strictement limitées. Lors d'un contrôle, les marchandises peuvent être saisies et vous devrez aussi payer une amende.

DOSSIER 9

Dossier 9 page 142
Activités 3, 4 et 5
- Ma chérie, si on partait faire un beau voyage en octobre quand j'aurai un peu de temps libre ? Ça nous ferait du bien à tous les deux et puis surtout ce serait une façon de récompenser Pauline pour son bac. Un vrai dépaysement après son job d'été et juste avant son entrée en fac, hein, qu'en dis-tu ?
- Oh, oui, dis donc, ce serait super ! Elle a beaucoup bossé et elle a pas eu le temps de décompresser. Nous aussi, on en a bien besoin pour se changer les idées. On va lui en parler ce soir.
- Écoute, je voudrais lui faire la surprise. C'est un cadeau... Alors, comme je sais qu'elle rêve d'aller au Canada, j'ai pensé à un séjour de deux semaines au Québec, pendant l'été indien... C'est ce moment au début de l'automne où la forêt prend des tons extraordinaires, quand les Indiens, protégés par Grand Manitou, se préparaient pour l'hiver. On loue une voiture à Montréal, on prend la route des Laurentides vers le nord, on reste quelques jours en pleine forêt, puis on redescend vers le fleuve Saint-Laurent, on fait une pause gastronomique à Charlevoix, on visite Québec et les cantons de l'est... tout ça en logeant dans des auberges de charme! C'est tentant, non ?
- Ah, c'est magnifique, moi je suis emballée !... Mais, mon petit chéri, je crois que tu ne suis pas assez l'évolution sentimentale de ta fille. Le Canada, c'était l'époque des chats passionnés sur Internet avec un jeune musicien de Montréal... Ça a mal fini, je sais pas pourquoi. Depuis, j'ai bien l'impression qu'elle sort beaucoup avec un joueur de jumbé.
- Qu'est-ce que c'est que ça ?
- Des percussions africaines... je crois que Léo est d'origine sénégalaise. Tiens, pourquoi pas le Sénégal, on peut lui proposer...
- C'est-à-dire que... Le problème, c'est qu'il y avait une promotion très intéressante pour ce voyage au Québec... à saisir... Alors, j'ai réservé !
- C'est malin, hein. Et si ça ne lui plaît pas ? Bon écoute demande-lui son avis ! Et si le Québec ne l'intéresse pas, tu pourras toujours annuler.

Dossier 9 page 143
Activités 9 et 10
- Allô ? C'est l'agence Visa Voyages ?
- Ouiii... Oui Monsieur, ne quittez pas s'il vous plaît, vous voulez patienter un petit instant ?
- Allô, oui Monsieur ?
- C'est à propos d'une réservation pour le Québec en septembre, c'est-à-dire que... je... je voudrais modifier le voyage... euh... Voilà, j'ai un problème...
- Ouiii... alors, ne quittez pas, je vous passe la personne responsable, restez en ligne, s'il vous plaît.
- Allô... allô oui ?
- Oui, bonjour Madame. Voilà, je vous explique : j'ai réservé sur Internet trois places pour votre périple été indien au Québec, du 2 au 15 octobre. Alors... Voilà, il y a

eu un imprévu et c'est pour ça que je préfère m'expliquer de vive voix... c'était une surprise pour ma fille et j'avais pensé que ça lui plairait, mais, voilà finalement, je voudrais changer de destination...

- Vous voulez annuler ?

- Non ! non, je me suis mal fait comprendre! En fait, on voudrait partir au Sénégal, j'ai vu que vous aviez des propositions sur le Sénégal, alors c'est pour savoir si on peut changer la destination et réserver pour le Sénégal au lieu du Québec.

- Bien, vous avez votre numéro de dossier ?

- Oui, c'est AX2543G.

- Oui... Monsieur Protal Jean-François, c'est ça ?

- Non, PORTAL. P.O.R.T.A.L.

- Oh, oui je vous prie de m'excuser, j'ai mal lu... Monsieur PORTAL, c'est ça. Bon, oui... mais vous avez réservé plus d'un mois à l'avance, vous avez bénéficié d'une réduction sur le voyage et maintenant... vous voudriez partir aux mêmes dates ?

- Oui, à peu près.

- Alors, ce sera le plein tarif pour votre nouvelle destination.

- Oui, d'accord, mais alors c'est possible de transférer mon avoir sur la prochaine réservation ?

- Tout à fait. Par contre, vous aurez une somme forfaitaire à verser pour transfert de dossier... je ne peux pas vous en donner le montant exact pour l'instant.

- Alors, qu'est-ce que je dois faire ?

- Alors, vous choisissez sur notre catalogue la formule Sénégal qui vous convient, vous faites votre réservation sur notre site et vous envoyez un mél de confirmation du circuit Sénégal, dans lequel vous expliquez votre cas. Rappelez bien le numéro de votre dossier Québec et demandez le transfert de la somme payée sur le nouveau voyage. Nous vous ferons connaître par retour le complément à payer.

- Merci beaucoup, vraiment.

- Je vous en prie, mais cette fois, soyez bien sûr de votre destination ! Au revoir, Monsieur Portal.

- Au revoir Madame et merci encore.

Dossier 9 page 145
Activité 3

- Tiens, salut Gilles, tu es revenu de vacances ? C'était bien ?

- Ne m'en parle pas. C'était nul sur toute la ligne !

- Oh ?

- Non, je t'assure, une vraie cata ! Déjà, on n'a pas eu un vol régulier, on a fait trois escales, j'ai cru qu'on n'allait jamais arriver. Et après... pfff.

- Ben, raconte !

- Pfff ! On avait dix heures de retard, les amis qui devaient venir me chercher n'étaient plus là ! Et comme je n'avais pas pris leur numéro de téléphone...

- Ça, ce n'est pas très malin.

- Non, c'est vrai. Bref, je n'avais nulle part où aller, rien ne pouvait se faire avant le matin. J'ai attendu l'ouverture du comptoir de la compagnie pour pouvoir appeler, je n'ai réussi à les joindre que deux heures plus tard, personne ne répondait... Bon, après, ça s'est un peu arrangé, surtout que les gens ont été très sympas. Mes amis sont finalement arrivés, ils m'ont emmené dans un hôtel, mais... sans air conditionné... bonjour les moustiques ! Le lendemain, j'étais couvert de boutons ! Le médecin m'a dit de ne pas m'en faire, mais j'avais quand même une drôle de tête !

- Alors qu'est-ce que tu as fait là-bas ?

- J'ai loué une voiture, je me suis baladé... c'était bien. Mais après une semaine je n'ai plus rien fait parce que je suis tombé malade.

- Encore les moustiques ?

- Non. L'estomac ce coup-ci. Alors, bon, les voyages lointains, plus jamais, hein ! J'ai décidé de ne - plus - bou - ger !

- Oui, c'est clair que tu n'as jamais eu aucune disposition pour devenir explorateur...

Dossier 9 page 147
Rendez-vous alterculturel

Alors pour moi, je pense que le souvenir le plus marquant, c'est quand je suis allée en Colombie. Je suis partie avec un ami et on a tout de suite été dans l'ambiance du pays parce qu'on a pris un avion : on allait sur la côte des Caraïbes. Donc on en rêvait, les palmiers, la mer et quand on a atterri, on était entourés de montagnes avec des nuages très épais. Et effectivement on a atterri dans une ville qui s'appelle Medellín alors qu'on devait arriver à Carthagène, dans les Caraïbes. C'était incroyable. Et quand on nous a rapatriés sur Carthagène, on a assisté à une scène dans le cockpit (forcément il n'y avait plus de place dans l'avion). Et là, il y a le pilote et le copilote qui ont commencé à faire leur signe de croix et qui ont dit : « À la grâce de Dieu. » Et je crois que c'est vraiment là où on a compris qu'on était dans un pays magique et que tout pouvait nous arriver.

Pour la langue, cet ami, je me souviens, avait une méthode absolument magnifique. C'est-à-dire qu'il faisait des listes de mots qu'il apprenait tous les jours et tous les soirs, il allait dans les magasins et il utilisait ce vocabulaire. Et quand il rentrait, il me racontait tout ce qui s'était passé et c'était très intéressant.

Le moins bon souvenir, c'est plutôt un souvenir un petit peu amusant. On a loué un studio et en fait, on avait pas de meuble, on avait rien et puis on s'est dit : « Tiens, il faut qu'on décore un peu la maison ». Alors on est partis en dehors de la ville, en pleine campagne et j'ai commencé à ramasser des branches et des fleurs, parce qu'il y a beaucoup de fleurs là-bas, c'est magnifique et j'ai fait un immense bouquet. Et puis, un ami est venu nous voir et nous a dit : « Mais pourquoi vous avez des plantes, comme ça, où est-ce que vous les avez prises ? ». On a dit : « Mais pas très loin, dans la campagne ». Il a dit : « Mais vous savez, c'est très dangereux ». Et effectivement, il a découvert qu'il y avait un scorpion ; donc il l'a immédiatement tué, sous nos yeux, on était un petit peu effrayé mais après il a dit : « Bon il faut chercher la femelle, parce que avec un scorpion mâle, il y a toujours une femelle à côté ».

Dossier 9 page 150
Sur tous les tons

1. - Mamie, vous avez pris votre couverture de voyage ?
- Pardon ? Si j'ai fait le tour des étages ???
- Mais non ! je vous demande si vous avez pris votre couverture pour le voyage !!!
- Ah, bon, oui, ne t'inquiète pas, je n'ai pas peur des aventures en voyage. J'adore ça !

2. - En quittant la caravane au camping, tu as bien fermé la bouteille de gaz ?
- Oui, oui ma chérie, j'ai mis de l'eau dans le vase.

3. - Alors, t'as décidé pour tes vacances ?
- Quelles vacances ?
- Tu pars pas ?
- Si, je vais en Polynésie.
- Alors, tu pars !
- On y va en famille... Bonjour les vacances !

Bilan pages 152-153

- Qui n'a jamais rêvé de nouveaux horizons, de pays plus ou moins lointains, où la vie serait « autre », pas nécessairement plus facile, mais plus passionnante ? Quitter le train-train de tous les jours pour trouver enfin l'épanouissement dont on a rêvé... Qu'en est-il de la réalité ? Pour un jeune ou un moins jeune ce n'est pas facile de partir travailler dans un autre pays d'Europe, cependant ils sont de plus en plus nombreux à tenter leur chance et de plus en plus de voies s'ouvrent pour y trouver plus facilement un emploi. Ecoutez-les. Pierre, 25 ans, nous raconte son expérience.

- Moi, j'ai quitté Paris pour le Danemark, à la recherche d'un cadre de vie très différent. En réalité, je ne supportais plus de vivre dans un grand centre urbain et je rêvais aussi de découvrir un autre pays. C'est pourquoi j'ai choisi de passer par Jobeuro... Ce qui m'a étonné, c'est la facilité d'intégration dans un pays qui a la réputation d'être assez « froid » et pas seulement par le climat. Je voulais vivre à la campagne et j'ai trouvé ma place dans l'agriculture, un domaine totalement nouveau pour moi qui étais électricien. J'ai appris un tas de choses et je mène maintenant une vie que j'aime dans un cadre rural qui me convient parfaitement.

- Maintenant, écoutons Rachid, 23 ans qui a quitté le soleil marseillais.

- Ça a été dur de quitter le soleil marseillais, quand Jobeuro m'a proposé un travail en Finlande ! D'autant plus que je ne parlais pas du tout la langue... Mais j'ai rencontré là-bas des gens très gentils qui m'ont beaucoup aidé. J'ai fait l'effort d'étudier le finnois, qui n'est pas si difficile qu'on pense, et je me suis aperçu que mes compétences en informatique étaient très appréciées ici, un pays hyper développé en nouvelles technologies. Je ne connaissais rien du tout aux pays du nord, j'avais des idées toutes faites sur les comportements des gens. En fait, ils sont extrêmement chaleureux et surtout ils ont beaucoup d'humour.

- Quant à Marina, elle est partie s'installer à Budapest.

- C'est pas facile de s'intégrer à Budapest, une capitale, surtout quand on vient d'une petite ville comme Amiens et même si on parle assez bien le hongrois. C'est le rythme d'une capitale qui m'a d'abord surprise et puis le fait de me trouver dans un tourbillon d'activités, toute seule, inconnue et étrangère. Avec ma formation de couturière et un peu d'expérience, j'ai d'abord commencé une carrière dans une entreprise qui produit de jolis tapis. Et, grâce à Jobeuro et bien j'ai eu une expérience professionnelle dans un pays que je ne connaissais pas.

- Tout n'est pas immédiatement paradisiaque, mais au bout du compte, on voit que cela valait la peine. Les programmes de « Mobilités » se développent très rapidement au niveau de l'Europe. Si vous aussi, vous vous sentez attiré(e) par ces nouveaux « ailleurs », vous trouverez beaucoup d'informations sur le site ec.mobilite.jobeuro2006. Ce site sera encore en plein développement dans les semaines et les mois qui viennent. Allez donc voir et retournez-y régulièrement !

Imprimé en Espagne par Cayfosa Dépôt Légal: 03/2010 - Collection 05 - Edition 06 15/5512/7